Rote Krimi

Von Arthur Maling
sind außerdem im Goldmann Verlag lieferbar:

Die Komplizin. 4539
Wenn du redest, bist du tot. 4642

ARTHUR MALING

Eine Aktie auf den Tod

SCHROEDER'S GAME

Kriminalroman

Deutsche
Erstveröffentlichung

Wilhelm Goldmann Verlag

Aus dem Amerikanischen übertragen
von Mechthild Sandberg.

Made in Germany · 1/79 · 1. Auflage · 1110

Umschlagentwurf: Creativ Shop, A. + A. Bachmann, München
Umschlagfoto: Studio Floßmann, München
Gesamtherstellung: Mohndruck Reinhard Mohn GmbH, Gütersloh
Krimi 4807 · Putz/Sturm
ISBN 3-442-04807-9

Die Hauptpersonen

Brockton Potter	Makler, Mitinhaber der Fa. Price, Potter & Petacque und Primus inter pares
Mark Price	Kompagnon Potters
Tomas Petacque	Kompagnon Potters, gerät plötzlich in Schwierigkeiten
Daisy Petacque	seine Frau, wird in den Strudel mit hineingerissen
Brian Barth	junger, aussichtsreicher Angestellter der Firma, zu allem zu gebrauchen
Ray und Blanche Petacque	Ehepaar, das erschossen wird
Ed Avery	Freund der Ermordeten
Lee Kelly	Buchhalter, dem Pflichteifer zum Verderben wird
Steve Schroeder	erfolgreicher Geschäftsmann, dem Skrupel fremd sind

Der Roman spielt in New York und in Phoenix, Arizona

1

Wenn es schon eine Krise geben muß, dann wäre es mir am liebsten, sie würde nicht gerade an einem Montagmorgen eintreten. Montag morgens halte ich nämlich die wöchentlichen Besprechungen mit meinem Mitarbeiterstab ab, und da bin ich am wenigsten darauf eingestellt, mich mit anderen Dingen zu befassen.

Diese Krise aber trat an einem Montagmorgen ein. Und sie beutelte mich ganz schön.

Die Besprechung war in vollem Gange. Sie hatte sich außergewöhnlich lebhaft entwickelt. Mein Mitarbeiterstab besteht aus fünf Leuten. Da wir sechs im allgemeinen unabhängig voneinander arbeiten und sehr viel unterwegs sind, bietet sich nur am Anfang der Woche, ehe wir wieder auseinanderschwirren, Gelegenheit zu einer Zusammenkunft in der Gruppe und zur Besprechung der laufenden Geschäfte. Die Informationen und Meinungen, die wir auf dieser Sitzung austauschen, bilden dann die Grundlage des Börsenberichts, den wir jeden Dienstag an unsere Kunden verschicken und der von diesen als eine der wertvollsten Dienstleistungen unserer Firma geschätzt wird.

Wie immer begann die Sitzung mit einer Besprechung über das Verhalten der Börse im Verlauf der vergangenen Woche. An diesem besonderen Montag dauerte das nicht lange, denn an der Börse hatte sich nicht viel getan. Die Dow-Jones Papiere hatten kaum Schwankungen gezeigt und am Freitag lediglich drei Punkte über den Kursen vom vorhergehenden Montag geschlossen. Wir waren einhellig der Ansicht, daß sie vorläufig weiter stagnieren würden und frühestens in zwei Wochen, wenn der Präsident seinen Bericht über den Stand der Nation abgab, wieder in Bewegung geraten konnten.

Dann kamen die interessanten Sachen aufs Tapet.

Harriet Jensen hatte ein Gerücht gehört, daß die Citizens Bank of Northern California in ernstlichen Kreditschwierigkeiten war.

Joe Rothland hatte Wind davon bekommen, daß das Justizministerium einen Prozeß gegen die Firma Federated Office Equipment wegen Verletzung der Kartellgesetze plante.

Irving Silvers hatte auf einer Reise nach Detroit erfahren, daß die Absatzzahlen auf dem Automobilmarkt die internen Schätzungen der großen Drei übersteigen würden.

George Cole überprüfte gerade einen Bericht, demzufolge sich der Präsident der Valueland Food Stores in Palm Springs heimlich mit dem Eigentümer von Kings Ladenkette getroffen hatte, um wegen einer eventuellen Fusion Fühlung aufzunehmen.

Und Brian Barth, der Benjamin meines Teams, hatte seinen ersten wichtigen Tip aufgeschnappt: die Neuigkeit, daß die Kenwood Oil Company im Begriff war, eine Tochtergesellschaft zu bilden, die spezielle Montagegerüste für Bohrungen auf offener See herstellen sollte; einige dieser Montagegerüste wollte die Firma selbst einsetzen, andere sollten an interessierte Unternehmen ausgeliehen werden.

Natürlich freute es mich, daß Brian diese Information an Land gezogen hatte; noch erfreulicher aber fand ich es, daß er sich unter Beschuß gut zu verteidigen wußte. Irving nämlich zweifelte die Richtigkeit seiner Information an und machte ihm kräftig die Hölle heiß. Irving ist meine rechte Hand, und wenn ich nicht da bin, führt er das Regiment über die anderen. Er ist zwar mir gegenüber von beinahe bedingungsloser Loyalität, sieht es aber auch als seine Pflicht an, die andern, wenn nötig, in Schutz zu nehmen. Hin und wieder jedoch springt er mit dem einen oder anderen ein wenig hart um, und Brian nahm er besonders fest in die Zange. Das war seine Art, den Jungen das Handwerk zu lehren.

Brian war tatsächlich kaum mehr als ein Junge. Ich hatte ihn der Firma abgeworben, die unsere Buchhaltung macht. Er war gerade erst 26 Jahre alt, ein stämmiger Junge aus Virginia, mit einem Babygesicht, blauen Augen, rosigen Wangen und devotem Gehabe. Ich war überzeugt, daß er sich höchstens einmal in der Woche rasieren mußte. Aber hinter der Fassade der Unreife versteckte sich einer der zähesten, intelligentesten, resolutesten Menschen, denen ich je begegnet war. Es war nicht empfehlenswert, sich mit Brian Barth anzulegen. Ohne seine kühle Sachlichkeit oder seine augenscheinliche Unterwürfigkeit zu verlieren, brachte er es fertig, einem das Gefühl zu geben, daß man ein kompletter Narr war. Wie Irving das eben am eigenen Leib erfuhr.

Ich saß da und hörte mir an, wie die beiden mit Worten aufeinander losdroschen. Ein paar Minuten wollte ich ihnen noch geben, dann würde ich eingreifen, indem ich einfach das Thema wechselte.

Aber plötzlich läutete mein Telefon.

Stirnrunzelnd blickte ich auf den Apparat. Helen Doyle, meine

Sekretärin, wußte, daß ich nicht gestört werden wollte.

Es läutete wieder. Ich nahm den Hörer ab.

»Ja«, sagte ich kurz.

»Mister Petacque läßt Sie bitten, in sein Büro zu kommen«, teilte mir Helen mit.

Tom Petacque ist einer meiner beiden Partner.

»Sagen Sie Mister Petacque, daß ich später zu ihm komme.« Ich legte den Hörer mit einer ungeduldigen Bewegung auf die Gabel und wandte mich Brian zu: »Sie sagten eben . . .«

»Ich sagte eben, Sir, daß die indonesische Regierung –«

»Die indonesische Regierung!« rief Irving. »Die Tochtergesellschaft ist noch nicht einmal gegründet, und Sie lassen sie bereits mit ausländischen Regierungen verhandeln!«

»Nun ja, Sir«, erwiderte Brian gelassen, »würden Sie nicht auch sagen, daß Kenwood sich erst einmal ein paar Kunden ködert, ehe sie Gelder in dem Rahmen investiert, in dem sie sie investieren muß.«

»Nein, das würde ich ganz und gar nicht sagen. Ich würde sagen, daß sie ganz gern ein paar Kunden an der Hand hätten. Um die Regierung von Indonesien –«

Wieder läutete das Telefon.

»Verdammt«, fluchte ich. Ich drückte den Hörer an mein Ohr. »Ich möchte nicht gestört werden«, sagte ich sehr langsam und deutlich. »Ich dachte, das wäre inzwischen allgemein bekannt.«

Es war Mark Price, mein anderer Partner.

»Du wälzt jetzt auf der Stelle deinen gottverdammten Arsch zu Tom ins Büro!« schrie er mich an und legte auf.

Ich war wie vom Donner gerührt. Mark ist nicht gerade ein Mensch, der einem auf Anhieb sympathisch ist, aber ganz gleich, was für Fehler er hat, ein ungehobelter Bursche ist er nicht. Er flucht höchst selten, und in all den Jahren, seit ich ihn kannte, hatte er das Wort »Arsch« noch nie gebraucht. Und nie zuvor hatte ich ihn so wütend erlebt wie eben am Telefon.

Ich knallte den Hörer auf die Gabel und sprang auf.

»Entschuldigt mich, Herrschaften«, sagte ich. »Ich bin gleich wieder da.«

Ich eilte hinaus und lief den Flur hinunter zu Toms Büro.

Selbst wenn Mark sich am Telefon nicht so ungewöhnlich benommen hätte, wäre mir, als ich das Zimmer betrat, schlagartig klar geworden, daß hier etwas oberfaul war. Ein Blick auf die beiden genügte mir. Mit wutverzerrtem Gesicht stand Mark neben dem

Schreibtisch, so starr, daß er wie versteinert wirkte. Tom hockte wie ein Häufchen Elend in seinem Sessel hinter dem Schreibtisch. Sein Gesicht war aschfahl, seine Augen waren blind auf den Boden gerichtet.

»Was ist denn los?« fragte ich.

»Mach die Tür zu«, sagte Mark, noch immer reglos dastehend, »und hör dir an, was dieser beschissene Idiot vorhat.«

Ich schloß die Tür und ging zum Schreibtisch hinüber. Ich sagte nichts. Ich wartete nur.

»Los«, forderte Mark Tom auf. »Sag es ihm.«

Tom hob den Kopf. In seinen Augen lag Qual.

»Ich habe beschlossen, meinen Geschäftsanteil zu verkaufen«, erklärte er. »Du und Mark, ihr habt das erste Vorkaufsrecht. Wollt ihr meinen Anteil haben?«

Ich umklammerte mit beiden Händen den Rand des Schreibtisches. Das war in diesem Moment der einzige Bezug zur Wirklichkeit, den ich finden konnte.

»Das kannst du nicht tun«, erwiderte ich. Ich war plötzlich stockheiser.

»Wenn ihr meinen Anteil nicht haben wollt«, sagte Tom, als hätte er mich gar nicht gehört, »dann habe ich einen anderen Käufer. Für euch beide wäre der Preis eine dreiviertel Million, von dem anderen Interessenten kann ich mehr bekommen. Wollt ihr nun meinen Anteil oder nicht?«

Ich warf einen Blick auf Mark. Er wurde allmählich etwas lockerer. Die Tatsache, daß ich die freudige Nachricht jetzt mit ihm teilte, schien den Druck, der auf ihm gelastet hatte, etwas zu verringern. Er erwiderte meinen Blick, aber er sagte nichts.

»Ihr habt 48 Stunden Zeit, um euch zu entscheiden«, erklärte Tom und sank wieder in sich zusammen.

Ich räusperte mich. »Mark hat recht. Du bist wirklich ein beschissener Idiot.«

Tom erwiderte nichts.

Ich ging zur Couch hinüber und setzte mich. Ich hatte das Gefühl, als hätte mir eben jemand einen wuchtigen Schlag in den Magen versetzt. Tom, Mark und ich waren vom Temperament her sehr verschieden, und wir waren oft unterschiedlicher Auffassung. Wenn es Meinungsverschiedenheiten gegeben hatte, marschierte wohl der eine oder andere von uns einmal einen Tag lang mit Leichenbittermiene durch die Gegend; aber ernsthaften Streit hatte es in den fünf Jahren, die wir geschäftlich zusammen waren, nicht ein einziges Mal gegeben. Trotz aller oberflächlichen Reibereien basierte unsere Beziehung zueinander auf einem festen Fundament aus gegenseitigem Vertrauen und Respekt.

Als wir uns am Freitag nachmittag getrennt hatten, hatte nichts darauf hingedeutet, daß sich ein Gewitter zusammenbraute. Tom war heiter und optimistisch gewesen.

Und letztlich, der Preis war zu niedrig. Zwar bestimmte unsere Satzung, daß jeder Partner, der beabsichtigte, aus der Firma auszuscheiden, seinen Anteil zunächst den beiden anderen Partnern anbieten mußte, ehe er ihn anderweitig zu veräußern suchte; die Satzung jedoch bestimmte nicht den Preis, und ein Betrag von einer dreiviertel Million Dollar war einfach lächerlich. Es konnte daher nicht stimmen, daß Tom noch einen anderen Käufer in petto hatte. Tom war ganz einfach entschlossen, auszusteigen, und versuchte nun, Mark und mich zu zwingen, ihm das zu ermöglichen.

Die Tatsache allerdings, daß es im Augenblick noch keinen anderen Käufer gab, bedeutete nicht, daß Tom nicht in der nahen Zukunft einen finden würde, besonders, wenn er bereit war, billig zu verkaufen.

Irgend etwas an dieser Sache war nicht koscher. Ich starrte in Toms Gesicht. Tom schien mir unter einem unheimlichen Druck zu stehen.

Akuter Angstzustand, diagnostizierte ich. Er hatte das schon einmal gehabt. Damals war er in einer Klinik behandelt worden.

»Jetzt beruhigen wir uns doch erstmal alle«, schlug ich vor, »damit wir diese Geschichte sachlich erörtern können. Die Geschäfte gehen gut, Tom. Das vergangene Jahr war unser bestes Jahr überhaupt. Und es gibt keinen Anlaß, zu glauben, daß dieses Jahr nicht noch besser wird. Wenn ich dich irgendwie gekränkt oder verletzt habe, so tut mir das leid. Wenn Mark dich irgendwie gekränkt oder verletzt hat, so tut ihm das bestimmt ebenfalls leid. Wir wollen da auf dem Stuhl keinen anderen haben als dich, deshalb werden wir dir deinen Anteil nicht abkaufen und auch nicht zulassen, daß du an jemand anderen verkaufst.«

Tom stand auf. Selbst von meinem Platz auf dem Sofa aus konnte ich sehen, daß er zitterte.

»Ihr könnt mich nicht daran hindern.«

»Aber wir können es dir schwermachen«, konterte Mark. Dann tat ihm seine Härte leid. Er ging um den Schreibtisch herum und legte seine Hand auf Toms Arm. Mark zeigt selten seine Gefühle, und an dieser Geste sah ich, daß auch er tief erschüttert war. »Bitte,

Tom«, sagte er behutsam, »setz dich hin und sei vernünftig. Ich wollte wirklich nicht so aufbrausen.«

Tom schüttelte die Hand ab.

»Ihr braucht nicht den Versuch zu machen, auf mich einzugehen – alle beide nicht. Ich habe mich entschlossen, und damit basta. Ich verkaufe. Ihr habt 48 Stunden Zeit. Überlegt es euch.«

Er ging zum Schrank, schlüpfte in seinen Mantel und verließ, ohne Mark oder mich noch eines Blickes zu würdigen, steifgliedrig wie eine Marionette das Büro.

Mark blieb noch einen Augenblick ratlos stehen, dann kam er zur Couch und setzte sich.

»Ich bin tief bestürzt«, erklärte er, zu der etwas gestelzten Ausdrucksweise zurückkehrend, die für ihn charakteristisch war. »Wirklich, zutiefst bestürzt.«

»Den anderen Käufer gibt es gar nicht«, behauptete ich.

»Ich bin geneigt, mich deiner Auffassung anzuschließen.« Er runzelte die Stirn, dann fügte er hinzu: »Ich fürchte, das ist ein zweiter Nervenzusammenbruch.«

Ich sah ihn verdattert an. Es war zehn Jahre her, daß Tom diesen Nervenzusammenbruch gehabt hatte. Ich hatte ihn erst kurz zuvor kennengelernt gehabt. Keiner von uns beiden war damals mit Mark bekannt gewesen. Ich hatte keine Ahnung, daß Mark überhaupt davon wußte.

Offenbar erriet er, was ich dachte.

»Tom hat es mir erzählt«, erklärte er, »als wir die Gründung der Firma besprachen. Er meinte damals, es sei seine Pflicht, es mir zu sagen, für den Fall, daß es mich beeinflussen könnte.«

»Ich bin froh, daß er es getan hat«, war alles, was ich hervorbringen konnte.

»Weißt du, was er jetzt braucht? Einfach Ruhe, Tapetenwechsel. Vielleicht auch einen Psychiater. Wenn meine Mutter damals –« Er brach ab.

Er hatte mir einmal in einem Moment der Vertraulichkeit erzählt, daß seine Mutter Alkoholikerin gewesen war. Sein Vater hatte nicht zugelassen, daß sie einen Psychiater aufsuchte. Mit dem Resultat, daß sie in trunkenem Zustand eine Treppe hinuntergestürzt und an den Folgen gestorben war.

»Er braucht einfach einen guten Arzt.«

»Ja, ich glaube, da hast du recht. Aber verdammt nochmal, Mark, ein Nervenzusammenbruch kommt doch nicht aus heiterem Himmel. Ich bin zwar auf diesem Gebiet kein Fachmann, doch soviel weiß ich immerhin: Ein Nervenzusammenbruch kündigt sich durch äußere Symptome an. Das ist anders als bei einer Blinddarmentzündung. Und vor drei Tagen war Tom noch kreuzfidel.«

»Das stimmt.«

»Ich verstehe das einfach nicht.«

»Ich auch nicht. Aber ich halte es für das Beste, wenn du einmal mit ihm sprichst. Du stehst ihm näher als ich. Fahr zu ihm nach Hause. Vielleicht gelingt es dir, an ihn ranzukommen.«

Ich hatte mich bereits entschlossen, genau das zu tun.

»Ich werde es versuchen.«

Durch die geschlossene Tür hörte ich in Toms Vorzimmer das Telefon läuten.

Mark wischte sich ein Stäubchen von seinem Hosenbein. Ich blickte auf Toms Schreibtisch. Ich fragte mich, was ich zu ihm sagen würde, wenn ich ihn zu Hause erreichte.

»Ja, im Moment können wir wohl sonst nichts tun«, meinte Mark und stand auf.

»Nein, wahrscheinlich nicht.« Ich stand ebenfalls auf. »Ich muß jetzt in die Besprechung zurück.«

Gemeinsam gingen wir aus Toms Büro hinaus.

»Weiß einer von Ihnen«, fragte Toms Sekretärin, als wir an ihrem Schreibtisch vorbeikamen, »wann Mister Petacque zurückkommt? Er hat es mir nicht gesagt.«

»Nein«, erwiderte Mark mit einem Seufzer. »Aber ich fürchte, er wird eine ganze Weile wegbleiben.«

2

Als die anderen nach der Besprechung im Gänsemarsch aus dem Zimmer marschierten, blieb Irving zurück.

»Ist etwas nicht in Ordnung, Brock?«

Ich schüttelte den Kopf. Im allgemeinen weihte ich ihn in alles ein, doch dieses Problem, fand ich, ging nur Mark, Tom und mich etwas an.

»Doch, es stimmt alles, Irving.«

Er warf mir einen scharfen Blick zu und blinzelte dabei ähnlich wie eine Eule.

»Nun ja, wenn ich irgend etwas tun kann . . .«

»Nein. Nichts. Aber ich finde, du hast Brian ein bißchen sehr zugesetzt.«

Er grinste. »Der Junge ist große Klasse. Doch ich habe das Gefühl, daß es nur noch ein paar Monate dauert, bis er versucht, mir meinen Posten wegzuschnappen.«

Mit etwas Mühe brachte ich ebenfalls ein Grinsen zustande.

»Ein paar Monate? Er versucht jetzt schon, indirekt zu schnappen.«

»Vielleicht sollte ich langsam anfangen, die Stellenangebote zu lesen?«

»Vielleicht. Aber nicht während der Arbeitszeit.«

Er lachte und wandte sich zur Tür. Dann drehte er sich noch einmal um. Sein Gesicht war wieder ernst.

»Wirklich, wenn ich irgend etwas tun kann, Brock . . .«

Ich nickte.

»Ja, Irving, du kannst wirklich etwas tun. Du kannst jetzt zum Mittagessen gehen.«

»Okay, okay.« Damit verschwand er.

Ich wanderte noch ein paar Minuten im Zimmer auf und ab, dann beschloß ich, ebenfalls zum Mittagessen zu gehen. Ich war nicht hungrig, aber ich dachte, es würde mir gut tun, eine Weile aus dem Büro herauszukommen.

Ich suchte mir ein Restaurant aus, in dem sonst nie einer von uns aß; ich wollte niemanden treffen, den ich kannte. Ich wollte allein sein und nachdenken. Ich bemühte mich, ehrlich mit mir selbst zu sein, die Dinge so zu sehen, wie sie wirklich waren. Mir war Tom lieber als Mark. Aber zu Mark hatte ich mehr Vertrauen als zu Tom.

Jeder von beiden mochte mich mehr, als er den anderen mochte. Jeder von beiden hatte zu mir mehr Vertrauen als zum anderen. Ich war gewissermaßen der Schwinghebel an der Waage. War es von Anfang an gewesen.

Aber ganz gleich, wie es um unsere Gefühle zueinander stand, wir drei waren ein gutes Team. Die Fähigkeiten des einen ergänzten die Fähigkeiten der beiden anderen.

Und in gewisser Weise brauchte ich die beiden mehr, als sie mich brauchten. Nicht nur aus geschäftlichen Gründen. Aus emotionalen Gründen. Sie hatten beide Familie – ich hatte keine. *Sie* waren meine Familie.

Die Firma Price, Potter und Petacque konnte ohne Tom überleben. Auch ich konnte ohne Tom überleben, aber die Firma wäre nicht mehr die gleiche gewesen, und auch ich wäre nicht mehr der gleiche gewesen.

Tom durfte nicht verkaufen.

Tom wollte gar nicht verkaufen.

Ich trank meinen ersten Martini aus und bestellte einen zweiten. Ich klammerte Mark aus meinen Gedanken aus und konzentrierte mich auf Tom.

Er war einer der ersten Freunde, die ich gefunden hatte, nachdem ich nach New York gezogen war. Wir waren bei derselben Börsenmaklerfirma angestellt gewesen. Beide waren wir neu gewesen. Tom hatte im Verkauf gearbeitet, ich als Rechercheur. Er hatte damals gerade erst geheiratet. Daisy, seine Frau und ich verstanden uns auf Anhieb. Wir drei waren viel zusammen. Als ihr Sohn zur Welt kam, erkoren sie mich zum Paten.

Tom und ich kamen geschäftlich gut vorwärts. Aber wir wollten noch mehr erreichen, und wir hatten das Gefühl, festzusitzen. Wir begannen Pläne zu schmieden. Wir wollten unsere eigene Maklerfirma aufmachen. Aber eine, die sich nur auf Transaktionen mit den großen Käufern, wie Investmentgesellschaften und Banken, spezialisierte. Wir hatten Kapital, aber nicht genug. Dann lernten wir Mark kennen. Er war aus dem Unternehmen seines Vaters ausgeschieden, hatte so viel Geld, daß er nicht wußte, was er damit anfangen sollte, war als selbständiger Börsenmakler tätig. Unser Vorhaben sagte ihm zu, und er stieg ein. So kam es zu der Gründung der Maklerfirma Price, Potter und Petacque. Wir waren alle drei gleichberechtigte Geschäftspartner. Mark kümmerte sich um die allgemeine Geschäftsführung. Tom hatte den Wertpapierkauf unter sich, und ich war für die Recherchen zuständig. Und zu einer Zeit, in der bei den meisten Maklerfirmen Flaute war, blühten unsere Geschäfte. Unsere Kunden waren zufrieden mit unserem Service und wickelten fast alle ihre Transaktionen über uns ab.

Keiner von uns hätte es allein schaffen können, aber als Team waren wir unschlagbar. Und Toms Beitrag zum Erfolg unseres Unternehmens war ungeheuer groß.

Oberflächlich gesehen, sagte ich mir, während ich bei meinem zweiten Martini saß, war Tom ein Mensch, mit dem es das Glück mehr als gut gemeint hatte. Er sah gut aus, er hatte Charme, war großzügig, herzlich und konnte ungeheuer witzig sein. Fast jeder fühlte sich zu ihm hingezogen. Er bemühte sich stets, das Richtige zu tun, und es gelang ihm im allgemeinen auch. Ich selbst empfand es als wohltuend, mit ihm zusammen zu sein; ich schätzte sein Urteil, weil er ein intelligenter Mensch war und dazu Intuition besaß.

Und ich war felsenfest überzeugt davon, daß ihm im Wertpapierverkauf keiner das Wasser reichen konnte.

Unter der Oberfläche jedoch war er ein gequälter Mensch. Er wurde geplagt von Zweifeln an sich selbst. Er neigte zu Ängsten, war jedoch nicht bereit, das zuzugeben.

Ich wußte nicht alles über sein früheres Leben, aber einiges. Sein Vater war Karriereoffizier bei der Armee gewesen. Ein festes Zuhause hat Tom als Kind nicht gekannt; er war bald in den Vereinigten Staaten, bald in Japan, bald in Deutschland gewesen, je nachdem, wohin man seinen Vater versetzt hatte. Auch er war dazu bestimmt gewesen, beim Militär Karriere zu machen. Aber einige Jahre, nachdem er von der Militärakademie West Point abgegangen war, hatte er erkannt, daß das Leben bei der Armee ihm nicht lag. Er hatte den Dienst quittiert, war nach New York gekommen und in der Wall Street gelandet.

Seine Entscheidung, aus der Armee auszuscheiden, war mit großen Schwierigkeiten für ihn verbunden gewesen. Sein Vater war General im Ruhestand, sein älterer Bruder war Colonel, der Ehemann seiner Schwester war Captain. Sie alle hatten versucht, ihn von seinem Entschluß abzubringen. Ich selbst war General Petacque nur einmal begegnet. Nach einem halbstündigen Gespräch hatte ich mich mit dem Gefühl von ihm verabschiedet, daß niemand, der unter seinem Dach aufgewachsen war, völlig normal sein konnte. Selbst im Ruhestand noch war er durch und durch der Vorgesetzte, der keine Nachsicht kannte – unerbittlich streng, anspruchsvoll, intolerant, selbstgerecht. Tom hatte mir erzählt, daß sein Vater sein Leben lang zwei Tugenden höher geschätzt hat als alle anderen: Ehrlichkeit und Mut. Das mochte stimmen. Aber ich konnte mir nicht vorstellen, daß es einen Menschen gab, der es wagte, einem solchen Haudegen gegenüber offen und ehrlich zu sein, oder der stark genug war, sich ihm gegenüber zu behaupten. Ich konnte Tom nur dafür bewundern, daß er seine Kindheit so heil überstanden hatte.

Immerhin blieb die Tatsache bestehen, daß Tom jener Typ von Mensch war, der, weil er Todesangst vor dem Wasser hat, sich zwingt, vom Zehnmeterbrett zu springen, aber hinterher mit den Knien schlottert. Wenn es daher im Geschäft irgendeinen Verdruß gab, besprach ich das im allgemeinen lieber mit Mark, als mit Tom, weil ich wußte, daß Tom viel zu heftig reagieren und dann versuchen würde, das zu kompensieren.

Aber auch Mark und ich hatten eine dramatische Kindheit hinter uns, und doch hatte keiner von uns je so durchgedreht wie Tom.

Der Kellner kam an meinen Tisch. Ich entschied mich gegen einen dritten Martini und bestellte ein Steak Sandwich.

Toms Nervenzusammenbruch war kurz nach der Geburt seines Sohnes gekommen. Es hatte mit einer leichten Depression begonnen, die sich allmählich zu akuten Angstzuständen steigerte. Tom hatte plötzlich Angst, Auto zu fahren – er war überzeugt, er würde einen Unfall verursachen und jemanden überfahren. Er konnte nicht schlafen. Er hatte keinen Appetit mehr. Und er begann zu weinen, wenn es gar nichts zu weinen gab. Ich erkannte, daß etwas nicht stimmte, und versuchte, mit ihm zu sprechen, ihn aufzumuntern. Daisy, die von früh bis spät mit dem Säugling beschäftigt war, tat ebenfalls, was sie konnte. Aber weder sie noch ich konnten den Erdrutsch bremsen. Schließlich jedoch gelang es uns mit vereinten Kräften, ihn zu einem Psychiater zu lotsen – Dr. Balter. Dr. Balter fand Toms Zustand besorgniserregend. Er lieferte ihn in eine Klinik ein.

In der Klinik erholte sich Tom rasch. Die Medikamente halfen. Ebenso die täglichen Sitzungen mit Dr. Balter. Aber den wahren Umschwung bewirkte etwas in Tom selbst. Nachdem er sich endlich eingestanden hatte, in was für einen Zustand er sich da hatte hineinschlittern lassen, kämpfte er mit seiner ganzen Willenskraft, um aus dem Tief wieder herauszukommen.

Einen Monat später wurde er aus der Klinik entlassen. Zwei Monate später war er wieder an seinem Schreibtisch. Und von da an schien er sein inneres Gleichgewicht für immer gewonnen zu haben. Er war ein zärtlicher und aufmerksamer Ehemann, ein liebevoller Vater, eine Quelle der Kraft für seine Freunde, wenn diese mit ihren Problemen zu ihm kamen.

Natürlich gab es Rückschläge. Hin und wieder rutschte er einige Sprossen in die Tiefe. Er wurde dann verschlossen. Sprach übertriebene Drohungen aus. Verlor das Interesse. Aber diese Zustände hielten nie länger an als ein oder zwei Tage, und sie hinderten ihn nicht daran, auf seinem Posten mehr zu leisten, als jeder andere hätte leisten können.

Bis jetzt.

Mein Steak Sandwich kam, und mir wurde klar, warum wir dieses Restaurant mieden – das Fleisch war zäh wie Asbest. Ich aß so viel davon, wie ich hinunterbrachte, dann zahlte ich und ging zu Fuß zum Büro zurück. Die Stunde des Alleinseins hatte mir nichts gegeben. Ich wußte noch immer nicht, was ich Tom sagen wollte, wenn ich ihn aufsuchte.

Im Empfangszimmer stieß ich auf Brian Barth. Er wollte gerade gehen. Er hatte einen langen, gelben, handgestrickten Schal um den Hals, der ihm über die Schulter baumelte, und gelbe, handgestrickte Handschuhe an den Händen. Er sah aus wie ein übergroßer Unterprimaner auf dem Weg zur Schule.

Ich fragte ihn, wohin er wolle.

»Rüber ins Kenwood Haus«, antwortete er. »Ich dachte, Sir, ich sollte mir vielleicht noch ein paar Tatsachen zu dem holen, was ich Ihnen heute morgen berichtet habe.«

»Mit wem sind Sie dort verabredet?« fragte ich.

»Wayne Kenwood, Sir.«

Ich riß Mund und Augen auf. Wayne Kenwood war der Aufsichtsratsvorsitzende des riesigen Unternehmens. Selbst ich hatte ihn nie persönlich kennengelernt.

»Wie, zum Teufel, haben Sie einen Termin bei Wayne Kenwood bekommen?«

»Ich habe ihn einfach angerufen.«

Ich wußte nicht, ob ich ärgerlich sein sollte oder belustigt. Ich war beides ein bißchen.

»Finden Sie nicht, daß das ziemlich dreist von Ihnen war?«

»Ja, Sir, das kann schon sein.« Er sah mich mit einem strahlenden Babylächeln an. »Aber es hat geklappt.«

Eigentlich wollte ich ihn ermahnen, vorsichtig zu sein, wenn er mit Kenwood sprach. Aber ich tat es dann doch nicht. Mir kam nämlich plötzlich der Gedanke, daß vielleicht Kenwood vorsichtig sein mußte, wenn er Brian gegenübersaß.

»Na, dann viel Glück«, sagte ich und ging den Flur entlang zu meinem Büro.

Ich machte ein paar Notizen für den Börsenbrief. Der Brief würde zwar erst am folgenden Tag geschrieben werden, damit auch die neuesten Entwicklungen noch in ihn aufgenommen werden konnten, aber ich wollte entscheiden, was hinein sollte und was ausgelassen werden konnte. Dann fiel mir ein, daß ich für die Reise nach Dallas noch gar keine Flugzeugbuchung vorgenommen hatte. Ich bin zwar der Leiter der Recherchenabteilung bei Price, Potter und Petacque, aber ich bin auch einer der Rechercheure. Mein Ressort sind die Versicherungsgesellschaften, und ich hatte für Mittwoch eine Verabredung mit den leitenden Herren der Great Southwest Life and Casualty Company.

Ich bat Helen, mir einen Platz in einer Maschine zu buchen, die

Dienstagabend abflog.

Ein paar Minuten später meldete sie mir, daß die Reservierung erledigt war. Sie gab mir die Flugnummer durch und fügte dann hinzu, daß auf Leitung zwei ein Gespräch für mich sei.

»Wer ist es?« fragte ich.

»Mrs. Petacque.«

Rasch drückte ich auf den Knopf für Leitung zwei. »Daisy?«

»Bist du das, Brock?«

»Ja. Ich bin froh, daß du anrufst. Ich –«

»Weißt du, wo Tom ist, Brock? Ich versuche seit elf Uhr, ihn zu erreichen. Aber von seiner Sekretärin bekomme ich immer die gleiche Antwort. Er ist nicht da, und sie weiß nicht, wann er zurückkommt.«

»Das ist richtig. Er ist kurz vor elf gegangen. Was ist denn nur los mit ihm, Daisy?«

Einen Moment blieb es still. »Was soll mit ihm los sein?«

»Ich hatte heute morgen den Eindruck, daß er ganz aus dem Häuschen war.«

Diesmal dauerte das Schweigen etwas länger.

»Ich weiß nicht.« Ihre Stimme war plötzlich brüchig. »Ach, Brock, ich mache mir so schreckliche Sorgen um ihn.«

»Ich auch. Er war überhaupt nicht wie sonst.«

»Ich weiß. Ich weiß nicht, was ich tun soll.«

»Ich dachte, ich sollte vielleicht heute abend einmal vorbeikommen und mit ihm sprechen.«

»Ach ja, tu das. Vielleicht sagt er dir, was mit ihm los ist.« Ihre Stimme klang so, als sei sie den Tränen nahe.

»Aber es wäre vielleicht ganz nützlich, wenn ich mich zuerst einmal mit dir unterhalte. Wo bist du jetzt?«

»Ich bin zu Hause. Ich habe Angst, wegzugehen. Vielleicht ruft er an oder irgendwas. Als er heute morgen ging –« sie begann zu schluchzen.

»Aber Daisy, nicht. Bitte. Wenn wir zwei uns ein paar Minuten zusammensetzen, kommen wir vielleicht dahinter, was los ist.«

»Ich möchte nicht weggehen. Vielleicht kommt er dann gerade nach Hause oder ruft an. Ich weiß nicht, wo er ist, und ich weiß auch nicht, was er vorhat.«

»Soll das wirklich heißen, du weißt nicht, was er vorhat?«

»Er – so ist er noch nie gewesen, Brock. Es ist schlimmer als je zuvor.«

»Ich komme zu dir in die Wohnung.«

»Aber wenn er heimkommt und dich hier trifft, dann denkt er vielleicht . . .«

»Okay, dann treffen wir uns eben im Plaza. Im Oak Room.« Ich sah auf meine Uhr. »Sagen wir um vier.«

»Und wenn er nun nach Hause kommt, und ich bin nicht hier?«

»Bis fünf bist du zurück.«

»Du verstehst nicht, Brock. Er« – ihre Stimme wurde beinahe schrill – »er hat eine Pistole.«

»Was?«

»Er hat eine Pistole, Brock. Er hat sie heute morgen mitgenommen.«

»Vergiß das Plaza. Bleib, wo du bist. Ich bin in fünfzehn Minuten bei dir.«

Ich legte auf, packte meinen Mantel und rannte los.

3

Der Verkehr war schlimm. Statt einer Viertelstunde brauchte ich 35 Minuten für die Fahrt.

Jerry, mein Patensohn, öffnete die Tür. Er hielt einen angebissenen Apfel in der Hand und wirkte recht munter. Er könne jetzt, erzählte er mir, den Handstand am Barren. Vor Weihnachten habe er nicht einmal den Schulterstand gekonnt.

Ich gratulierte ihm und fragte, ob sein Vater zuhause sei. Er schüttelte den Kopf.

»Und wo ist deine Mutter?«

»Im Schlafzimmer. Ich hole sie.«

»Laß nur. Ich hole sie selbst.«

»Sei aber vorsichtig. Sie hat unheimlich schlechte Laune.«

»Danke für den Tip.«

Er trottete in Richtung zur Küche davon, und ich ging ins Schlafzimmer. Die Tür war geschlossen. Ich klopfte. Einen Augenblick später öffnete sich die Tür. Daisy fiel mir in die Arme. Ein paarmal schluchzte sie unterdrückt. Dann trat sie zurück.

Sie sah gräßlich aus. Das heißt, für ihre Verhältnisse. Sie war eine ausgesprochen schöne Frau. Früher hatte sie als Fotomodell gearbeitet. Sie war damals eines der gesuchtesten Modelle gewesen. ›Vogue‹, ›Harpers Bazaar‹, und wie die eleganten Modejournale alle heißen, hatten sie auf ihren Titelblättern immer wieder groß herausgebracht. Wirklich unattraktiv konnte sie gar nicht aussehen.

»Hast du schon etwas von ihm gehört?« fragte ich.

»Nein.« Wieder schluchzte sie auf. Dann nahm sie sich zusammen. »Ich bin einfach völlig außer mir.«

»Wie war das eigentlich mit der Pistole?«

Sie nahm mich bei der Hand und führte mich hinüber zum Fenster, wo vor einem niedrigen Glastisch zwei Sessel standen. Auf dem Tisch stand Kaffeegeschirr. In einer der Tassen war noch Kaffee.

»Wie war das mit der Pistole?« wiederholte ich, als wir uns setzten.

»Ich weiß nicht, woher er sie hat. Ich wußte nicht einmal, daß er sie überhaupt hat.« Ohne zu fragen, goß sie Kaffee in die andere Tasse und sagte dann zerstreut: »Er ist leider ein bißchen kalt.«

»Wann hast du die Pistole das erstemal zu Gesicht bekommen?«

»Am Samstagabend. Oder vielmehr, gestern morgen. Gegen drei Uhr. Ich bin aufgewacht, Tom war nicht im Bett. Ich habe ihn gesucht. Ich habe ihn in seinem Arbeitszimmer gefunden. Die Pistole lag auf dem Schreibtisch. Er saß davor und starrte sie an. Ich traute meinen Augen nicht. ›Wo, um alles in der Welt, hast du das Ding her?‹ fragte ich. Er hat mich irgendwie ganz komisch angesehen. ›Geh wieder zu Bett‹, hat er gesagt. ›Laß mich allein.‹ Ich dachte – na ja, ich weiß selbst nicht. ›Nein, ich gehe nicht ins Bett‹, sagte ich, ›und du gibst mir jetzt dieses scheußliche Ding da.‹ Er wollte nicht, und wir haben angefangen zu streiten. Das heißt, ein richtiger Streit war es gar nicht. Er war in dieser teilnahmslosen Stimmung, weißt du, in der man überhaupt nicht mit ihm streiten kann, ganz gleich, wieviel Mühe man sich gibt. Aber ich war wütend, und ich hatte Angst und sagte ihm, daß ich keine Schußwaffe im Haus haben wolle. Kurz und gut, ich konnte ihn schließlich dazu überreden, mir die Pistole zu geben, und dann habe ich sie versteckt. Ich habe sie in den Schrank gelegt, in die Schachtel mit der Nerzstola, die ich nicht mehr trage. Ich dachte, da würde er sie nie finden. Aber heute morgen wollte ich sie holen – ich wollte sie wegwerfen, und da war sie nicht mehr da.«

»Vielleicht hat jemand anderer sie genommen.«

»Wer denn? Außer Jerry, Tom und mir war gestern niemand im Haus. Laura Laverne hatte ihren freien Tag.«

»Laura Laverne?«

»Das neue Mädchen. Sie arbeitet an den Wochenenden nicht.«

»Und Jerry?«

»Der wühlt doch nicht in unserem Schrank herum. Ich wollte ihn nicht direkt fragen – es ist mir lieber, wenn er gar nicht weiß, daß eine Pistole im Haus war – aber es ist sicher, daß er niemals in unseren Schränken herumkramen würde.«

Ich dachte an Einbrecher. Ich dachte auch an einen Selbstmordversuch. Ein Selbstmordversuch schien unter den gegebenen Umständen plausibler. Aber wie sahen diese Umstände eigentlich aus?

»Ist er in eine von seinen Stimmungen hineingerutscht?« Ich trank einen Schluck Kaffee. Er war wirklich kalt.

»Nein, er war völlig in Ordnung. Das heißt, bis Samstagabend. Von da an – äh, ja.«

»Samstagabend?«

»Ray war bei uns. Er ist für ein paar Tage in New York. Die beiden haben sich gestritten.«

»Sein Bruder Ray?«

Daisy nickte. »Er hat am Samstagnachmittag angerufen. Er war gerade aus Phoenix angekommen. Ich habe ihn zum Essen eingeladen. Er kam. Und nach dem Essen gab es zwischen den beiden einen Riesenkrach.«

»Worum ging es denn?«

»Keine Ahnung. Sie waren in Toms Arbeitszimmer. Persönliche Angelegenheit, sagten sie. Ich bin ins Wohnzimmer gegangen und habe mich vor den Fernseher gesetzt. Ich konnte ihre Stimmen durch die geschlossene Tür hören, aber ich verstand nicht, was sie sagten. Und gegen zehn Uhr zischte Ray einfach ab. Er hat mir nicht einmal auf Wiedersehen gesagt. Ich fragte Tom, was eigentlich los gewesen sei. Aber er wollte es mir nicht sagen. Von da an war er wie umgewandelt. Ach, Brock, was wollen wir denn jetzt nur tun?«

»Wir werden erst einmal versuchen, dahinterzukommen, was eigentlich los ist.«

»Aber wenn –« Sie brachte es nicht über sich, es auszusprechen.

»Er bringt sich nicht um.« Es gelang mir, das mit mehr Bestimmtheit zu sagen, als ich empfand.

»Woher willst du das wissen?«

»Ich weiß es einfach.« Ich sagte es, ohne einen wirklichen Grund dafür zu haben. Dann fiel mir einer ein. »Heute morgen hat er mir und Mark eine Frist gesetzt. Er sagte, wir hätten 48 Stunden Bedenkzeit. Daraus schließe ich, daß er das, was er vorhat – wenn er überhaupt etwas vorhat –, frühestens in zwei Tagen tun wird.«

»Eine Frist? Was für eine Frist?«

Ich zögerte einen Moment, dann beschloß ich, ihr reinen Wein einzuschenken.

»Er möchte seinen Geschäftsanteil an uns verkaufen.«

»Mein Gott!«

»Und es ist überhaupt nicht einzusehen, warum, Daisy. Zwischen ihm, Mark und mir herrscht eitel Sonnenschein. Es gibt überhaupt keine Schwierigkeiten.«

»Ja, aber siehst du denn nicht, worauf das hinausläuft? Er hat wirklich vor, sich das Leben zu nehmen, und er möchte vorher sein Vermögen flüssig machen. Ich finde, wir sollten die Polizei verständigen.«

»Und?«

Sie seufzte tief und zitternd.

»Die Tatsache«, sagte ich, »daß da ein Mann in New York herumläuft, der eine Pistole in der Tasche hat – wenn er überhaupt eine Pistole in der Tasche hat –, wird die Polizei wohl kaum sonderlich aus der Ruhe bringen. Und ein Mann unter Millionen – das wäre hoffnungslos.«

»Du hast wahrscheinlich recht.« Sie seufzte wieder.

»Außerdem – wenn das, was du glaubst, wahr ist, dann haben wir mindestens 48 Stunden Zeit, vielleicht sogar noch länger. Mark und ich werden ihm seinen Anteil nicht abkaufen, und wir werden auch nicht zulassen, daß er an jemand anderen verkauft, wenn wir es irgendwie verhindern können. Wir können ihn bis in alle Ewigkeit hinhalten.«

»Gott sei Dank. Aber trotzdem . . .«

»Wir können nur eines tun, Daisy – warten. Er kommt bestimmt nach Haus. Da bin ich beinahe sicher.«

»Ich habe Dr. Balter angerufen«, bemerkte sie unvermittelt.

»Was hat er gesagt?«

»Nichts. Tom war letzte Woche bei ihm. Da schien es ihm gutzugehen.«

Ich nickte. Aber ich nahm mir vor, selbst einmal mit Dr. Balter zu sprechen.

Laura Laverne kam ins Zimmer. Sie wollte wissen, ob sie jetzt den Braten ins Rohr schieben könne.

Daisy sagte ihr, das könne sie, und wandte sich dann wieder mir zu.

»Du bleibst doch zum Essen, nicht wahr?«

»Ja.«

Das Mädchen ging hinaus. Daisy und ich saßen einander schweigend gegenüber. So kalt der Kaffee war, ich trank ihn aus und goß mir noch einmal ein. Ich vermied es, Daisy anzusehen, und versuchte, nicht daran zu denken, was hätte sein können.

Was hätte sein können, war folgendes: Daisy hätte sich von Tom scheiden lassen und mich heiraten können. So sah es jedenfalls in meinen Träumen aus. Wahrscheinlich wäre es immer vollkommen unmöglich gewesen. Und doch hatte es einmal einen Augenblick gegeben – einen einzigen Augenblick –, in dem, so glaubte ich, die Möglichkeit existiert hatte.

Das war am Tag nach Toms Einlieferung in die Klinik gewesen. Daisy war vollkommen durcheinander. Ich war bei ihr in der Wohnung und tat mein Bestes, sie zu trösten. Wir saßen Seite an Seite auf der Couch. Ich hielt ihre Hand. Plötzlich lehnte sie sich an mich. Ich legte den Arm um sie. Sie ließ ihren Kopf an meine Schulter sinken. Dann drehte sie sich halb herum, und ihr Gesicht kam mir entgegen. Ich küßte sie. Es war kein freundschaftlicher Kuß. Es war ein Kuß voller Leidenschaft – beiderseitiger Leidenschaft. Wir hielten einander fest umschlungen. Doch schließlich löste sie sich aus der Umarmung. »Das hat Tom nicht verdient, Brock«, sagte sie leise. »Ich weiß«, erwiderte ich. Und damit war der Fall erledigt gewesen. Das Baby war aufgewacht und hatte zu weinen angefangen, und Daisy ging hinaus, um ihm die Flasche zu geben.

Es gelang uns bald, zu unserer früheren, rein freundschaftlichen Beziehung zurückzufinden. Keiner von uns erwähnte je ein Wort darüber, was an diesem Abend geschehen war. Ich redete mir ein, froh zu sein, daß sich die Dinge so entwickelt hatten und nicht anders. Aber hin und wieder ertappte ich mich dabei, daß ich mir Gedanken darüber machte, was geschehen wäre, wenn das Pendel in jenem Moment nach der anderen Richtung ausgeschlagen hätte.

Ganz plötzlich, als spüre sie, was für Gedanken mir durch den Kopf gingen, sagte Daisy: »Ich liebe Tom sehr, Brock.«

Ich stellte die Kaffeetasse auf den Tisch.

»Ich auch, Daisy. Er ist für mich wie ein Bruder.« Ich schwieg einen Moment. »Dabei fällt mir ein – in welchem Hotel wohnt Ray eigentlich?«

»Das weiß ich nicht. Sonst wohnt er immer im Park Lane.«

»Ich rufe mal an. Er kann uns bestimmt etwas Näheres darüber sagen, was eigentlich geschehen ist.«

»Daran habe ich auch schon gedacht. Aber ich hatte Angst. Ich wollte nicht, daß Tom denkt, ich mische mich in seine Angelegenheiten.«

»Nun, darüber wollen wir uns jetzt kein Kopfzerbrechen machen.«

Ich ging zum Telefon und wählte die Nummer des Park Lane Hotels. Colonel Ray Petacque war nicht angemeldet. Colonel Ray Petacque hatte auch am Samstag und am Sonntag nicht im Hotel gewohnt.

Ich sagte es Daisy. Sie stöhnte.

»In New York gibt es so viele andere Hotels, daß ich gar nicht wüßte, wo ich anfangen sollte.«

Ich wußte es auch nicht. »Ich könnte jetzt einen Drink gebrauchen«, sagte ich. »Der Kaffee ist ja eiskalt.«

Wir gingen ins Wohnzimmer. Jerry lag der Länge nach auf dem Boden. Den Apfel hatte er offenbar schon verdrückt; er kaute jetzt an einer Scheibe Salami. Neben ihm stand ein Radio, und er hatte Kopfhörer auf. Vor ihm lag ein aufgeschlagenes Buch. Ich bückte mich, um zu sehen, welches Buch es war. Es war eines über Ozeandampfer. Er betrachtete gerade eine Abbildung der ›Aquitania‹. Als er mein Interesse bemerkte, nahm er den Kopfhörer ab und sagte: »Die ›Queen Mary‹ gefällt mir besser.«

»Warum?« fragte ich.

Er blätterte ein paar Seiten zurück und zeigte mir ein Foto der ›Queen Mary‹. Auf seiner Salami kauend, erklärte er: »Die Kamine sind viel schöner.«

»Iß erst, ehe du sprichst«, ermahnte ihn seine Mutter.

Er setzte den Kopfhörer wieder auf. Ich mixte Daisy und mir einen Drink.

»Der Braten braucht bestimmt noch eine Stunde«, bemerkte sie.

»Dann betrinken wir uns eben«, erwiderte ich.

Sie lächelte mühsam.

Wir blieben im Wohnzimmer und taten so, als sei alles in bester Ordnung, um Jerry nicht zu beunruhigen. Nach einer Weile klappte er das Buch zu, schaltete das Radio aus und beteiligte sich am Gespräch. Wir kamen vom Hundertsten ins Tausendste, von der Börse, an der er ein verständliches Interesse hatte, bis zu dem neuesten Gemälde, das ich meiner Sammlung einverleibt hatte, und an dem er nicht das geringste Interesse hatte, von dem aber Daisy hören wollte.

Es war dem äußeren Schein nach ein ziemlich normaler Spätnachmittag. Und auch beim Abendessen, als endlich aufgetischt wurde, war scheinbar alles wie sonst. Täuschen aber konnten wir Jerry dennoch nicht. Gerade, als wir aufstehn wollten, sagte er aus heiterem Himmel: »Papa dreht durch, nicht?«

Daisy war so perplex, daß ihr keine Antwort einfiel.

Ich sprang für sie ein.

»Nein«, erwiderte ich. »Aber er schlägt sich mit ein paar schwierigen Problemen herum, alter Kumpel. Da läßt du ihn am besten eine Weile in Frieden.«

Jerry nickte, und wir gingen aus dem Eßzimmer hinaus.

Ich blieb bis halb elf Uhr abends in der Wohnung. Tom war noch immer nicht nach Hause gekommen. Jetzt beschloß ich, Mark hinzuzuziehen. Ich hatte echte Angst. Mein Vater nämlich hatte, als ich neun Jahre alt gewesen war, Selbstmord begangen.

4

Toms Wohnung liegt an der Ecke 69. Straße und Third Avenue. Mark wohnt in der 75. Straße, gleich bei der Fifth Avenue in einem Haus mit zehn Zimmern und Blick auf den Central Park. Das Haus ist der reinste Palast, mit einem zweistöckigen Wohnzimmer, einer Küche, die so groß ist wie ein Eislaufplatz, und einer geschwungenen Freitreppe, auf der fünf Leute nebeneinander gehen können.

Es ist ausgestattet mit einem Sortiment antiker Möbel aus den diversen Häusern, die Marks Eltern oder den Eltern seiner Frau einmal gehört haben oder immer noch gehören, und mit Ramsch aus den Billigabteilungen verschiedener großer Kaufhäuser.

Wenn es nämlich um Geld geht, dann ist Mark, freundlich ausgedrückt, exzentrisch. Und seine Frau Joyce, die selbst auch nicht gerade aus kleinen Verhältnissen kommt, ist genau wie er. Außer der Wohnung in New York haben sie in Greenwich, im Staat Connecticut, ein Landhaus mit fünf Morgen Grund und außerdem eine große Jacht. Aber in den kleinen Dingen des Alltags sind sie die geizigsten Menschen, die mir je untergekommen sind. Wenn man bei ihnen zu Gast ist, trinkt man Wein aus Kristallkelchen, aber den billigsten, der zu haben ist. Nur um sich die fünf Dollar für eine Parkgarage zu sparen, fährt Mark freiwillig zwanzigmal um den Block, um einen Parkplatz auf der Straße zu finden. Im Theater sitzen Joyce und er im Rang. Den Rubel rollen lassen, heißt für die beiden, sechs Taschentücher auf einen Schlag zu kaufen.

Das alles wäre nicht so schlimm, wenn Mark nur zu Hause so knickrig wäre; aber im Büro ist er genauso. Er überprüft jede Rechnung, die hereinkommt, und zieht die Notwendigkeit selbst der lächerlichsten Ausgaben in Zweifel. Das gibt natürlich Ärger mit den Angestellten, den Lieferanten und den Kunden. Er verdächtigt jeden, es darauf abgesehen zu haben, uns übers Ohr zu hauen.

Aber er ist ein unermüdlicher Arbeiter, er ist selbst grundehrlich, er ist ein treuer Freund, und gelegentlich kann er direkt großzügig sein.

Ich hoffe immer noch, daß er sich eines Tages zum Lebenskünstler wandelt, aber das wird wahrscheinlich nie geschehen. Nur wenn sein Vater stirbt und ihm weitere fünfzehn oder zwanzig Millionen hinterläßt, dann wird er sich vielleicht endlich einen neuen Regenmantel kaufen – er braucht weiß Gott einen.

An diesem Abend jedenfalls empfing er mich in seinem üblichen »Hausanzug« – Blue Jeans, einem ausgebeulten Pullover und Sandalen.

Er warf mir nur einen kurzen Blick zu und sagte dann: »Probleme?«

Ich nickte und erwiderte: »Tom.«

Er führte mich in die Bibliothek und schloß die Tür. Ich erzählte ihm, was los war. Ich fügte hinzu, daß wir vielleicht, wie Daisy vorgeschlagen hatte, die Polizei benachrichtigen sollten.

Seine Reaktion war die gleiche wie zuvor die meine.

»Was kann denn die Polizei schon tun?«

»Sie könnte in den Krankenhäusern nachfragen und so«, erwiderte ich.

»Was heißt ›und so‹? Du meinst im Leichenhaus?«

»Vielleicht.«

Er musterte mich mit ernstem Blick. Dann veränderte sich sein Gesichtsausdruck. Er schien nicht mich anzusehen, sondern in sich selbst hineinzuschauen.

»Tom ist nicht tot«, erklärte er schließlich.

»Wieso bist du da so sicher?«

»Er hat uns 48 Stunden Zeit gegeben. Oder hast du das vergessen?«

»Das habe ich Daisy auch gesagt. Aber trotzdem . . .«

Wieder zog er sich in sich selbst zurück. Und wieder kam er mit einer positiven Behauptung zu mir zurück.

»Tom ist kein selbstzerstörerischer Mensch.«

»Ich kenne ihn länger als du, Mark.«

»Zugegeben. Aber ich wiederhole, er ist nicht selbstzerstörerisch. Ich hätte ihn niemals als Geschäftspartner akzeptiert, wenn ich ihn dafür gehalten hätte. Und was er bisher geleistet hat, beweist, daß ich recht habe. Selbstzerstörerische Menschen sind Versager. Tom ist ein Erfolgsmensch.«

Ich ließ mir das durch den Kopf gehen. So ganz recht schien er mir damit nicht zu haben.

»Ich habe keine Ahnung, weshalb er sich plötzlich in den Kopf gesetzt hat, eine Schußwaffe mit sich herumzuschleppen«, fuhr Mark fort, »und ich bin bereit, zuzugestehen, daß er augenblicklich irgendeine emotionale Krise durchmacht; aber nicht einen Moment lang glaube ich, daß er jetzt mutterseelenallein in irgendeinem Hotelzimmer sitzt und versucht, den Mut dazu aufzubringen, sich eine Kugel durch den Kopf zu jagen.«

»Aber was tut er dann?«

»Das weiß ich nicht, aber ich glaube, du warst auf dem richtigen Weg, als du versucht hast, Ray ausfindig zu machen. Wenn du ihn findest, dann findest du vielleicht auch Tom. Und dann wird sich wenigstens herausstellen, wo das Problem eigentlich liegt.«

»Ich wüßte gar nicht, wo ich anfangen sollte, ihn zu suchen.«

Mark lächelte. Das war etwas, das er selten tat. Aber wenn er wirklich einmal lächelte, dann wirkte er augenblicklich zehn Jahre jünger. Und viel sympathischer.

»Du bist der beste Spürhund, den zu kennen ich je die Ehre hatte, Brock.« Sein Lächeln erlosch. Er wurde wieder der Mark Price, den ich am besten kannte – der Mark Price, der immer etwas finster wirkte. »Manchmal treibst du die Dinge ein wenig weit und schaffst damit unnötige Probleme, aber wenn du es dir wirklich in den Kopf gesetzt hast, dann verstehst du es, Informationen zu beschaffen.«

Er spielte auf zwei groß angelegte Schwindelmanöver an, die ich aufgedeckt hatte; mir und unserer Firma hatte das die Dankbarkeit einiger Leute und die Feindschaft vieler eingebracht. Aber ich sah mich nicht als Spürhund.

»Ich bin Wertpapierfachmann, Mark, kein Detektiv.«

»Wir wollen uns doch nicht um Worte streiten. Du bist einer, der immer bohrt. Und ich schlage vor, du bohrst jetzt solange, bis du Ray Petacque gefunden hast.«

Ihm schwebte schon das Richtige vor. Und ich zweifelte nicht daran, daß ich mit Ray Petacque fertig werden würde, wenn ich ihn aufspüren sollte. Die Frage war nur, wie ich ihn aufspüren sollte.

An der Tür klopfte es.

»Wer ist da?« rief Mark.

»Ich bin es«, antwortete seine Frau und öffnete die Tür. »Ich dachte, ich hätte gehört –« Sie sah mich und rief: »Oh!« und zog ihren Kimono fester um sich. Der Kimono war einmal rosafarben gewesen, vermutete ich, jetzt war er von einem unansehnlichen Mauve. Sie erholte sich schnell von ihrem Schreck und begrüßte mich mit einem freundlichen Lächeln. »Brock! Wie schön dich zu sehen!« Sie wandte sich an ihren Mann. »Schenk Brock etwas zu trinken ein. Ich bin gleich wieder da.« Sie eilte hinaus.

»Möchtest du etwas trinken?« fragte Mark.

Ich dachte an den Whiskey, den er mir das letztemal angeboten hatte, als ich bei ihm gewesen war.

»Eigentlich nicht.«

Er drängte mich nicht weiter. Schweigend saßen wir da. Dann kam Joyce in einem langen Kleid aus grünem Samt zurück. Am Ausschnitt war es mit Perlen besetzt. Aber einige der Perlen fehlten, und am rechten Ärmel war die Naht offen. Sie trug einen Teller, auf dem sorgsam angerichtet zwei Scheiben Schweizer Käse lagen und sechs Crackers.

»Ihr trinkt nichts?« fragte sie.

»Brock wollte nichts«, erklärte Mark.

»Meinetwegen, aber ich trinke etwas«, versetzte sie, und Mark holte die Flasche heraus.

Wir tranken schließlich doch jeder ein Glas. Der Whiskey war tatsächlich der gleiche, den ich schon einmal genossen hatte, aber ich würgte ihn hinunter. Ich aß sogar einen Cracker dazu.

Joyce spürte bald, daß etwas nicht in Ordnung war.

»Ich wollte euch nicht stören, wenn ihr Geschäftliches zu besprechen habt«, meinte sie in entschuldigendem Ton.

»Das haben wir«, erwiderte Mark.

»Nun gut, dann gehe ich wieder nach oben.«

Sie warf ihm einen liebevollen Blick zu und gab ihm einen Kuß. Sie mochten ihre Eigenarten haben, aber sie liebten einander – und darum beneidete ich sie.

Joyce gab auch mir einen Kuß. »Laß dich öfter mal sehen«, sagte sie. »Du warst seit unserer Party Anfang November nicht mehr hier.«

»Ich melde mich bald mal«, versprach ich.

Sie ging. Ich sah auf meine Uhr. Es war viertel nach elf.

»Ich glaube, ich ruf jetzt mal Daisy an«, sagte ich.

Mark nickte.

Daisy schien einem Zusammenbruch nahe, als sie sich meldete. Gegen meinen Rat, erklärte sie, habe sie die Polizei angerufen. Im Augenblick waren zwei Beamte bei ihr. Sie hatte ihnen eine Beschreibung Toms und mehrere Fotographien von ihm gegeben. Sie hatten ihr versprochen, nach ihm zu suchen. Aber sie waren der Auffassung, daß Tom ganz einfach in irgendeinem Lokal saß und sich vollaufen ließ. Sie konnte sie nicht davon überzeugen, daß das nicht Toms Art war.

»Hast du ihnen etwas von der Pistole gesagt?« fragte ich.

»Ja.«

»Und was haben sie dazu gesagt?«

»Sie wollten wissen, ob er einen Waffenschein hat.«

»Nun ja, schaden kann es sicher nicht, wenn sie nach ihm suchen. Aber tu mir einen Gefallen, Daisy: Gib mir Rays private Telefonnummer in Phoenix.«

»Da muß ich erst nachsehen.« Sie legte den Hörer nieder. Wenige Augenblicke später meldete sie sich wieder und nannte mir die Nummer.

Ich schrieb sie mir auf und sagte ihr, daß ich mich wieder melden würde. Sie dankte mir und legte auf.

Ich berichtete Mark, daß die Polizei bei Daisy war.

»Uns kann es nur schaden, wenn die Geschichte in die Zeitungen kommt«, bemerkte er. »Aber wahrscheinlich wird das nicht geschehen. Und vielleicht hat die Polizei Glück. Inzwischen kannst du in Phoenix nachfragen. Und ich will sehen, was ich hier in der Stadt tun kann. Ich kenne zwar nicht alle Stammlokale Toms, aber immerhin die meisten. Und vielleicht hat irgend jemand ihn gesehen.«

Wenig später trennten wir uns. Ich nahm mir ein Taxi zu meiner Wohnung in der 11. Straße.

Obwohl es schon sehr spät war, rief ich noch Dr. Balter an. Er schlief bereits. Ich entschuldigte mich und erklärte, worum es ging. Er sagte, er wisse bereits Bescheid. Daisy habe mit ihm gesprochen. Er fügte hinzu, er wüßte nichts, was die Situation irgendwie erhellen könnte. Ich bat ihn dennoch um einen Termin für den folgenden Morgen, bevor seine reguläre Sprechstunde begann. Wir verabredeten uns für halb acht.

Danach wählte ich die Privatnummer von Ray Petacque in

Phoenix. Es meldete sich niemand. Schließlich ging ich zu Bett.

Länger als eine Stunde wälzte ich mich schlaflos herum. Schließlich aber schlief ich doch ein, nur um gegen vier Uhr morgens schweißgebadet wieder zu erwachen.

Ich hatte von einem Mann geträumt, der sich umgebracht hatte. Es war ein Alptraum, der mich seit meinem neunten Lebensjahr verfolgte.

Aber der Mann in diesem Traum war nicht mein Vater gewesen. Es war Tom gewesen.

5

Dr. Balter war mir nicht fremd. Ich war selbst einmal für kurze Zeit Patient bei ihm gewesen.

Wahrscheinlich hätte ich schon viel früher einen Psychiater aufsuchen sollen. Und nachdem ich mit der Analyse einmal angefangen hatte, hätte ich dabei bleiben sollen. Ich war auf Toms Empfehlung zu Balter gegangen und hatte festgestellt, daß der Mann sympathisch war. Er half mir auch bis zu einem gewissen Grad. Aber nach sechs Wochen machte ich Schluß. Nicht, weil ich unfähig gewesen wäre, den Wahrheiten, die herauskamen, ins Gesicht zu sehen, sondern weil ich soviel auf Reisen war, daß ich einfach nicht mit der Regelmäßigkeit, auf der Dr. Balter bestand, zu den Sitzungen kommen konnte.

Mein Problem war, wie ich bereits geahnt hatte, die seelische Störung, die der Tod meines Vaters in mir ausgelöst hatte. Mein Vater war als Sohn reicher Eltern aufgewachsen, aber während der Depression hatte sein Vater sein ganzes Geld verloren. Dann war sein Vater gestorben, und er hatte allein seine kranke Mutter durchbringen müssen. Mein Vater hatte weder die Fähigkeiten, noch das Glück besessen, Geld zu machen. Außerdem beging er den Fehler, zu heiraten und ein Kind in die Welt zu setzen. Schließlich wurde die Last allzu vieler Verpflichtungen zu schwer, die Aussicht, ein ganzes Leben in Armut verbringen zu müssen, zu bedrückend. Er legte sich einen Strick um den Hals und stieß den Stuhl unter sich weg. Ich kam eines Nachmittags von der Schule nach Hause und fand ein Gewimmel von Nachbarn, Polizeibeamten und Feuerwehrleuten in unserer Wohnung vor. Meine Mutter stand da, schlug immer wieder mit dem Kopf gegen die Wand und schrie unaufhörlich.

Es ist wahrscheinlich einfach, solche dramatischen Erlebnisse aufzubauschen, ihnen die Schuld an Störungen zu geben, die sie nicht wirklich hervorgerufen haben. Es ist aber genauso möglich, sie zu stark zu verdrängen, sich vorzumachen, daß sie niemals geschehen sind. Ich weiß bis heute nicht, welchen dieser beiden falschen Wege ich eingeschlagen habe. Aber ich weiß, daß ich jahrelang nach dem Tod meines Vaters todunglücklich war. Ich fühlte mich verlassen. Ich schämte mich. Und wenn man Dr. Balter glauben konnte, dann war das der Grund, weshalb ich nie geheiratet habe, warum ich von einer unverbindlichen Liebesbeziehung in die nächste rutschte. Ich hatte (und habe) immer Angst davor, verlassen zu werden.

Meine ersten Worte an jenem Dienstagmorgen in der Praxis von Dr. Balter galten deshalb nicht Tom, sondern mir selbst.

»Ich hatte gestern abend wieder diesen Traum.«

»Das wundert mich nicht«, war Balters Antwort.

»Nur war es Tom, der sich aufgehängt hatte.«

Er nickte.

Damit waren wir bei dem Thema, das mich zu ihm geführt hatte.

»Das weiß ich alles«, erklärte Balter, nachdem ich geendet hatte. »Ist seit unserem gestrigen Telefongespräch irgend etwas geschehen?«

»Nicht, daß ich wüßte«, antwortete ich. »Ich habe Daisy noch nicht wieder angerufen. Ich dachte, sie schläft vielleicht noch; das arme Ding braucht Ruhe.«

Ich hatte ihm von der einen kurzen Episode zwischen mir und Daisy erzählt. Er hat die Art, wie wir uns verhalten hatten, richtig gefunden.

»Da haben Sie recht«, meinte er. »Die braucht sie wirklich.«

Er schwieg, um sich eine Zigarre anzuzünden. Er rauchte den ganzen Tag hindurch eine Zigarre nach der andern. »Natürlich weiß man nie, wozu ein Mensch fähig ist, der sich in einem solchen Zustand befindet, wie anscheinend Tom. Aber ganz so besorgt, wie Sie beide zu sein scheinen, wäre ich nicht.«

»Was soll das heißen, ›anscheinend‹? Tom hat doch völlig durchgedreht und rennt jetzt mit einer Pistole in der Tasche durch die Gegend.«

»Natürlich, die Geschichte mit der Pistole ist ernst. Ich will auch das, was Sie mir erzählen, gar nicht bagatellisieren. Aber Tom war letzten Donnerstag hier, und er zeigte keinerlei Symptome dafür, daß er drauf und dran war, durchzudrehen, wie Sie es formulieren.«

»Er hat sich am Samstagabend mit seinem Bruder gestritten. Irgend etwas, was sein Bruder gesagt hat, muß ihn aus dem Gleis geworfen haben.«

»Das ist möglich. Aber vielleicht sehen Sie auch viel zu viel hinter dieser ganzen Geschichte.«

»Ihre Meinung in Ehren, Doktor, aber ich glaube nicht, daß ich da Gespenster sehe. Ich habe ihn ja gestern morgen erlebt, und Sie haben ihn nicht erlebt.«

»Beschreiben Sie mir genau, wie er ausgesehen hat und was er gesagt hat.«

Das tat ich.

Er überlegte. Schließlich sagte er: »Es besteht kein Zweifel daran, daß er seit Samstagabend unter einem Druck irgendeiner Art steht. Ich muß bekennen, es überrascht mich, daß er mich nicht angerufen hat. Im allgemeinen tut er das, wenn ihn etwas stark beschäftigt. Aber ich glaube, ich kann Ihnen, ohne meine Schweigepflicht zu verletzen, versichern, daß Tom keine suiziden Neigungen hat. Die hat er nie gehabt.«

»Das gleiche hat auch mein Geschäftspartner gesagt. Aber Herrgott nochmal, Dr. Balter, jeder Mensch kann doch zum Selbstmörder werden, wenn er stark genug unter Druck steht.«

»Sie projizieren.«

»Wenn Sie meinen. Ich glaube aber trotzdem, daß ich in diesem Moment recht habe.«

Er kleckerte Asche auf seine Krawatte; das war auch etwas, das er den ganzen Tag hindurch tat.

»Tom«, sagte er, »hat Aggressionen. Mehr als genug. Aber er ist nicht der Mensch, der diese Aggressionen gegen sich selbst richtet. Ganz im Gegenteil. Unter hinreichendem Druck würde er wahrscheinlich eher einen anderen Menschen töten, als sich selbst.«

Ich starrte ihn an. »Sie meinen, er wäre fähig, einen Mord zu begehen?«

Er lächelte dünn. »Theoretisch sind wir alle dazu fähig. Nur tun es die meisten von uns nicht.«

»Sie sind ja verrückt.«

Sein Lächeln wurde breiter. »Wirklich?«

Ich spürte, wie ich rot wurde, und ich werde nicht oft rot.

»Entschuldigen Sie. So habe ich das nicht gemeint. Aber Tom gehört nicht zu den Menschen, die leicht die Selbstbeherrschung verlieren. Er fängt nicht an zu schreien oder übermäßig aggressiv zu werden oder so etwas in dieser Art. Wirklich nicht.«

»Aber er ist aggressiv, meinen Sie nicht?«

»Doch.«

»Nicht alle aggressiven Menschen, sehen Sie, schreien rum und donnern mit den Fäusten auf den Schreibtisch. Aber, wie ich zuvor schon sagte, Toms Aggressionen richten sich nicht gegen ihn selbst.«

»Dann glauben Sie, daß Tom vorhaben könnte, jemanden umzubringen?«

Ich hielt es für Wahnsinn.

»Wer weiß? Es kann ja sein, daß er das plant. Aber es ist nicht wahrscheinlich, daß er es tun wird. Ich bin seit dreißig Jahren praktizierender Psychiater, Brock, und nicht einer meiner Patienten hat je einen Mord begangen, wenn auch eine ganze Menge von ihnen irgendwann einmal am liebsten einen begangen hätte.«

»Dann kann ich nur von Herzen hoffen, daß die Polizei ihn schnappt und einsperrt.«

»Sie meinen, lieber vorher als hinterher.«

»Natürlich.«

Draußen summte der elektrische Türöffner. Der erste Patient war eingetroffen. Ich wollte noch nicht gehen. Ich wollte bleiben und noch eingehender mit Dr. Balter sprechen. Aber Balter legte seine Zigarre in den Aschenbecher und stand auf. Mir blieb nichts anderes übrig, als ebenfalls aufzustehen.

»Sie müssen versuchen, die richtige Perspektive zu behalten, Brock«, sagte er beschwichtigend. »Ich bin so besorgt wie Sie. Aber ich kenne Tom schon ziemlich lange. Ich glaube nicht, daß ihm etwas passieren wird.«

Ich stieß einen tiefen Seufzer aus. »Ich hoffe es.«

Er öffnete mir die Tür.

»Melden Sie sich wieder. Geben Sie mir Bescheid, sobald sich etwas Neues ergibt.«

Ich nickte. Ich fühlte mich etwas besser. Für mich nämlich war es einfach undenkbar, daß Tom jemals, ganz gleich unter was für Umständen, einen Mord begehen würde.

6

Es hatte zu schneien angefangen. Große, wäßrige Flocken schwebten herunter und schmolzen auf der Haut. Ich ging die Park Avenue hinunter zur 61. Straße, dann hinüber zur Lexington Avenue. Durchnäßt und durchgefroren ging ich in ein Cafe und bestellte mir eine Käsetasche und einen Kaffee. Hinten im Lokal war eine Telefonzelle, und als ich meinen Kaffee ausgetrunken hatte, rief ich Daisy an.

Das Mädchen meldete sich und erzählte, daß Mrs. Petacque noch schliefe. Doch während sie noch sprach, kam Daisy an den Nebenapparat und sagte: »Tom?«

»Nein«, antwortete ich. »Brock hier.«

»Brock?« wiederholte sie, als wäre der Name ihr unbekannt.

»Sind Sie auf?« fragte das Mädchen sie.

»Ja, ich denke schon«, antwortete Daisy.

Es knackte in der Leitung, als das Mädchen auflegte.

»Brock?« sagte Daisy wieder.

»Ja«, antwortete ich. »Hast du von Tom gehört?«

»Ich habe zwei Schlaftabletten genommen. Mein Kopf kommt mir vor wie ein dicker Wattebausch. Tom? Nein – nichts. Ich habe gestern abend die Polizei angerufen.«

»Ja, das hast du mir gesagt.«

»Habe ich?«

»Ja. Haben sie irgend etwas festgestellt?«

»Nein. Ich habe bis jetzt nichts von ihnen gehört.« Ihre Stimme wurde kräftiger. »Ach, Brock, ich mache mir so entsetzliche Sorgen.«

»Versuch, dich nicht aufzuregen. Ich war gerade bei Dr. Balter, und er sagt, daß kein Anlaß zur Sorge besteht – Tom hat keine selbstmörderischen Neigungen.«

»Aber Tom ist noch nie die ganze Nacht weggeblieben.«

»Da wird schon ein triftiger Grund dahinterstecken. Jedenfalls ist es nicht der Grund, den wir befürchteten. Und Balter ist ein guter Mann – das weißt du. Wie geht es Jerry?«

»Wie spät ist es?«

»Viertel vor neun.«

»Er muß schon zur Schule gegangen sein.«

»Paß gut auf ihn auf. Diese Geschichte kann ihm ganz schön zusetzen, weißt du.«

»Ja, ich weiß. Ich kümmere mich schon um ihn. Du bist lieb,

Brock. Wirklich. Ich wüßte gar nicht, was ich ohne dich anfangen sollte.«

Ich hatte plötzlich einen Kloß im Hals.

»Ich fahre jetzt ins Büro«, sagte ich hastig. »Ruf mich an, wenn du etwas hörst.«

»Das tue ich. Und vielen Dank, Brock. Vielen Dank für alles.« Sie legte auf.

Ich eilte aus dem Café und winkte einem Taxi.

Ich hatte kaum meinen Mantel aufgehängt, als Irving wutentbrannt in mein Büro stürmte.

»Du mußt diesem Brian einmal gehörig die Leviten lesen«, erklärte er zornig. »Gestern, nachdem du gegangen warst, war hier die Hölle los.«

Ich versuchte, mir meine normale Büromentalität überzustülpen.

»Was ist denn passiert?«

»Ich bekam einen Anruf von Jack Watson von Kenwood Oil. Offenbar hatte Brian sich irgendwie einen Termin bei Wayne Kenwood verschafft, und ich habe keine Ahnung, was Brian zu dem alten Knaben sagte, aber der Alte ist fuchsteufelswild. Watson sagte mir, daß er Anweisung hat, aus unserer Firma niemanden mehr ins Haus zu lassen. Unsere Informationen über Kenwood Oil könnten wir in Zukunft aus der Zeitung beziehen.«

Ich seufzte. »Reg dich nicht auf, Irv. Wenn die guten Leute da drüben interessante Nachrichten herauszugeben haben, dann lassen sie uns das genau so wissen, wie alle anderen. Und Informationen, die für ihr Geschäft nachteilig sind, behalten sie sowieso für sich.«

»Aber jemand muß dem Jungen mal einen Dämpfer geben. Der bildet sich ja ein, er wäre ein kleiner Gott. Wenn *du* nicht mit ihm redest, dann tu ich's.«

»Okay, Irv, ich spreche mit ihm.« Ich seufzte wieder. »Oder nein, tu du es lieber. Ich rufe Watson an und entschuldige mich.«

Irving beruhigte sich. Er maß mich wieder mit einem seiner eulenhaften Zwinkerblicken.

»Brock, ich weiß, es geht mich nichts an, aber ich habe das Gefühl, daß irgend etwas nicht stimmt. Wenn ich irgendwie behilflich sein kann . . .«

»Nein. Hau jetzt lieber ab. Ich habe zu arbeiten.«

Er wandte sich um zu gehen. Ich rief ihn zurück. Er war absolut vertrauenswürdig, und ich brauchte wirklich Hilfe.

»Tut mir leid, Irv. Ich wollte nicht so brüsk sein. Es ist etwas nicht in Ordnung, und es gibt einiges, was du da tun kannst.«

Kurz skizzierte ich ihm die Situation. Er hörte mir ruhig zu.

»Das tut mir wirklich leid, Brock«, sagte er dann. »Für Tom und für uns alle.«

Ich zwang mich zu einem Lächeln.

»So schrecklich schlimm ist es auch wieder nicht, Irv. Mark und ich werden ihn einfach nicht verkaufen lassen. Wir können ihm alle möglichen Knüppel zwischen die Beine werfen. Und irgendwann wird Tom ja wieder zur Vernunft kommen. Er ist ein ziemlich zäher Bursche, weißt du. Aber du kannst ein paar Sachen für mich erledigen. Erstens sind hier die Notizen, die ich für den Brief gemacht habe, der heute nachmittag raus muß. Schreib du ihn. Zweitens wollte ich heute abend nach Dallas fliegen, weil ich dort mit Henderson von der Great Southwest Versicherungsgesellschaft verabredet bin. Mach du die Reise für mich. Ich rufe ihn an und sage, daß ich Grippe habe oder sowas. Genaue Instruktionen bekommst du noch von mir.«

Irving riß die Augen auf. Es war nicht ungewöhnlich, daß ich ihn den öffentlichen Börsenbrief schreiben ließ, wenn ich anderweitig beschäftigt war; aber nie zuvor hatte ich ihn oder einen anderen mit den Versicherungsgesellschaften verhandeln lassen, die ich als mein spezielles Ressort betrachtete.

»Natürlich, Boß«, rief er enthusiastisch. Er nannte mich nur ›Boß‹, wenn er wirklich aus dem Häuschen war. »Kann ich sonst noch etwas tun?«

Ich überlegte einen Moment.

»Vielleicht. Mir geht da seit gestern abend etwas im Kopf herum. Hast du in letzter Zeit irgendwelche Gerüchte über Mutual Claims gehört?«

Die Mutual Claims Company war das Unternehmen, bei dem Ray Petacque, seit er den Dienst bei der Armee quittiert hatte, Vizepräsident war.

Irving schüttelte den Kopf.

»Nein, habe ich nicht. Glaubst du denn, daß zwischen Mutual Claims und Toms Verhalten irgendein Zusammenhang besteht?«

»Ich weiß es nicht. Mir fällt keiner ein. Aber es kann nicht schaden, sich ein bißchen umzuhören. Ganz diskret natürlich.«

»Natürlich.« Niemand konnte diskreter sein als Irving, wenn er es darauf anlegte. »Wird gemacht. Und« – er zögerte – »danke,

Boss. Ich weiß dein Vertrauen zu schätzen.«

Ich machte eine wegwerfende Handbewegung und marschierte dann den Flur hinunter, um nachzusehen, ob Mark in seinem Büro war. Er war nicht da. Rose Frank, seine Sekretärin, sagte, er hätte angerufen, um ihr mitzuteilen, daß er später kommen würde.

»Er ist doch hoffentlich nicht krank«, fügte sie hinzu.

Ich verstand ihre Sorge. Mark war morgens immer der erste.

»Nein, krank ist er bestimmt nicht«, erwiderte ich. »Er sagte gestern etwas davon, daß er heute eine Verabredung hat.«

Sie schien erleichtert.

Ich stellte mir vor, wie Mark von Lokal zu Lokal zog, um seine Nachforschungen anzustellen. Ich lächelte. Er war wirklich nicht der Typ für eine solche Tätigkeit. Er war viel zu reserviert.

»Aber geben Sie mir Bescheid, wenn er kommt«, sagte ich.

Rose machte sich eine Notiz. Sie machte sich zu allem Notizen. Mark bestand darauf.

Ich kehrte in mein Büro zurück und setzte mich ans Telefon. Ich wählte Ray Petacques Nummer in Phoenix. In Arizona war es sieben Uhr morgens. Jemand mußte sich melden.

Aber es meldete sich niemand.

Ich beschloß, zwei Stunden zu warten, und dann bei der Mutual Claims Company anzurufen. Wenn Ray nicht da war, konnte ich mit Steve Schroeder sprechen. Steve Schroeder war Gründer, Präsident und Generaldirektor des Unternehmens. Er wußte vielleicht, wo Ray war.

Danach wurde es wirklich hektisch. Jetzt, wo Tom und Mark nicht da waren, kamen alle mit ihren Problemen zu mir. Ich mußte Entscheidungen über Fragen fällen, von denen ich kaum eine Ahnung hatte. Außerdem rief Hardin Webster an. Hardin war bei Amalgamated Investors Services in Boston. Amalgamated war einer unserer größten Kunden. Und Hardin war ein Wichtigtuer. Er rief häufig am Dienstagmorgen an, um mich darüber auszuhorchen, was der Brief enthielt, der am Dienstagnachmittag hinausging. Es war eine kitzlige Situation. Ich konnte es mir nicht leisten, ihn zu verärgern, andererseits konnte ich ihm nicht guten Gewissens vor allen unseren anderen Kunden Informationen geben. Ich deichselte die Sache so wie immer; ich gab ihm andere Informationen. Dann rief jemand vom ›Wall Street Journal‹ an. Er hatte gehört, daß wir an einer Marktstudie von Lebensmittelketten arbeiteten, und wollte wissen, wann der Aufsatz veröffentlicht werden könne. Ich mußte George Cole fragen, der an dieser Studie arbeitete, und dann den Mann vom ›Journal‹ zurückrufen.

Periodisch warf ich einen Blick auf die Informationen, die der Börsenfernschreiber ausspie, aber es war nichts Aufregendes dabei. Das Geschäft an der Börse war wieder einmal lustlos. Irgendwie gelang es mir trotz aller Hektik, Henderson in Dallas anzurufen und ihm zu erklären, daß mich ein Virus erwischt hätte, und ich deshalb nicht nach Dallas kommen könnte; daß an meiner Stelle aber Irving Silvers, einer meiner Mitarbeiter, hinunterfliegen würde. Und auch für die Entschuldigung gegenüber Jack Watson von der Kenwood Oil Company machte ich die Zeit noch locker. Ich brauchte fünfzehn Minuten, um ihn davon zu überzeugen, daß es mir aufrichtig und aus tiefster Seele leid tue, wie sich mein neuer Mitarbeiter benommen habe, der sich ja noch in der Ausbildung befinde und dem wir entsprechend die Leviten gelesen hätten. Schließlich schien Watson befriedigt und erklärte, er würde meine Entschuldigung dem Aufsichtsratsvorsitzenden übermitteln.

Ich legte auf, fluchte ein paarmal laut und mit Nachdruck und ging dann wieder an meine Arbeit.

Von Daisy hörte ich nichts.

Von Mark hörte ich auch nichts.

Ich rief die Mutual Claims Company in Phoenix an. Man sagte mir, Mr. Petacque wäre verreist. Und Mr. Schroeder wäre ebenfalls verreist.

Mir fiel ein Privatdetektiv ein, den ich kannte. Er hieß Philip Quick, und er lebte in Chicago. Er hatte einmal für mich gearbeitet, als ich versuchte, einen Versicherungsschwindel aufzudecken. Er war ein Mensch, der einem leicht auf die Nerven fallen konnte, aber in seinem Fach war er ausgezeichnet.

Ich ackerte mich durch den Stapel von Visitenkarten, den ich in der mittleren Schublade meines Schreibtisches aufbewahre. Schließlich fand ich Quicks Karte. Während ich darauf niederstarrte, fragte ich mich, ob die Dinge wirklich schon so weit gediehen waren, daß ich einen Privatdetektiv brauchte.

Ich war immer noch am Überlegen, als das Telefon läutete.

»Wer ist das?« fragte ich gereizt.

»Mr. Steve Schroeder«, antwortete Helen. »Auf Leitung 1.«

Ich hob die Augen gen Himmel und sagte: »Herr, ich danke dir.« Dann drückte ich auf den Knopf für Leitung 1.

»Brock? Steve Schroeder hier. Wie gehts, wie stehts?«

»Gut, danke, Steve. Und Ihnen?«

»Könnte nicht besser sein. Hören Sie, Brock, ich bin zufällig ein paar Tage in New York, und wollte fragen, ob Sie Lust haben, heute mit mir zusammen zu Mittag zu essen, wenn Sie frei sind. Ich weiß, das kommt ziemlich kurzfristig, und wenn es Ihnen nicht paßt, dann können wir uns vielleicht gegen fünf auf einen Drink treffen. Ich bin im Regency.«

»Sie hätten sich gar nicht zu einem günstigeren Zeitpunkt melden können«, sagte ich. »Ich habe für heute mittag nichts vor. Es würde mich freuen, Sie wiederzusehen.«

»Ausgezeichnet. Welche Zeit?«

»Sagen wir, in einer halben Stunde.«

Ich bat Helen, an ihrem Schreibtisch zu bleiben, bis ich zurückkam, und alle Nachrichten entgegenzunehmen. Ich sagte ihr, daß ich mich jede halbe Stunde bei ihr melden würde. Sie warf mir einen befremdeten Blick zu, erwiderte aber: »Natürlich, Mr. Potter.«

Ich dankte ihr mit meinem freundlichsten Lächeln. Dann eilte ich hinaus, um meine Verabredung mit dem dummen, kleinen Menschen aus Phoenix einzuhalten, dem es innerhalb von sechs Jahren gelungen war, aus einem Einsatz von fünfzehnhundert Dollar ein Vermögen von zwanzig Millionen zu machen.

7

Steve Schroeder war natürlich in Wirklichkeit durchaus nicht dumm. Und er war auch nicht klein. Er war 1,80 Meter groß und ein verdammt heller Kopf. Aber das Image, das er vermittelte, war das eines unscheinbaren und nicht übermäßig intelligenten Provinzlers, der vielleicht einen Lieferwagen fahren konnte, aber auch nicht mehr.

In den letzten Jahren hatte er sich etwas Schliff zugelegt. Er hat die teuren Geschäfte, Restaurants und Hotels entdeckt. Er hatte gelernt, sich auszudrücken wie andere Multimillionäre. Dennoch haftete ihm noch immer eine gewisse Unbeholfenheit an; er machte stets den Eindruck eines Mannes, der eine gewisse Führung brauchte. Und vor solchen Leuten bin ich lieber auf der Hut. Ich habe nämlich festgestellt, daß sie im allgeminen ganz genau wissen, was sie wollen.

Price, Potter und Petacque jedoch stand bei Steve Schroeder tief in der Schuld, und Steve Schroeder stand bei Price, Potter und Petacque tief in der Schuld. Wir hatten aneinander einen Haufen Geld verdient. Die Emission der Mutual Claims Company war die erste überhaupt, die unsere Firma übernommen hatte, und das Geschäft war für alle Beteiligten bemerkenswert lukrativ gewesen.

Steve Schroeder war tatsächlich ein Provinzler; er stammte aus Green Bay im Staate Wisconsin. Weder seinen Anschauungen nach, noch seiner Erfahrung nach war er ein Großstädter. Eigentlich hätte er ins Käsegeschäft einsteigen müssen. Green Bay nennt sich die Käsehauptstadt der Welt, und Steves Vater war Käsegroßhändler. Aber Steve wollte nicht so wie sein Vater, er begann seine berufliche Karriere in der Buchhaltung eines Krankenhauses.

Von Green Bay zog er nach Milwaukee, von Milwaukee nach Chicago, von Chicago nach Phoenix. Aber er blieb immer in der Branche, für die er sich ursprünglich entschieden hatte: in der Krankenhausverwaltung. Er hatte einen Fernkurs in Buchhaltung absolviert, und während er in Chicago lebte, besuchte er eine Abendschule für Programmierer. Dann kam die Inspiration.

Die Idee, daß ein unabhängiges Unternehmen die Abrechnung für ambulante Behandlungen in Krankenhäusern übernehmen könnte, wurde nicht von Steve Schroeder konzipiert. Auf diesen Gedanken waren schon andere Leute gekommen. Aber er beschloß, selbst ein solches Unternehmen zu gründen. Und er gründete eines.

Mir klang es nach einem Bagatellgeschäft, als ich das erstemal davon hörte. Aber ich sah bald, wie sehr ich mich da getäuscht hatte. Ein großes Krankenhaus verarztet im Jahr zwischen 250000 und 500000 ambulante Patienten. In manchen Krankenhäusern erreicht diese Zahl sogar eine Million. Für jeden dieser Patienten muß eine Karte angelegt werden, eine Rechnung erstellt werden, der Rechnungsbetrag eingetrieben werden. Das ist mit einer Menge Schreibarbeit verbunden. Manche Patienten sind versichert, andere nicht. Manche Versicherungsgesellschaften zahlen zwar für die eine Art der Behandlung, aber nicht für eine andere. Hinzu kommen die komplizierten Abwicklungsvorgänge mit den staatlichen Kassen. Die Bearbeitungskosten pro Besuch eines Patienten, der in ambulanter Behandlung ist, sind von Krankenhaus zu Krankenhaus verschieden; aber sie können bis zu sieben Dollar betragen.

Ein unabhängiges Unternehmen, das sich auf dieses besondere Fach spezialisiert, kann diese Arbeit für den halben Preis machen und dabei noch einen Gewinn realisieren.

Ein Krankenhaus, das den Service eines solchen Unternehmens wahrnimmt, reduziert außerdem nicht nur seine Kosten; es arbeitet auch wirtschaftlicher. Weniger Schecks gehen verloren. Unterschlagungen von Schecks durch Krankenhausangestellte werden eingeschränkt. Und die Zahl unbezahlter Rechnungen sinkt merklich.

Als Tom zum erstenmal mit Steve zu mir ins Büro kam und mich bat, die Geschäftsaussichten von Steves Unternehmen zu überprüfen, entdeckte ich rasch, daß wir es hier mit einem neuen und äußerst fortschrittlichen Geschäftszweig zu tun hatten, der ein enormes Potential hatte.

Aber niemals hätte ich mir träumen lassen, daß Mutual Claims so rapide wachsen würde, wie es dann der Fall war.

Zu diesem Zeitpunkt arbeitete das Unternehmen für mehr als vierhundert Krankenhäuser im ganzen Land, stellte Rechnungen im Betrag von 75 Millionen Dollar jährlich, und erzielte daraus einen Reingewinn von zehn Prozent.

Tom hatte Steve durch seinen Bruder Ray kennengelernt. Ray hatte nach zwanzig Jahren bei der Armee den Dienst quittiert und war auf der Suche nach einem Geschäftsbetrieb, in den er sein Geld investieren und selbst vielleicht als Teilhaber einsteigen konnte. Durch einen Zufall lernte er Steve kennen. Steve brauchte Barkapital, um seine Firma gründen zu können. Er hatte fünfzehnhundert Dollar; er brauchte mehr als vierzigtausend. Ray steckte zwanzigtausend in das Geschäft und überredete seinen Vater, den gleichen Betrag zu investieren. Die Mutual Claims Company war ins Leben gerufen und begann schon bald zu florieren. Aber es dauerte nicht lange, dann brauchte das Unternehmen zusätzliche Gelder zur Expansion. Ray, der Vizepräsident war, brachte Steve mit Tom zusammen, und Tom kam mit Steve zu mir. Ich nahm den Betrieb genau unter die Lupe und war beeindruckt.

Mark, Tom und ich überlegten uns die Sache gründlich. Wir waren Neulinge im Wertpapiergeschäft. Und Emissionsgeschäfte hatten wir noch nie getätigt. Unser Kapital war begrenzt. Ich schlug vor, die Sache an Price und Underhill weiterzugeben, eine Börsenmaklerfirma, an der Marks Vater beteiligt war. Das Unternehmen war auf Emissionsgeschäfte spezialisiert. Aber Mark und sein Vater standen auf Kriegsfuß miteinander, und Mark weigerte sich, sich an ihn zu wenden; er meinte, wir sollten die Sache selbst übernehmen. Wir hatten mehrere Besprechungen mit Steve. Schließlich übernahmen wir die Emission. Ich empfahl die Papiere allen unseren Kunden, und jeder kaufte. Auch Tom, Mark und ich kauften.

Die Aktien wurden zu einem Preis von 6,50 Dollar herausgegeben.

Zwei Wochen später standen sie auf vierzehn Dollar.

Ein Jahr später waren es bereits sechsundvierzig Dollar.

Und dann splitteten die Aktien.

Daraufhin empfahl ich unseren Kunden, zu verkaufen. Nicht, weil ich daran zweifelte, daß das Geschäft der Firma auch weiterhin gutgehen würde, sondern weil ich im Grunde ein konservativer Mensch bin und den Preis der Aktien für überhöht hielt. Unsere Kunden verkauften. Ich ebenfalls. Aber Tom und Mark verkauften nicht.

Die Papiere stiegen weiter und teilten sich weiter. Die Aktien, die bei der Emission 6,50 Dollar gekostet hatte, wurde jetzt mit hundertsechsundfünfzig Dollar gehandelt. Alle unsere Kunden hatten auf meine Empfehlung hin eine Menge Geld verdient. Aber sie hätten noch mehr verdienen können – und sie rieben mir das immer wieder unter die Nase.

Und ich war mir dessen auch sehr wohl bewußt, als ich Steves Suite im Regency Hotel betrat.

Er sah aus wie immer. Unbeholfen.

»Tut mir leid, daß ich mich nicht früher angemeldet habe«, sagte er und schüttelte mir die Hand mit einer Festigkeit, die er sich erst in den letzten Jahren angeeignet hatte. »Ich wußte nicht, ob Sie sich freimachen könnten, aber ich hoffte es. Auf jeden Fall freut es mich, Sie zu sehen. Wie geht es?«

»Ausgezeichnet, Steve. Und Ihnen?«

»Fabelhaft. Einfach fabelhaft.«

›Fabelhaft‹ war eines der Wörter, die er sich etwa um die gleiche Zeit zugelegt hatte, wie seinen festen Händedruck und sein Faible für Sulka-Hemden. Ich konnte zwar nicht feststellen, ob das Hemd, das er in diesem Augenblick trug, von Sulka war, aber es war Seide. Und sein Anzug war Kaschmir. Dennoch sah er aus, als hätte er die ganze Nacht im Zug gesessen. Die Krawatte hing schief, der Anzug war zerknittert, und der Haarwirbel an seinem Scheitel stand hoch wie das Ohr eines wütenden Chihuahua.

Er führte mich zur Couch hinüber.

»Möchten Sie etwas trinken?« fragte er.

Auf dem Tisch vor der Couch standen ein Eiskübel, Gläser und eine Flasche Chivas Regal. Neben der Whiskyflasche lag ein Aktenkoffer mit den vielen kleinen verschlungenen L's und V's, die verrieten, daß er ein Stück von Louis Vuitton war.

»Ganz gern«, antwortete ich, »aber darf ich zuerst einmal telefonieren?«

Er machte eine weitausholende Handbewegung und hätte beinahe den Eiskübel umgestoßen.

Ich wählte die Nummer vom Büro.

»Etwas Neues?« fragte ich Helen.

»Mr. Price hat angerufen. Er wollte Ihnen nur Bescheid geben, daß er wieder im Büro ist.«

»Verbinden Sie mich mit ihm.«

Sie stellte die Verbindung her.

»Erfolg gehabt?« fragte ich.

»Nicht den geringsten. Kein Mensch hat ihn gesehen. Wo bist du jetzt?«

»Im Regency, bei Steve Schroeder.«

Einen Augenblick blieb es still.

»Oh?« Wieder eine Pause. »Weiß er etwas?«

»Ich bin nicht sicher. Kann möglich sein.«

»Melde dich, wenn du zurück bist.«

»In Ordnung.« Ich legte auf und starrte auf das Glas, das Steve mir eingeschenkt hatte. Er hatte es praktisch bis zum Rand gefüllt. »Sie überschätzen mich«, sagte ich.

»Wenn schon, denn schon«, erklärte er.

Ich stellte fest, daß er sich selbst weit weniger eingeschenkt hatte.

»Prost«, sagte er, und wir stießen an.

Wir sprachen Belangloses. Ich erwähnte, ich hätte gehört, daß er in letzter Zeit einen Teil seiner Mutual Claims Papiere verkauft hätte. Tatsächlich verkaufte er schon seit einer ganzen Weile; so hatte er einen Teil seiner zwanzig Millionen gemacht. Die Gewinne aus den Aktienverkäufen hatte er auf dem Immobilienmarkt angelegt und dort ebenfalls große Gewinne gemacht.

Nun, man müßte ja seine Geschäfte in Ordnung halten, erwiderte er. Das sagten sie alle. Sie meinten damit, daß sie nicht alles auf einen Gaul setzen wollten. Ich schalt ihn scherzhaft dafür aus, daß er seine Papiere nicht über Price, Potter und Petacque verkauft hatte. Es täte ihm leid, versicherte er; der Mann seiner Schwester sei vor kurzem nach Los Angeles umgezogen und habe sich dort als Börsenmakler niedergelassen. Ich wüßte ja, wie das mit Schwägern so sei. Ich sagte, ja, das wüßte ich. Er erkundigte sich, ob ich immer noch diese komischen Gemälde sammle. Ich antwortete, ja, das täte ich; ich hätte gerade erst eine Federzeichnung von Picasso und einen Jackson Pollock gekauft. Er meinte, er wünschte, er hätte einen Sinn für solche Dinge, doch ein Bursche vom Lande, wie er, verstünde eben nichts von Kunst. Aber, fügte er hinzu, als Sammler könne man sicher Geld machen, wenn man das richtige Fingerspitzengefühl besäße.

Ich hatte meinen Whisky noch immer nicht ausgetrunken, als wir zum Speisesaal hinunterfuhren. Er machte eine Bemerkung darüber. Ich erklärte ihm, ich hätte Angst, ich würde an meinem Schreibtisch einschlafen, wenn ich ins Büro zurückkäme.

»Ja, ein bißchen müde sehen Sie tatsächlich aus«, stellte er fest. »Hat es Verdruß gegeben in letzter Zeit?«

Die Frage schien ganz harmlos und war es vielleicht auch, aber ich war mir da nicht so sicher.

»Nicht mehr als sonst«, erwiderte ich.

Beim Mittagessen gingen die Belanglosigkeiten weiter. Er war offenbar fest entschlossen, mich betrunken zu machen; er bestand nämlich darauf, daß zum Essen Wein getrunken wurde. Er sei allerdings nur ein Bursche vom Land, sagte er wieder, und verstünde nichts von Weinen; offenbar hatte er sich aber doch einige entsprechende Kenntnisse angeeignet, denn der Kellner nahm seine Bestellung mit einem beifälligen Lächeln auf. Während wir aßen, unterhielt er mich mit Berichten über seine Immobilienkäufe. Der springende Punkt dieser Berichte war, daß er, ohne von Immobilien die geringste Ahnung zu haben, in ein paar höchst lukrative Geschäfte hineingerutscht war. Unter anderem hatte er eine kleine Ranch in Mexiko gekauft.

»Gefällt Ihnen Mexiko?« fragte ich.

»Ich war gar nicht lange genug dort, um das festzustellen«, antwortete er. »Ich bin runtergeflogen, um mir das Grundstück anzuschauen, kriegte die große Scheißerei und bin am nächsten Tag gleich wieder in Richtung Heimat abgedampft. So einen Durchfall habe ich mein ganzes Leben noch nicht gehabt. Das muß das Wasser da unten sein. Aber die Geldanlage hat sich gelohnt. Ich könnte das Ding jetzt schon mit einer halben Million Gewinn verkaufen.«

Immer wieder wollte er mein Weinglas nachfüllen. In mir verdichtete sich allmählich der Verdacht, daß er mich aushorchen wollte.

Und ich hatte recht. Aber zum Thema kam er erst, als wir beinahe fertiggegessen hatten.

»Ja, es war wirklich nett, Sie wiederzusehen, Brock«, meinte er, »und ich kann Ihnen gar nicht sagen, wie sehr ich mich darüber gefreut habe, aber ich muß ehrlich sein – Sie waren zweite Wahl. Eigentlich hoffte ich, Tom zu sehen. Doch man sagte mir, er sei nicht im Büro, und niemand schien zu wissen, wann er zurück sein würde.«

»Das stimmt«, erklärte ich. »Er ist auf ein paar Tage verreist.«

»Geschäftlich?«

»Sie kennen doch Tom. Bei ihm ist alles Geschäft.«

»Klar, klar. Sogar das Reiten.«

Ich lächelte. Tom war ein ausgezeichneter Reiter. Sein Vater persönlich hatte ihn das Reiten gelehrt.

»Aber«, meinte ich, »ich bin nicht eitel. Es macht mir nichts aus, zweite Wahl zu sein.«

Eine Weile blieb es still. Steve sah recht verlegen aus.

»Ich wollte einmal ganz im Vertrauen mit ihm sprechen«, bemerkte er schließlich. »Über seinen Bruder. Sie haben Ray in den letzten ein oder zwei Tagen wohl nicht gesehen, oder? Soviel ich weiß, war er in New York.«

»Nein, leider nicht«, antwortete ich. »Aber wenn ich Tom von Ihnen etwas ausrichten kann, so tue ich das selbstverständlich gern.«

Ihm schien immer noch unbehaglich zu sein. Aber in seinen Augen lag ein Ausdruck, der zu seinem Gehabe nicht paßte. Tatsache war, das spürte ich, daß er mich taxierte.

»Ich habe Sie immer gern gehabt, Brock. Ich glaube, ich kann Sie ins Vertrauen ziehen. Draußen bei uns geht irgend etwas nicht mit rechten Dingen zu.«

»Wie meinen Sie das?«

Die Augen, die eben noch taxierend geblickt hatten, wurden plötzlich hart.

»Ich komme allmählich zu dem Verdacht, daß Ray ein Schwindler ist.«

Ich brauchte nicht so zu tun, als sei ich schockiert. Ich war es wirklich.

»Das kann ich nicht glauben!«

»Ich wollte es auch nicht glauben. Aber ich habe Material gesammelt. Wenn Sie also mit Tom sprechen, dann sagen Sie ihm bitte, er möchte sich mit mir in Verbindung setzen.«

Ich hatte nicht die Absicht gehabt, noch mehr Wein zu trinken, aber jetzt griff ich zu meinem Glas und leerte es.

»Das scheint mir doch undenkbar«, sagte ich.

»Undenkbar? Das ist ein großes Wort, aber schön, es ist undenkbar. Nur für mich ist es jetzt überhaupt nicht mehr undenkbar.«

»Was, um Gottes willen, hat er denn getan?«

»Ich habe Vertrauen zu Ihnen, Brock. Ich glaube, das habe ich Ihnen eben bewiesen. Aber es gibt gewisse Grenzen. Ich hoffe, das verstehen Sie.«

»Ja, natürlich, aber –«

»Kein aber. Sie wissen, nehme ich an, wo Tom ist. Sie sprechen jeden Tag mit ihm. Sagen Sie ihm, er möchte sich mit mir in Verbindung setzen. Hier im Hotel.«

Ich nickte. Sein Gesichtsausdruck veränderte sich wieder. Er sah mich mit einem zaghaften Lächeln an.

»Ich hoffe, ich habe Ihnen nicht die Laune verdorben.« Er warf die Serviette auf den Tisch und stand auf. »Wollen wir noch auf einen Drink in die Bar gehen?«

»Nein, danke.«

Es war eine Stunde her, seit ich das letztemal im Büro angerufen hatte, und ich wollte unbedingt mit Helen sprechen. Aber ich wollte es nicht in Steves Gegenwart tun.

Wir fuhren zu seiner Suite hinauf, und ich holte meinen Mantel. Als ich wieder unten im Foyer war, suchte ich mir eine freie Telefonzelle und wählte.

Mrs. Petacque habe zweimal angerufen, berichtete Helen. Sie habe darum gebeten, daß ich sobald wie möglich zurückriefe. Es sei sehr wichtig.

Ich steckte noch eine Zehncentmünze in den Schlitz.

Daisy war außer sich vor Erleichterung. Tom war gesund und munter. Jemand hatte ihn am O'Hare Flughafen in Chicago gesehen. Am vergangenen Nachmittag.

8

Ich stieß einen abgrundtiefen Seufzer der Erleichterung aus, und einen Moment lang zitterten mir die Knie.

»Wer hat ihn gesehen, Daisy?«

»Barbara Mitchell. Und es ist alles ein großes Mißverständnis. Er sagte ihr, sie sollte mir ausrichten, daß es ihm gut ginge, aber anstatt mich sofort anzurufen, sobald sie nach Hause kam, tat sie das erst vor ein paar Minuten – sie wußte nicht, daß ich keine Ahnung hatte, wo er ist.«

»Ach so.«

Barbara Mitchell war eine Freundin von Daisy; geschieden. Ich war ihr verschiedentlich auf Festen bei Tom und Daisy begegnet.

Daisy erzählte mir, daß Barbara in Hawai gewesen sei. Auf dem Rückflug habe sie in Chicago umsteigen müssen. Und da sei sie Tom begegnet.

»Ich war so erleichtert, daß ich zu weinen angefangen habe. Barbara hat wahrscheinlich gedacht, ich bin nicht ganz bei Trost, aber das ist mir gleich.« Ihre Stimme klang so, als sei sie nahe daran, wieder zu weinen anzufangen. Aber sie tat es nicht. »Ich verstehe nur eines nicht, warum hat Tom mich gestern abend nicht angerufen? Er ruft mich immer an, wenn er verreist ist.«

»Hat Barbara gesagt, was er tat?«

»Er saß in einer der Abflughallen und las in einer Zeitung.«

»War er allein?«

»Allein?«

»Ich meine, war Ray bei ihm?«

»Barbara kennt Ray nicht. Aber wenn sie den Eindruck gehabt hätte, daß Tom in Begleitung war, hätte sie das sicher erwähnt. Brock, verheimlichst du mir etwas?«

»Ich glaube, ich weiß, wohin Tom geflogen ist, und Dr. Balter hat offenbar recht gehabt – wir haben hinter dieser ganzen Sache viel zu viel gesehen.«

»Und wohin ist er geflogen?«

»Nach Phoenix. Einen Direktflug hat er offenbar nicht bekommen, also flog er nach Chicago und stieg dort um. Ray steckt in irgendwelchen Schwierigkeiten, Daisy, und ich vermute, Tom will ihm helfen. Aber er möchte nicht, daß du oder einer von uns etwas davon erfährt. Deshalb hat er uns von seiner Reise nichts gesagt.«

»Brock, ich könnte dich umbringen! Warum hast du mir das alles nicht schon gestern gesagt?«

»Weil ich selbst eben erst dahintergekommen bin. Und zum Teil ist es auch reine Vermutung.«

»Aber *mir* hätte er es doch sagen können.«

»Offenbar will er keinem Menschen etwas davon sagen. Und, Daisy, sag auch du niemandem etwas davon.«

»Natürlich nicht. Steckt Ray denn in ernsten Schwierigkeiten?«

»Ich weiß es nicht. Möglich ist es. Jedenfalls wird Tom sicher bald wieder zurück sein, und dann werde ich mit ihm sprechen.«

»Dann rufe ich jetzt am besten die Polizei an, damit man nicht weiter nach ihm sucht.«

»Ja, das halte ich auch für richtig.«

»Soll ich Ray anrufen?«

»Nein. Ich habe es zweimal versucht. Es meldet sich niemand.«

»Dann muß Blanche auch mit ihnen zusammensein.«

Blanche war Rays Frau.

»Ja, wahrscheinlich.«

»Am Samstag hat er sie gar nicht erwähnt. Ich dachte, er sei allein in New York. Er ist so ein merkwürdiger Mensch. Ich habe ihn nie verstanden. Er ist überhaupt nicht wie Tom.«

»Also, das Beste ist, du tust vorläufig gar nichts. Wenn Tom zurückkommt, dann regeln Mark und ich diese Sache schon mit ihm.«

»Wenn du meinst, Brock. Ach, mir geht es soviel besser!« Ihre Stimme brach, und sie legte rasch auf.

Ich nahm mir ein Taxi und fuhr ins Büro zurück.

Mark war an seinem Schreibtisch. Er sah aus, als hätte er die ganze Nacht nicht geschlafen.

»Ich weiß, wo Tom ist«, sagte ich.

Er starrte mich verdutzt an. Ich berichtete von dem Mittagessen mit Schroeder, dann von den Gesprächen mit Balter und Daisy.

Nachdem ich geendet hatte, saß er eine ganze Minute lang da und sagte gar nichts.

»Dann ist er also nur deshalb so versessen darauf, seinen Anteil zu verkaufen«, meinte er schließlich, »weil er Angst hat, daß es einen Skandal gibt, und weil er uns da nicht mit hineinverwickeln möchte.«

Ich nickte.

»Für so einen aufopfernden Menschen hätte ich ihn gar nicht gehalten, Brock.«

Ich lächelte. »Natürlich hast du das.«

Er ließ sich dazu herbei, mein Lächeln zu erwidern.

»Ja, vielleicht doch.« Er griff in die unterste Schublade seines Schreibtisches und nahm eine Flasche heraus. Es war der gleiche Whisky, den er zu Hause servierte. »Drink? Ich glaube, ich kann jetzt einen gebrauchen.«

Mir ging es nicht anders. Aber auf seinen Fusel konnte ich verzichten.

»Bedien dich«, sagte ich. »Ich mache mich jetzt wieder an die

Arbeit.«

Und ich machte mich wirklich an die Arbeit. Oder zumindest versuchte ich es. Gedanken an das Mittagessen mit Schroeder lenkten mich aber immer wieder ab. Außerdem wurde ich dauernd unterbrochen.

Die erste Unterbrechung war ein Besuch von Brian Barth. Er erklärte, er wolle sich entschuldigen für den Ärger, den er uns gemacht habe. Er wirkte kleinlaut und zerknirscht. Irving hatte ihn offenbar sehr hart angefaßt, und ich brachte es nicht über mich, noch Salz in die Wunden zu streuen; statt dessen tröstete ich ihn.

Danach wurde ich dreimal von Leuten aus der Verkaufsabteilung gestört, die normalerweise Tom konsultiert hätten.

Die letzte Unterbrechung war eine Besprechung mit Irving, der mir den Börsenbrief zeigen wollte, bevor dieser hinausging. Ich las ihn durch und sagte, er sei in Ordnung.

Danach hatte ich restlos genug. Es war zwar erst Viertel nach vier, aber ich fuhr nach Hause. Und dort spannte ich nach einem großen Drink und einer heißen Dusche langsam aus.

Aber manchmal ist das Ausspannen gar nicht die tolle Sache, als die es immer hingestellt wird.

Mir wurde einsam zumute.

Also rief ich Carol Fox an, die sagte, sie habe für den Abend noch nichts vor. Ich lud sie ein, die Nacht bei mir zu verbringen. Sie sagte, sie würde kommen. Und das tat sie auch.

9

Ich kannte Carol seit eineinhalb Jahren. Es war uns nicht gelungen, uns richtiggehend ineinander zu verlieben, und es war uns nicht gelungen, Schluß zu machen. Hätte man mich aufgefordert, unsere Beziehung im Börsenjargon zu charakterisieren, so hätte ich gesagt: »Empfehlenswert zur kurzfristigen Anlage, aber auf lange Sicht keine Wachstumsaussichten.«

Und das war, soweit es um Frauen ging, die Geschichte meines Lebens. Immer Aktivität, nie eine echte Entwicklung. Eine holprige Straße ins Nichts.

Aber es gab auch hübsche Stunden unterwegs, und diese Nacht gehört dazu. Ausnahmsweise einmal harmonierten Carol und ich von der Stimmung her. Sie arbeitete in der Bekleidungsbranche und hatte ebenfalls einen harten Tag hinter sich. Sie wollte ihn schnellstens vergessen. Und sie hatte so wenig wie ich Lust dazu, über die Probleme des nächsten Tages nachzudenken.

Gut eineinhalb Stunden saßen wir vor meinem offenen Kamin und tranken ein paar Whiskys, während wir überlegten, wohin wir zum Abendessen gehen sollten. Dann aßen wir ausgiebig in aller Ruhe in einem dämmrigen, kleinen, italienischen Restaurant um die Ecke, das außer uns kein Mensch zu frequentieren schien. Auf dem Heimweg trafen wir Evelyn Natwick, die bei mir im Haus wohnt. Eveleyn ist Rechtsanwältin und hat sich auf Einwanderungsangelegenheiten spezialisiert. Wir standen eine Viertelstunde auf der Straße und quasselten, ehe wir zu dem Schluß kamen, daß das albern war – warum gingen wir nicht einfach zu ihr hinauf, wo es warm war? Wir marschierten also in ihre Wohnung hinauf, und sie öffnete uns zu Ehren eine Flasche Remy Martin, die ihr ein dankbarer Mandant zu Weihnachten geschenkt hatte.

Um halb zwölf kehrten Carol und ich in meine Wohnung zurück, hörten uns eine Rachmaninoff-Platte an und gingen dann zu Bett.

Auch da verstanden wir uns besser als sonst.

Mehrere Stunden lang schlief ich tief, aber kurz nach vier gab Carol mir einen Fußtritt, und ich wachte auf.

»Was ist los?« fragte ich erschreckt.

Aber Carol hatte mir den Tritt im Schlaf versetzt. Sie rührte sich nicht.

Das Licht brannte, der Plattenspieler war noch eingeschaltet, die Platte drehte sich noch. Carols Strumpfhose lag neben meiner Krawatte auf dem Boden vor dem Bett. Mir war kalt.

Ich stand auf, schaltete den Thermostat ein, machte mit dem Plattenspieler und dem Licht das Gegenteil und kroch wieder ins Bett. Ich legte den Arm um Carol und zog sie an mich. Aber im Schlaf brummte sie ärgerlich vor sich hin und rutschte auf die andere Seite des Bettes, wobei sie fast die ganze Decke mitzog. Ich kämpfte um meinen Anteil. Sie setzte sich zur Wehr, gab es aber schließlich auf, ohne zu erwachen. Ich versuchte, wieder warm zu werden, und es gelang mir auch einigermaßen. Aber ich konnte nicht mehr einschlafen.

Ehe, dachte ich.

Jahre um Jahre eine Nacht nach der anderen mit derselben Frau.

Warum ging das bei manchen Leuten gut, und bei anderen

nicht?

Carol war in Ordnung. Ich war auch in Ordnung. Wir kamen so gut miteinander aus wie die meisten Paare. Was also fehlte?

Abrupt drehte sie sich um und rutschte wieder zur Mitte des Bettes zurück. Ihr Kinn drückte sich gegen meinen Arm.

Nun, zum einen hatte sie ein spitzes Kinn.

Sie legte einen Arm um mich und seufzte. Ich fühlte mich nicht mehr ganz so zurückgestoßen.

Dennoch.

Jahre um Jahre eine Nacht nach der anderen mit derselben Frau. Mark und Joyce zum Beispiel: siebzehn Jahre. Tom und Daisy: elf Jahre. Trotz aller Höhen und Tiefen, trotz aller Probleme.

Meine Gedanken begannen zu wandern. War Tom nach Hause gekommen, oder war er immer noch in Phoenix? Traf meine Vermutung zu – war er wirklich nach Phoenix geflogen? Wenn er wieder ins Büro kam, in was für einer seelischen Verfassung würde er sich dann befinden?

Was, zum Teufel, hatte Schroeder gewollt? Wenn es ihm um Informationen gegangen war, war er zweifellos enttäuscht worden. Aber hatte er wirklich Informationen gewollt? Warum hatte er mir nur so viel und nicht mehr erzählt? Warum hatte er mir überhaupt etwas erzählt? In der Rückschau schien es beinahe, als wäre es ihm um nichts weiter gegangen, als über mich Tom zu erreichen. Nein, das stimmte auch nicht ganz. Er hatte ein ganz bestimmtes Ziel verfolgt. Männer wie er verfolgten immer ein ganz bestimmtes Ziel.

Mir kam ein Einfall. Ich schob ihn beiseite. Er kam wieder.

Schroeder hatte eine Warnung abgegeben.

Mark hatte es kurz und bündig gesagt, und ich hatte ihm zugestimmt. Es würde einen Skandal geben, und Tom wollte nicht, daß unsere Firma in Mitleidenschaft gezogen wurde. Schroeder hatte herausbekommen wollen, ob ich wußte, daß Verdruß im Verzuge war. Vor allem aber hatte er mir klargemacht, daß unsere Firma sich gar nicht heraushalten konnte, wenn bei Mutual Claims etwas im argen lag.

Und damit hatte Schroeder recht. Wir hatten die Aktien an den Mann gebracht; Tom und Mark besaßen immer noch große Aktienpakete; Toms Bruder war der Vizepräsident. Aber ganz abgesehen davon, daß wir ursprünglich die Unterbringung der Aktien übernommen hatten – der Name Petacque allein verknüpfte die beiden Unternehmen miteinander.

Aber Ray Petacque ein Schwindler? Das schien unwahrscheinlich. Ich war nicht in der Lage, für ihn zu bürgen – dazu kannte ich ihn gar nicht gut genug. Aber meiner Meinung nach, und diese Meinung stützte sich auf das wenige, das ich über ihn wußte, war er viel zu desinteressiert, um ein Schwindler zu sein. Gute Schwindler widmen ihrer Arbeit eine Menge Zeit; Ray Petacque verbrachte den größten Teil seiner Zeit auf dem Tennisplatz. Am Bridgetisch. Und in seinem Swiming-pool.

Er machte auch gar keinen Hehl daraus. Er hatte eine Möglichkeit der Kapitalanlage und eine Tätigkeit gesucht, aber keine, die ihn zu sehr in Anspruch nahm. Die Situation bei Mutual Claims entsprach genau seinen Vorstellungen. Schroeder brauchte Geld; Ray brauchte ein zusätzliches Einkommen, um seine Pension aufzubessern, und ein Büro, wo er ab und zu am Schreibtisch sitzen konnte. Die Tatsache, daß er durch Zufall ein steinreicher Mann geworden war, änderte nichts an der Grundbeziehung zwischen ihm und Schroeder: Ray hatte zwar den Titel eines Vizepräsidenten, aber an der Geschäftsführung beteiligte er sich nicht aktiv. Schroeder war das Hirn und die treibende Kraft. Schroeder schmiß den Laden.

Außerdem, weshalb sollte Ray stehlen? Er hatte Geld wie Heu.

Wenn Tom wieder ins Büro kam, mußten Mark und ich ihn mit dem konfrontieren, was Schroeder gesagt hatte. Wir würden ihn gemeinsam in die Zange nehmen, ihn zwingen, uns die Wahrheit zu sagen. Wir würden den Skandal, sofern es einen geben sollte, vielleicht nicht abwenden können, aber wenigstens konnten wir uns dagegen wappnen.

Plötzlich hatte ich das Verlangen, Daisy anzurufen und sie zu fragen, ob Tom nach Hause gekommen sei. Ich knipste die Nachttischlampe an. Carol gab einen Laut des Protestes von sich und vergrub ihr Gesicht im Kopfkissen. Zehn vor fünf. Ich knipste das Licht wieder aus. Ein Anruf um diese Stunde würde Daisy erschrecken – und Tom auch, wenn er zu Hause war. Aber gegen acht Uhr würde ich anrufen. Bis dahin würde ich warten.

Angenommen, Tom war nicht zurückgekommen – was dann?

Noch ein Gespräch mit Schroeder.

Mir fielen langsam die Augen zu.

Ich erwachte zum zweitenmal.

Die Zeiger der Uhr standen auf halb acht. Abrupt setzte ich mich auf. Carol war weg. Ihre Kleider auch. Ich sprang aus dem Bett, öffnete die Schlafzimmertür, lauschte. Unten rumorte jemand herum.

»Carol?« rief ich.

Sie kam aus der Küche.

»Ich mache gerade den Kaffee. Wie willst du deine Eier?«

»Mach mir ein Spiegelei.«

Ich zog einen Morgenrock über und ging hinunter. Der Kaffee war fertig. Ich schenkte mir eine Tasse ein. Carol drückte den Hebel am Toaströster hinunter und kam zu mir. Sie gab mir einen Kuß.

»Au«, sagte sie. »Du mußt dich rasieren.«

Ich nickte.

Sie sah mich forschend an.

»Du hast dich fast die ganze Nacht rumgewälzt.«

»Woher willst du das wissen? Du hast ja geschlafen wie ein Murmeltier.«

»Habe ich nicht. Ich bin immer wieder aufgewacht.«

Wir fingen an, darüber zu streiten, wer wach gewesen war und wer nicht. Sie schlug die Eier in die Pfanne. Toast sprang hoch. Ich nahm ihn aus dem Toaströster und steckte noch zwei Scheiben hinein. Dann läutete das Telefon. Ich hob den Hörer des Apparates in der Küche ab.

»Mr. Potter?«

Die Stimme klang vertraut, aber ich erkannte sie nicht.

»Ja.«

»Hier spricht General Armand Petacque.«

Unwillkürlich erstarrte ich. Nahm Haltung an.

»Ja, Sir.«

»Mr. Potter, wissen Sie, wo mein Sohn Thomas ist?«

Ich war dem Manne nur einmal begegnet, aber ich hätte nicht geglaubt, daß ich seine barsche Stimme jemals vergessen würde. Aber es war kein Wunder, daß ich sie diesmal nicht erkannt hatte. In ihr lag eine Unsicherheit, die früher nicht dagewesen war.

»Nein, Sir. Haben Sie es bei ihm zu Hause versucht?«

»Ja, das habe ich. Seit einer Stunde versuche ich ihn dort zu erreichen. Es meldet sich niemand.«

Daisys Schlaftabletten.

»Ich muß meinen Sohn unbedingt erreichen, Mr. Potter. Es ist äußerst dringend.«

»Ja, General. Ich fahre zu ihm hinüber. Ich bin sicher, daß jemand zu Hause ist.«

»Danke. Bitte sagen Sie meinem Sohn; sagen Sie ihm –« seine Stimme brach, aber er räusperte sich und fuhr fort – »sagen Sie ihm, daß sein Bruder Ray und seine Schwägerin Blanche erschossen worden sind. Sie sind beide tot. Sagen Sie ihm, daß die Beerdigung in Phoenix stattfindet. Sagen Sie ihm, daß ich selbst unverzüglich nach Phoenix abreise, um alles zu veranlassen.«

Wieder brach die Stimme des Generals. Er legte auf.

10

Der Portier des Apartmenthauses, in dem Tom wohnte, weigerte sich, mich einzulassen.

»Es meldet sich niemand«, sagte er immer wieder. »Es ist niemand zu Hause.«

»Doch, es ist jemand zu Hause«, widersprach ich. »Aber sie schlafen.«

Schließlich wurde ich wütend.

»Es handelt sich um einen Notfall!« schrie ich den Portier an. »Rufen Sie den Verwalter an!«

»Hier gibt es keinen Verwalter. Das sind Eigentumswohnungen. Da gibt es nur einen Ausschuß.«

»Dann rufen Sie eben diesen gottverdammten Ausschuß an!«

»Bitte, Sir. Sie brauchen nicht zu schreien.«

»Doch, ich muß schreien. Ich bin Mr. Petacques Kompagnon. Ich muß entweder ihn selbst oder seine Frau sprechen. Ich lasse mich nicht abweisen. Hier im Haus gibt es doch einen Hausmeister, oder nicht? Rufen Sie ihn!«

Er erklärte sich schließlich bereit, den Hausmeister zu rufen. Der Hausmeister wollte mich auf die gleiche Weise abfertigen. Es sei ihm nicht gestattet, jemanden ohne die schriftliche Genehmigung der Eigentümer in eine Wohnung hineinzulassen. Ich drohte damit, die Polizei zu rufen. Das verwirrte die beiden. Wenn ich bereit war, die Polizei zu rufen, dann bestand die Möglichkeit, daß ich kein Gesetzesbrecher war. Ich wiederholte die Drohung. Der Hausmeister überlegte. Schließlich erklärte er sich bereit, mich in die Wohnung zu lassen, vorausgesetzt, er begleite mich.

Ich wartete, während er wegging, um den Hauptschlüssel zu holen. Wir fuhren in den achten Stock hinauf, klingelten, klopften an die Tür, warteten und sperrten schließlich mit dem Hauptschlüssel auf.

Es war tatsächlich niemand zu Hause.

Das Bett im Zimmer von Daisy und Tom war nicht gemacht. Ebensowenig das Bett in Jerrys Zimmer. Aber es war keine Menschenseele in der Wohnung.

Ich blieb im Wohnzimmer stehen und versuchte dahinterzukommen, was geschehen war. Ich sah mich flüchtig im Spiegel und konnte verstehen, weshalb der Portier und der Hausmeister mir mit solchem Argwohn begegnet waren. Ich war unrasiert. Ich hatte keine Krawatte an. Mein Haar war zerzaust.

»Sind Sie jetzt zufrieden?« fragte der Hausmeister.

»Das muß ich wohl sein«, antwortete ich.

Wir fuhren wieder ins Foyer hinunter, und ich ging. Von einer Zelle aus rief ich Mark an. Joyce sagte mir, daß er gerade ins Büro gefahren sei. Ich schnappte mir ein Taxi und war noch vor Mark im Büro.

Das Telefonmädchen zog gerade seinen Mantel aus. Sie wollte Guten Morgen sagen, aber der Mund blieb ihr offenstehen, sie brachte keinen Ton heraus.

Ward Carlton kam aus der Herrentoilette. Er gehörte zu unserer Verkaufsabteilung. Er hatte die ›New York Times‹ unter dem Arm. Auch er wollte mir Guten Morgen wünschen; auch ihm blieb der Mund offenstehen.

Mit einer Tasse Kaffee in der Hand trat Brian Barth aus seinem Büro und wäre beinahe mit mir zusammengestoßen. Er riß die Augen auf.

»Ist alles in Ordnung, Mr. Potter?« fragte er.

»Ja«, sagte ich kurz und ging weiter.

Ich hängte meinen Mantel auf und eilte den Korridor hinunter zu Marks Büro. Rose blickte auf. Sie zwinkerte ein paarmal verdutzt, brachte es aber immerhin fertig zu sagen: »Mr. Price ist noch nicht da.«

»Sagen Sie ihm bitte, daß ich ihn sprechen möchte, sobald er kommt«, sagte ich.

Sie machte sich wieder einmal eine Notiz.

Ich kehrte in mein Büro zurück.

Helen erschien. Sie hatte ihren Mantel noch an.

»Ich hörte – ist – kann ich irgend etwas für Sie tun, Mr. Potter?«

»Nein. Ja. Eine Tasse schwarzen Kaffee könnten Sie mir holen, bitte, Helen.«

Mit höchst besorgter Miene eilte sie aus meinem Büro.

Wenig später kam Mark herein.

»Rose sagte – guter Gott, Mann, du siehst ja grauenhaft aus!«

»Heute morgen in aller Frühe hat mich General Petacque angerufen. Ray und seine Frau sind erschossen worden. Sie sind beide tot.«

Mark sah plötzlich auch grauenhaft aus.

»Ermordet?«

»Er hat nur gesagt ›erschossen‹.«

Helen kam mit dem Kaffee. Sie warf jedem von uns nur einen kurzen Blick zu, stellte den Pappbecher auf meinen Schreibtisch und floh.

»Weiß es Tom schon?« fragte Mark.

»Ich komme gerade aus seiner Wohnung. Er war nicht da. Daisy und Jerry sind auch verschwunden.«

Mark ließ sich in den nächsten Sessel fallen. Er sagte nichts. Ich wiederholte ihm mein Gespräch mit dem General und schilderte meinen Besuch in Toms Wohnung.

Mark saß nur da und schüttelte den Kopf.

»Von wo aus hat denn der alte Herr angerufen?« fragte er schließlich.

»Das sagte er nicht. Von zu Hause, vermute ich.« Er lebte in Sarasota in Florida. »Er ist der nächste Angehörige. Man hat ihn wahrscheinlich als ersten unterrichtet.«

»Wann ist es passiert?«

Ich trank einen Schluck Kaffee.

»Ich hab' dir bereits alles berichtet, was er gesagt hat.«

Mark seufzte. »Ich hätte auch gern eine Tasse Kaffee.«

Ich bat Helen, ihm eine zu bringen. Sie tat es. Aber der Kaffee half ihm genau so wenig wie mir.

»Ich verstehe das alles nicht«, sagte er nach einer Weile und fügte hinzu: »Meinst du, du solltest nach Phoenix fliegen?«

»Was würde das helfen? Und warum ausgerechnet ich?«

Er zuckte die Achseln. Wir tranken unseren Kaffee aus.

»Ich habe in meinem Zimmer einen Rasierapparat, wenn du ihn benutzen willst«, sagte Mark.

»Ich habe hier auch irgendwo einen.« Ich fuhr mir mit der Hand über das Kinn. Du lieber Gott!

»Meinst du nicht, wir sollten mal mit Schroeder reden?«

Ich überlegte. »Wahrscheinlich.« Ich rief im Regence Hotel an.

Mr. Schroeder, teilte man mir mit, sei um acht Uhr abgereist.

»Er ist abgereist«, berichtete ich Mark. »Er hat wahrscheinlich auch schon Bescheid bekommen und ist auf dem Rückflug nach Phoenix.«

Mark schüttelte noch ein paarmal den Kopf, dann stand er auf.

»Ich bin in meinem Büro, wenn du mich brauchst.« Damit ging er.

Nach einigem Suchen fand ich meinen Rasierapparat und ging in die Herrentoilette. Dort traf ich Brian. Er lächelte hoffnungsvoll.

»Woran arbeiten Sie heute?« fragte ich. »Ach, nichts Besonderes, Sir. Silvers war gestern ziemlich wütend. Er sagte, ich solle überhaupt nichts tun, bis er wieder aus Dallas zurück sei.« Er lief rot an. »Nicht einmal Bleistifte darf ich spitzen.«

»Nun, dann werde ich Ihnen etwas zu tun geben. Hier haben Sie zehn Dollar. Gehen Sie los und kaufen Sie mir eine Krawatte.«

»Ja, Sir. Gern.«

Er nahm das Geld und verschwand.

Ich rasierte mich, kämmte mir das Haar und ging wieder in mein Büro. Der Tag lief schon auf vollen Touren; ich spürte es. Die Geschäfte gingen weiter, ganz gleich, was passiert. Es war ein unerbittlicher Rhythmus.

Ein paar Minuten lang saß ich nachdenklich an meinem Schreibtisch, dann kramte ich die Karte heraus, die ich mir am Tag zuvor angesehen hatte. Ich rief in Chicago an.

Das Mädchen vom Auftragsdienst sagte mir, Mr. Quick wäre unterwegs; aber ich könnte ja meinen Namen hinterlassen und meine Nummer, und dann würde er zurückrufen. Ich hinterließ also Namen und Nummer.

Brian kam mit einer Krawatte an. Die war gar nicht übel.

»Die Läden waren noch nicht offen«, erklärte er, »aber ich habe einen gefunden, der nicht abgesperrt war.«

»Sie haben das Ding doch hoffentlich nicht gestohlen?«

»Nein, Sir. Der Portier hat gerade zusammengekehrt. Ich habe ihn einfach zum Verkäufer befördert.«

Ich konnte mir ein Lächeln nicht verkneifen. »Brian, Sie werden sich noch großartig herausmachen.«

»Eigentlich«, erklärte er ernst, »bin ich jetzt schon ziemlich gut. Aber Mr. Silvers –«

»Ich weiß, ich weiß. Sie müssen lernen, Ihre Aggressivität zu zügeln, das ist alles.«

»Aber, Mr. Potter . . .« Er warf einen vielsagenden Blick auf die Krawatte.

»Sie haben recht«, meinte ich. »Aggressivität ist wichtig. Ändern Sie sich also nicht zu sehr. Nur ein kleines bißchen.« Er grinste, gab mir mein Wechselgeld und zog ab.

Das Telefon läutete, und Helen meldete, ein Mr. Philip Quick aus Chicago sei an der Strippe.

»Hallo, Potter«, sagte er in jenem ungeheuer selbstsicheren Ton, der mir an ihm mißfiel. »Was kann ich für Sie tun?«

»Ich habe einen Job für Sie.«

»Kann ich heute nicht erledigen. Tut mir leid. Ich habe im Augenblick vier Fälle am Hals. Da ist 'ne Frau –«

»Die Sache ist wichtig, Quick. Hören Sie mir also bitte zu.« Ich kannte seine Methoden bereits. Er arbeitete allein und niemals nur an einem einzigen Fall. »Irgendwann gestern oder vorgestern wurden in Phoenix ein Mann namens Ray Petacque und seine Frau erschossen. Ich weiß nicht genau, wann oder wo. Er war Vizepräsident einer in Phoenix ansässigen Gesellschaft namens Mutual Claims. Sie können wahrscheinlich da ansetzen. Ich möchte möglichst genaue Einzelheiten über diese Sache. Ich bin nicht in der Lage, mir die Informationen selbst zu beschaffen; das müssen Sie für mich tun.«

»Na, ein, zwei Telefongespräche könnte ich vielleicht noch schaffen.«

»Mehr wird wahrscheinlich auch nicht nötig sein. Ich zahle Ihnen fünfhundert Dollar.«

Für weniger übernahm er keinen Fall.

»Na, schön, ich werde versuchen, doch ein, zwei Telefongespräche einzuschieben.«

»Gut. Sie können mich unter dieser Nummer erreichen, sobald Sie etwas wissen. Die Information ist ausschließlich für meine Ohren bestimmt, verstehen Sie?«

»Okay, Potter, okay«, versetzte er ungeduldig und legte auf.

Ich atmete ein wenig leichter. Jetzt war wenigstens etwas in Gang gesetzt.

Der Rhythmus der täglichen Arbeitsroutine riß mich mit sich. Von unseren Kunden kamen die üblichen Anfragen zu den Meldungen in unserem Dienstagsbrief, den sie soeben erhalten hatten. Hardin Webster rührte sich natürlich auch. Er wollte Genaueres über die Pläne des Justizministeriums, gegen die Firma Federated Office Equipment wegen Verletzung der Kartellgesetze zu klagen, wissen. Am liebsten hätte ich ihm gesagt, er solle sich doch an das Justizministerium wenden, aber das tat ich nicht; statt dessen sagte ich ihm, wir wüßten auch nicht mehr, als in dem Brief stünde. Als er mit mir fertig war, bat er mich, ihn mit Tom zu verbinden. Ich sagte, Tom sei nicht da. Ich konnte ihn schließlich überreden, sich mit Ward Carlton zufriedenzugeben.

Das Tempo wurde so hektisch, daß ich Helen schließlich bat, einige Gespräche an andere Mitarbeiter weiterzuleiten. Sie erklärte, es sei niemand da, an den sie weiterleiten könne – Mr. Rothland sei in Philadelphia, Miss Jensen in San Francisco, Mr. Cole auf dem Weg nach Baltimore und Mr. Silvers in Dallas; nur Mr. Barth sei im Büro, aber Mr. Silvers habe Anweisung gegeben, daß Mr. Barth mit keinem Kunden sprechen solle. Ich war versucht, diese Anweisung aufzuheben, aber ich bezähmte mich.

Um halb elf ließ ich mir von Helen eine zweite Tasse Kaffee bringen. Aber noch ehe ich trinken konnte, läutete das Telefon wieder.

»Wer ist es denn jetzt?« fragte ich.

»Mrs. Petacque«, antwortete Helen. »Auf Leitung eins.«

In meinem Übereifer drückte ich auf den falschen Knopf und hörte nur ein Summen. Ich korrigierte den Fehler augenblicklich.

»Daisy? Wo um alles in der Welt bist du?«

»In Great Neck bei meiner Schwester. Jerry ist auch mit. Wir sind in Gefahr, Brock.«

11

Die Tür zu Marks Büro war geschlossen.

»Er hat eine Besprechung«, sagte Rose.

Ich war entschlossen, dennoch hineinzugehen, aber die Tür öffnete sich, noch ehe ich sie erreicht hatte. Ein kleiner, untersetzter Mann, den ich noch nie gesehen hatte, kam aus dem Büro. Mark folgte ihm. Er machte uns nicht miteinander bekannt.

»Ich danke Ihnen sehr«, sagte der Mann, und die beiden schüttelten einander die Hand.

Dann ging der Mann, und Mark bedeutete mir, ihm in sein Zimmer zu folgen.

»Daisy hat eben angerufen«, sagte ich, als er die Tür hinter uns geschlossen hatte. »Sie und Jerry sind in Great Neck bei ihrer Schwester. Tom hat ihnen gesagt, sie seien in Gefahr.«

Mark war auf dem Weg zu seinem Schreibtisch. Er blieb wie angewurzelt stehen und fuhr herum.

»Ist Tom auch bei ihnen?«

»Nein. Er hat sie gestern angerufen, gegen Mitternacht. Da wollte er nicht sagen, wo er ist, aber es war ein Ferngespräch – sie hörte, daß er einen Haufen Münzen in den Apparat geworfen hat.«

»Dann geht es ihm also gut?«

»Ja und nein. Sie sagte, er sei sehr nervös gewesen und habe darauf bestanden, daß sie und Jerry die Wohnung augenblicklich verließen, weil sie dort nicht sicher seien. Sie wollte eine Erklärung von ihm haben, aber er gab ihr keine. Schließlich hat sie nachgegeben. Sie weckte Jerry auf, und dann sind sie beide mit dem Wagen zu ihrer Schwester gefahren.«

»Weiß Tom, wo sie sind?«

Ich nickte.

»Hat er etwas von Ray gesagt?«

Ich schüttelte den Kopf.

»Dann weiß sie nicht . . .?«

»Ich habe es ihr gesagt.«

»Wie hat sie es aufgenommen?«

»Sie war natürlich ganz bestürzt. Ich glaube nicht, daß sie an Ray einen Narren gefressen hatte, aber sie mochte Blanche. Sie wollte zur Beerdigung nach Phoenix fliegen, aber das habe ich ihr ausgeredet. Es fiel mir nicht allzu schwer, weil diese Geschichte ihr zu beweisen schien, daß Tom recht hat, und daß tatsächlich Gefahr besteht.«

Mark trottete schwerfällig zu seinem Schreibtisch und ließ sich in seinen Sessel fallen.

»Ich weiß nicht. Vielleicht wollte Tom sie einfach aus dem Weg haben. Der Mann, der eben gegangen ist –«

»Ja?«

»Er heißt Lombardi. Er ist bei der New Yorker Polizei. Er sucht Tom.«

»Wozu?«

»Um ihn zu verhören.« Er fing an, mit den Fingern auf die Schreibtischplatte zu trommeln. »Es steht jetzt eindeutig fest, daß Ray und seine Frau ermordet worden sind.«

Ich stützte mich auf die Lehne des Sessels, der vor dem Schreibtisch stand.

»Und die Polizei will Tom verhören?«

»Ja, ganz dringend. Lombardi hat mir nicht allzu viel erzählt, aber er sagte immerhin, daß sich die Polizei von Phoenix bei ihm gemeldet habe. Das kann Routine sein, kann es aber auch nicht sein. Er hat jedenfalls keinen Zweifel daran gelassen, daß die Geschichte ernst ist.«

»Was hast du ihm gesagt?«

»Die Wahrheit. Daß Tom seit Montagmorgen nicht mehr im Büro war, und daß ich nicht weiß, wo er ist.«

»Sonst nichts?«

Mark schüttelte den Kopf. Er trommelte immer noch auf die Schreibtischplatte.

»Brock, ich finde, du solltest nach Phoenix fliegen. Ich würde ja selbst fliegen, aber für solche Dinge habe ich einfach nicht das Gespür wie du.«

»Gerade das wollte ich dir sagen. Ich habe bereits beschlossen, nach Phoenix zu fliegen.«

Er hörte auf zu trommeln und sah mich mit einem dünnen Lächeln an.

»Da bin ich froh.«

»Ich habe auch schon die ersten Schritte unternommen. Ich habe Philip Quick beauftragt, mir möglichst alle Fakten zu beschaffen, die er kriegen kann.«

»Das ist doch der Detektiv aus Chicago? Seine Honorare sind unverschämt!« Er holte einmal tief Atem. »Na schön. Tu, was du tun mußt. In dieser Sache hängen wir alle drin.«

»Leider ist die Tatsache, daß die Schlüsselpersonen beim Mutual Claims mich kennen, ein Handikap für mich. Wenn sie mich sehen, werden sie bestimmt auf der Hut sein. Außerdem stehen wir vor zwei getrennten Problemen: Einmal müssen wir Tom finden, und zum anderen müssen wir herausbekommen, was in der Firma stinkt. Das ist zuviel für einen allein.«

»Dann nimm doch Quick. Das hast du doch sowieso vor.«

»Ja, aber aus Chicago geht er nicht weg. Er arbeitet immer an mehreren Fällen zugleich, deshalb kann er auch gar nicht weg.«

»Willst du damit sagen, daß ich dich begleiten soll? Ich tue es natürlich, wenn du glaubst, daß ich dir helfen kann.«

»Nein. Jemand muß die Festung hier halten. Aber ich werde wahrscheinlich in Phoenix jemanden engagieren müssen.«

Er nickte und überlegte einen Augenblick.

»Gib mir die Adresse und die Telefonnummer von Daisys Schwester. Vielleicht fahre ich einmal nach Great Neck hinauf und treibe mich da ein bißchen herum, für den Fall, daß Tom versucht, sich wieder mit Daisy in Verbindung zu setzen.«

Er schrieb sich meine Angaben auf. Dann faltete er den Zettel fein säuberlich zusammen und steckte ihn in seine Hemdtasche. Ich verspürte eine plötzliche Aufwallung von Zuneigung zu diesem Mann.

Er blickte auf und sah, daß ich ihn beobachtete. Einen Augenblick lang schien er verlegen.

»Also, viel Glück«, sagte er und fügte hinzu: »Trotz allem.«

Auf dem Rückweg zu meinem Büro machte ich einen Abstecher zum Börsenfernschreiber. Ward Carlton stand neben dem Apparat.

»Federated Office Equipment ist anderthalb Punkte gefallen«, stellte er fest. »Daran sind wir wahrscheinlich nicht ganz unschuldig.«

Ich hatte plötzlich einen Einfall.

»Zieh mir die Notierung von Mutual Claims.«

Dann ging ich in mein Büro und wartete.

»Einhunderteinundvierzig«, meldete er, als er hereinkam. »Drei Punkte gefallen.«

»Danke.«

Die Papiere waren in der vergangenen Woche mehr als zwölf Punkte gefallen. Ich hatte nicht darauf geachtet. Und ich hätte es tun sollen.

Als ich wenig später zum Mittagessen gehen wollte, kam ich an Brians Büro vorbei. Ich schaute kurz hinein. Brian saß über dem Kreuzworträtsel der ›New York Times‹. Verdammt nochmal, dachte ich, das ist nicht in Ordnung. Wir behandeln ihn ja wie ein Kind, und er ist gar kein Kind. Er ist ein Erwachsener, mit ausgesprochen guten Fähigkeiten.

Ich ging zu ihm hinüber. »Lassen Sie das!« fuhr ich ihn an.

Er ließ den Bleistift fallen und sprang auf.

»Ich habe Arbeit für Sie«, erklärte ich. »Fahren Sie nach Hause und packen Sie. Sie fliegen mit mir nach Phoenix. Wir fliegen heute nachmittag.«

12

In der Maschine erzählte ich Brian all das, was ich meinte, das er wissen sollte. Und das war praktisch alles. Nur von Toms überstürztem Versuch, seinen Geschäftsanteil zu verkaufen, und von seinem früheren Nervenzusammenbruch erzählte ich nichts. Das, fand ich, waren persönliche Angelegenheiten.

Brian stellte nur wenige Fragen, aber es waren die richtigen. Sie zeigten wieder einmal, wie rasch und klar sein Verstand arbeitete. Sie zeigten aber auch, daß er über die Firma Price, Potter und Petacque weit mehr wußte, als ich geahnt hatte. Auch über unsere Beziehungen zu Mutual Claims. Und über die finanzielle Struktur der in Phoenix ansässigen Gesellschaft wußte er besser Bescheid als ich.

Schließlich fragte ich ihn, woher er seine Informationen habe.

»Aus unseren Marktberichten«, antwortete er.

Zu meiner Überraschung hörte ich, daß er während seiner Freizeit jeden einzelnen Börsenbrief durchstudiert hatte, den Price, Potter und Petacque je herausgegeben hatten.

Außerdem verriet er mir, daß er in der Aktentasche unter seinem Sitz den letzten Abschluß von Mutual Claims hatte.

Ich war baff. Erst als die Maschine in der Luft war, hatte ich ihm nämlich gesagt, warum wir nach Phoenix flogen.

»Was hat Sie veranlaßt, diese Unterlagen mitzunehmen?«

»Das war reine Spekulation«, antwortete er. »Mr. Petacque ist in den letzten Tagen nicht im Büro gewesen, und soviel ich weiß, ist Mutual Claims die einzige Firma in Phoenix, mit der wir zu tun haben.«

Danach hielt ich den Mund. Es schien ganz einfach nicht notwendig, ihm noch mehr zu erzählen.

Wir überflogen den Mississippi, und die Stewardeß servierte das Abendessen. Ich blickte hinunter auf die in Kälte erstarrten Felder zehntausend Meter unter uns und dachte das, was ich immer dachte, wenn ich von Küste zu Küste flog: Wie unendlich weit dieses flache Land war, das von den Alleghenis bis zu den Rocky Mountains reichte – der mittlere Westen. Millionen von Morgen reichen, fruchtbaren Ackerlandes lagen zwischen Ohio und Colorado, zwischen der kanadischen und der mexikanischen Grenze. Selbst jetzt, da das Land braun und kahl und mit Schnee gesprenkelt war, wirkte sein Anblick ungeheuer eindrucksvoll.

Ich trank meinen Martini aus. Die Stewardeß nahm mein Glas

mit. Ich warf einen Blick auf Brian und ertappte ihn dabei, wie er mich anstarrte, als wolle er meine Gedanken lesen. Er errötete.

»Ich bin im mittleren Westen aufgewachsen«, bemerkte ich. »Ich konnte nicht früh genug weg. Jetzt, da ich weg bin, habe ich manchmal das Gefühl, etwas verloren zu haben.«

Er nickte. Ich glaubte nicht, daß er verstand, was ich meinte. Ich war mir nicht einmal sicher, ob ich selbst es verstand.

Aber dann sagte er: »Das Gefühl kommt nicht daher, daß man von einem Ort wegzieht, Brock; Sie hätten das gleiche Gefühl, wenn Sie geblieben wären.«

Einen Moment war ich sprachlos. Zum erstenmal hatte er mich bei meinem Vornamen genannt. Die Beziehung zwischen uns hatte sich offenbar geändert. Es dauerte nur einen Moment, ehe ich mir sagen konnte, daß mich das freute.

»Vielleicht«, meinte ich.

»Es kommt daher, daß man älter wird.«

Ich lächelte. Er hatte recht. Aber ich sagte: »Woher wissen Sie denn das?«

Er runzelte die Stirn.

»Alle denken immer, ich wäre so jung. Aber ich glaube, so jung bin ich gar nicht.«

In diesem Moment kam die Stewardeß mit unseren Tabletts.

Ein paar Minuten aßen wir schweigend. Ich begann, vorauszudenken. Nach einer Weile sagte ich: »Jeder von uns braucht seinen eigenen Wagen. Sie fahren gleich morgen früh hinüber in die Büros von Mutual Claims. Der Sitz der Firma ist in der Central Avenue. Sehen Sie sich gründlich um. Und schnüffeln Sie ein bißchen herum. Aber fangen Sie es nicht so an, wie Sie es normalerweise tun würden. Ich möchte nicht, daß Schroeder oder sonst jemand Verdacht schöpft. Bewerben Sie sich um eine Stellung. Schließen Sie mit irgend jemandem dort Bekanntschaft. Sie werden auf diese Weise vielleicht nicht so viel erfahren, wie Sie gern möchten, aber Sie werden immerhin einiges herausbringen. Man hat den Vizepräsident der Firma ermordet; da wird selbstverständlich überall in der Firma geredet. Haben Sie verstanden?«

Brian nickte. »Haben Sie vor, Schroeder aufzusuchen?«

»Vielleicht. Aber zunächst einmal werde ich mich darauf konzentrieren, Tom zu finden.«

»Die Stadt ist groß«, meinte er skeptisch.

»Ich glaube nicht, daß es mir sehr schwer fallen wird.«

Er zog die Augenbrauen hoch.

»Tom war oft in Phoenix«, erklärte ich. »Er hat Freunde dort. Einer von ihnen wird sicher etwas wissen.«

Der Pilot verkündete über Lautsprecher, daß wir uns den Rocky Mountains näherten und die Sangere de Cristo-Kette überfliegen würden. Ich blickte zum Fenster hinaus. Da wir in westlicher Richtung flogen, hatte der Sonnenuntergang lang angehalten. Aber jetzt brach die Dunkelheit herein. Ich konnte die schneebedeckten Gipfel, die vor uns auftauchten, kaum erkennen. Für mich kennzeichneten die Rocky Mountains nicht nur das Ende des Flachlandes, sie markierten auch das Ende einer gewissen Denkweise. Westlich der Rocky Mountains lag das Land der Optimisten.

»Waren Sie früher schon mal im Westen?« fragte ich Brian.

»Einmal«, antwortete er. »Als ich sechzehn war, bin ich von Richmond nach San Francisco getrampt.«

»Im Ernst?« Ich hätte ihn nicht für den Typ gehalten, der – gleich in welchem Alter – per Anhalter reiste.

»Gleich nachdem meine Mutter wieder geheiratet hatte«, fügte er hinzu und hüllte sich in Schweigen.

Ich hatte das Gefühl, daß es besser war, ihn jetzt seinen Gedanken zu überlassen.

Wir durchflogen einige Turbulenzen. Die Stewardess sammelte die Tabletts ein. Die Maschine setzte zur Landung an. Rund dreißig Minuten später leuchteten in der Ferne die Lichter von Phoenix auf.

13

Das Motel lag in der Indian School Road Scottsdale. Ich hatte früher schon einmal dort gewohnt, als ich anderswo kein Zimmer bekommen konnte; aber es war nicht die Art von Absteige, wo Schroeder mich suchen würde. Hier wohnten hauptsächlich ältere Leute mit beschränkten Mitteln, Touristen, die sich auf der Durchreise befanden.

Brian und ich bekamen nebeneinander liegende Zimmer. Ich forderte ihn auf, mit zu mir zu kommen, und gemeinsam überflogen wir den Bericht über die Morde auf der ersten Seite der ›Phoenix Gazette‹. Die Details waren grausig. Ray Petacque war in die Brust und in den Hals geschossen worden. Seine Frau hatte einen Schuß in den Kopf bekommen. Man hatte die Leichen auf den Rücksitzen ihres Cadillacs gefunden, der im Gebüsch im Indianer-Reservat Salt River gestanden hatte. Zwei Camper, Donald Jennings und Alfred Hurt, waren am späten Nachmittag des Dienstag auf den Wagen und die Leichen gestoßen und hatten unverzüglich den Sheriff von Maricopa County alarmiert. Am Mittwochmorgen waren die Obduktionen vorgenommen worden, und die Ermittlungen wurden von den Beamten des für Mesa zuständigen Sheriffs geführt. Man war der Auffassung, daß die Petacques am Montagabend zwischen zwanzig Uhr und Mitternacht getötet worden waren. Blutspuren wiesen darauf hin, daß sie in ihrem Haus am Moonlight Way im exklusiven Wohnviertel Paradise Valley ermordet worden waren. Die Leichen waren dann in den Wagen geschleppt und in das Indianer-Reservat gefahren worden, vermutlich in dem Bemühen, eine frühe Entdeckung zu verhindern. Es war nicht bekannt, ob Raub ein Motiv war; die Petacques waren zu dem Zeitpunkt, als sie erschossen wurden, damit beschäftigt, zu packen, da sie offenbar auf eine Reise gehen wollten; das Schlafzimmer befand sich in chaotischem Zustand.

Brian und ich nahmen die Karten heraus, die man uns im Mietwagenbüro in die Hand gedrückt hatte. Das Indianer-Reservat Salt River befand sich östlich von Scottsdale. Mitten hindurch zog sich eine Durchgangsstraße, die in nordöstlicher Richtung von Mesa nach Payson und Winslow führte. Wir konnten nicht feststellen, wo der Wagen aufgefunden worden war, da aber auf diesem Teil der Karte nur wenige kleine Straßen eingezeichnet waren, gelangten wir zu dem Schluß, daß man den Wagen nicht allzu weit von der Durchgangsstraße selbst abgestellt hatte; vielleicht zwanzig Meilen östlich vom Haus der Petacques entfernt.

»Montagabend«, meinte Brian nachdenklich.

»Zwischen acht und zwölf«, fügte ich hinzu.

Um diese Zeit war Tom gewiß schon in Phoenix gewesen. Dennoch stand in der Zeitung nichts weiter über ihn, als daß er einer der überlebenden Angehörigen war.

Ausführlich hingegen ging der Artikel auf Rays Position in der Gemeinde ein. Er wurde als ›prominenter Geschäftsmann‹ bezeichnet. Seine Frau wurde für ihre Gastfreundlichkeit gerühmt. Aber über die Mutual Claims Company wurde nichts berichtet; es wurde lediglich kurz erwähnt, daß Ray der Vizepräsident des Unternehmens gewesen war, und dann wurden ein paar Sätze von Steve Schroeder zitiert, in denen dieser seinem Entsetzen über den tragischen Tod Ray Petacques Ausdruck gab.

Brian studierte immer noch die Karte.

»Zu Fuß wäre der Rückweg verdammt lang gewesen.«

Ich warf ihm einen Blick zu.

»Ich meine, der Mann, der den Wagen da rausgefahren hat – wie ist der in die Stadt zurückgekommen?«

»Und wie«, meinte ich, »hat er das Versteck gefunden? Er muß die Gegend hier kennen.«

Brian nickte. »Es gibt bestimmt viele Leute, die die Gegend da draußen kennen. Das Reservat liegt ja direkt am Stadtrand.«

»Ja und nein.«

Ich konnte mich nicht erinnern, jemals im Salt River Reservat gewesen zu sein, aber ich hatte einige der anderen Nationalparks in der Umgebung von Phoenix besucht. Manche hatten praktisch überhaupt keine Straßen; man konnte sie nur zu Fuß oder zu Pferd durchstreifen.

»Die meisten dieser Parks und Reservate sind reichlich verwildert. Es gibt da zwar ein paar Fußpfade, aber das ist so ziemlich alles. Tom hat mir einmal erzählt, daß man da mit einem Muli besser durchkommt als mit einem Pferd, weil Mulis im allgemeinen gewandter sind.«

»Mr. Petacque ist ein guter Reiter, nicht wahr?« fragte Brian.

Mir wurde klar, was ich da gesagt hatte, und ich hätte es am liebsten zurückgenommen. Aber dann fiel mir ein, daß Brian ja auf unserer Seite stand.

»Ja, das ist er. Er hat mit Ed Avery ein- oder zweimal längere Exkursionen zu Pferd durch diese Gebiete gemacht.«

»Ach, das ist wahrscheinlich sowieso ganz unwichtig«, meinte Brian. »Es würde ganz schöne Umstände machen, sich ein Pferd zu beschaffen und es da draußen warten zu lassen, und wenn er erst am Montagabend hier angekommen ist . . . wer ist dieser Ed Avery?«

»Ein Freund von Tom.« Der, bei dem ich anzufangen gedachte.

Brian sagte nichts. Ich versuchte zu erraten, was er dachte. Ich riet falsch. Seine Gedanken waren in eine ganz andere Richtung davongewandert. Unvermittelt nämlich sagte er: »Die Gewinne, die Mutual Claims realisiert hat – die sind doch größtenteils in Immobilien angelegt worden, nicht wahr?«

»Ja, soweit sie nicht zur Expansion des Unternehmens verwendet wurden, zur Eröffnung von Zweigstellen und so weiter. Warum?«

Brian zuckte die Achseln. Er ging nicht weiter auf die Frage ein.

Ich auch nicht. »Ich bin ziemlich sicher, daß der Sheriff nicht alle seine Informationen herausgegeben hat«, bemerkte ich. »Das ist doch immer so. Ich rufe jetzt einmal Philip Quick an.«

Ich griff zum Telefon und wählte. Wie meistens, wenn man bei Quick anruft, meldete sich der Auftragsdienst. Ich hinterließ meinen Namen und meine Nummer.

Ich las noch einmal den Zeitungsbericht durch und versuchte, etwas aus den Fotos von Ray und seiner Frau, die ebenfalls auf der Titelseite waren, herauszulesen. Die Ähnlichkeit zwischen Tom und Ray war schwach. Ray war, wie Daisy gesagt hatte, ganz anders gewesen als Tom. Ich konnte mir vorstellen, daß sie nicht einmal als Jungen sehr viel gemeinsam gehabt hatten.

Das Telefon läutete. Ich meldete mich.

»Potter? Philip Quick hier. Ich habe versucht, Sie vor ein paar Stunden in New York zu erreichen, aber da sagte man mir, daß Sie außerhalb sind.«

»Ich bin in Phoenix. Haben Sie etwas herausbekommen?«

»Natürlich.« Sein Ton drückte Vorwurf darüber aus, daß ich das überhaupt zu fragen wagte. »Zwei Telefongespräche mit einem Knaben, der da draußen das gleiche macht, wie ich hier, haben gereicht. Ich schicke ihm nämlich manchmal Klienten. Lassen Sie mich mal in meinem Notizbuch nachschlagen.«

Es folgte eine Pause, dann leierte er mir ein ganzes Sammelsurium von Fakten herunter. Es waren die gleichen wie die, die in der Zeitung standen; allerdings wußte Quick auch noch einiges über den Ablauf der Ereignisse nach der Entdeckung der Leichen zu berichten, und über den Autopsiebefund.

Der Streifenbeamte, der auf den Anruf der beiden Camper hin zum Reservat hinausgefahren war, hieß Charles Randall. Die beiden Ermittlungsbeamten, die auf Randalls Meldung hin zum Fundort hinausgefahren waren, hießen Harlow und Eames. Diese beiden wiederum hatten Fachleute von der Spurensicherung angefordert, und erst nachdem die Erkennungsdienstler ihre Untersuchungen abgeschlossen hatten, waren die Leichen und der Wagen weggebracht worden.

Der Tod war in beiden Fällen – sowohl bei Ray als auch bei Blanche – schnell eingetreten. Blutspuren ließen darauf schließen, daß Blanche im Schlafzimmer des Hauses erschossen worden war, Ray im Vorsaal, und daß beide Leichen durch das Haus zum Wagen geschleift worden waren. Die Nachbarn hatten keine ungewöhnlichen Geräusche gehört. Das ließ sich damit erklären, daß die Häuser in dieser Gegend ziemlich weit auseinander standen, und daß die Leute, trotz der gesetzlichen Verbote, hin und wieder doch auf Vögel oder Schlangen schossen, und sich niemand etwas dabei dachte.

»Was ist mit der Waffe?« fragte ich.

Der Zeitungsbericht hatte von der Waffe nichts erwähnt.

»Die ist noch nicht gefunden worden, aber man hat die Kugeln sichergestellt. Sie stammen vermutlich aus einem Revolver vom Kaliber 38.«

Wußte Daisy, was für eine Waffe Tom mit sich herumtrug? Sie hatte von einer Pistole gesprochen, aber ich bezweifle, daß sie den Unterschied zwischen einer Pistole und einem Revolver kannte.

»Sonst noch etwas?« fragte ich Quick.

Ich war enttäuscht. Sensationelle Informationen hatte Quick mir diesmal nicht geliefert.

»Was denn zum Beispiel?«

»Hat Ihr Mann irgend etwas über Tom Petacque gehört?«

»Wer ist denn das?«

»Einer meiner Geschäftspartner. Ray Petacques Bruder.«

»Den haben Sie doch gar nicht erwähnt. Ich dachte, dieser Ray wäre der Petacque und Price, Potter und –«

»Nein.«

Leider würden auch andere Leute diese falsche Vermutung anstellen.

»Ja, von einem Bruder war die Rede, aber ich habe mir keine Notizen gemacht. Sie sprachen nur von Ray.«

»Ja, dann rufen Sie eben Ihren Mann noch einmal an. Der Sheriff scheint sich für Tom zu interessieren. Ich möchte gerne wissen, warum.«

»Mal sehen, was ich tun kann. Und wohin soll ich meine Rechnung schicken?«

»An mein Büro in New York. Aber sehen Sie zu, daß Sie herauskriegen, warum sich die Polizei für Tom interessiert. Das ist wichtig. Und rufen Sie mich unter dieser Nummer wieder an.«

»Ja, wenn ich meinen Mann erreichen kann. Kann ja sein, daß er unterwegs ist. Es wird auf jeden Fall eine Weile dauern.«

»Ich warte.«

Erst als ich aufgelegt hatte, fiel mir ein, daß ich ihn nach dem Namen des Privatdetektivs in Phoenix hätte fragen und selbst mit dem Mann hätte sprechen können.

So aber mußte ich fast eine Stunde warten, ehe Quick sich wieder meldete. Aber es lohnte sich. Jetzt nämlich sagte er mir, was ich wissen mußte.

»Man hat festgestellt, daß Tom Petacque am Montagabend gegen sieben Uhr in Phoenix eingetroffen ist, aber seitdem hat kein Mensch ihn gesehen. Die Polizei findet das reichlich merkwürdig.«

»Woher weiß sie denn überhaupt, wann er angekommen ist?« fragte ich.

»Man hat im Zusammenhang mit einem anderen Fall bei den Autoverleihbüros am Flughafen Ermittlungen angestellt. Und da erfuhr man, daß er am Montagabend um Viertel nach sieben einen Dodge Dart gemietet hat. Er mußte seinen Führerschein und eine Kreditkarte vorzeigen, um ihn zu bekommen. Daraufhin hat man sich die Passagierlisten der Flüge angeschaut, die um diese Zeit angekommen waren. Und jetzt heißt es, daß er in New York vor zwei Tagen spurlos verschwunden ist. Wissen Sie darüber zufällig etwas?«

»Es ging ihm nicht besonders«, erwiderte ich.

»Na ja, es ist jedenfalls gut, daß Sie gefragt haben; mein Mann hat nämlich eben noch etwas herausgekriegt, was ihm vorher nicht gesagt wurde: Am Fundort hat man zweierlei Reifenspuren festgestellt.«

»Zweierlei?«

»Ja, die einen stammten von dem Cadillac, die anderen konnte man noch nicht identifizieren. Aber die Leute vom Erkennungsdienst haben von beiden Abdrücke gemacht. Sie sind der Auffassung, daß ein zweiter Wagen ganz in der Nähe parkte und der Täter in diesem Wagen entflohen ist. Sie suchen jetzt das Auto, das Ihr Partner am Flughafen gemietet hat. Sie haben das Kennzeichen und die Beschreibung, aber sie haben es noch nicht gefunden.«

»Hm. Danke, Phil. Vielen Dank vorläufig. Ich melde mich wieder, wenn ich noch etwas brauchen sollte.«

»Jederzeit«, erwiderte Quick freundlich und legte auf.

Ich berichtete Brian, und er kehrte in sein eigenes Zimmer zurück. Ein paar Minuten lang sah ich mir noch die Karte an. Phoenix war eine große Stadt. Eine der größten in den Vereinigten Staaten.

Ich schlief mit der Hoffnung ein, daß meine Vermutung, Tom könne sich bei Ed Avery gemeldet haben, richtig war.

Wir waren einander nur einmal begegnet. Auf dem Einweihungsfest, das Ray und Blanche Petacque gegeben hatten, als sie in die Villa am Moonlight Way gezogen waren. Tom und Daisy waren zu dem großen Ereignis extra aus New York gekommen, und auf ihr Drängen machte ich auf der Heimreise von Los Angeles, wo ich geschäftlich zu tun hatte, einen Abstecher nach Phoenix.

Es waren mindestens hundertfünfzig Leute auf dem Fest. Aber von allen, die ich kennenlernte, war Ed Avery bei weitem der interessanteste Mensch.

Tom war es, der mich mit ihm bekannt machte, und ich spürte sofort, daß zwischen den beiden eine besondere Beziehung bestand. Tom erklärte, daß er Ed seit seiner Kindheit kannte. Ed war damals in Wiesbaden der Nachbar der Petacques gewesen. Ed war ebenfalls Berufsoffizier, und zu jener Zeit hatten er und Toms Vater derselben Einheit angehört. Obwohl Ed nur wenige Jahre jünger war als General Petacque, hatten er und Tom eine dauernde Freundschaft geschlossen. Tom hatte Ed Avery offensichtlich sehr gern, und nach ein paar Minuten stellte ich fest, daß auch ich sehr angetan war von ihm.

Eds Urgroßvater väterlicherseits hatte einen Wagenzug von St. Louis aus in den Westen geführt. Sein Großvater mütterlicherseits hatte beim Bau der Santa Fee Eisenbahn mitgeholfen. Seine Großmutter väterlicherseits war eine Navajo-Indianerin gewesen. Einer seiner Großonkel hatte für die Wells Fargo die Postkutsche gefahren. Ein anderer war US-Marshal gewesen. Das kurze Gespräch mit Ed Avery an jenem Abend hatte mir den alten Wilden Westen nähergebracht, als je irgendein Film. Er selbst jedoch war ein weitgereister und kultivierter Mann, dem Paris, München und Tokio beinahe ebenso vertraut waren wie Paradise Valley. Er hatte die Universität von Colorado besucht und war mehr als zwanzig Jahre bei der Armee gewesen. Er kannte die ganze Welt.

In einer Hinsicht war er Steve Schroeder ähnlich. Es bereitete ihm Vergnügen, den Eindruck zu vermitteln, daß ihm die Dinge zufällig geschahen, ganz ohne eigenes Zutun. Im Gegensatz zu Schroeder jedoch hatte er einen ausgeprägten Sinn für Humor; nach einer Weile ließ er einen merken, daß er einen hochnahm; daß er also nicht nur ein passives Opfer der Umstände war.

Obwohl er ein Mensch war, mit dem man leicht ins Gespräch kam, hatte ich das Gefühl, daß es durchaus nicht leicht war, ihn richtig kennenzulernen. Manches, was ihn betraf, wußte nicht einmal Tom mit Sicherheit. Dies galt beispielsweise für seine Ehe. Es hatte einmal eine Mrs. Avery gegeben, aber Tom hatte nie erfahren, was aus ihr geworden war – ob die Ehe durch Scheidung oder durch Tod geendet hatte. Er wußte jedoch, daß Ed den Dienst bei der Armee hatte quittieren müssen, weil er an Lungenkrebs litt. Eine Operation hatte ihn geheilt; nach der Operation war er nach Arizona zurückgekehrt und hatte sich in Scottsdale niedergelassen, wo er in einem Stil lebte, den er sich mit seiner Pension allein niemals hätte leisten können. Ed behauptete, er habe mit Immobilienspekulationen Geld gemacht. Das war durchaus möglich; aber er sprach niemals darüber, über welche Besitzungen er verfügte oder wie er sie erworben hatte.

Wenn jedoch Tom in Arizona Hilfe suchte, dann würde er sich, so meinte ich, als erstes an Ed Avery wenden.

Das Haus in der kleinen Straße parallel zur Scottsdale Road war weiß und hatte ein rotes Ziegeldach. In der offenen Garage stand ein großer Kombi, und an die Garage angebaut war eine Pferdebox.

Ich holte einmal tief Atem, läutete und wartete. Gleich darauf öffnete sich die Tür.

Seine Augen weiteten sich und verengten sich dann, als sein Gesicht sich zu einem breiten Lächeln verzog.

»Mensch, ich werd verrückt!«

»Hallo, Ed«, sagte ich ebenfalls lächelnd.

Wir musterten einander. Er hatte sich nicht verändert. Er war so groß und schlank und sonnengebräunt, wie ich ihn in Erinnerung hatte. Das wellige Haar über dem dunklen Gesicht war schlohweiß. Aber damals auf dem Einweihungsfest war er im Abendanzug gewesen, und jetzt trug er Jeans, einen verwaschenen, blauen Rollkragenpullover und Cowboystiefel. Die Schnalle an seinem Gürtel war ein Riesenapparat aus Silber und Türkis.

»Das ist wirklich eine Überraschung!« rief er. »Kommen Sie rein!«

Er trat zur Seite, und ich ging ins Haus.

Das Wohnzimmer war groß und hatte eine schräge Decke. Es war in einem Stil eingerichtet, der wohl weniger Eds Geschmack entsprach, als dem eines Innenarchitekten mit einer Vorliebe für Pastelltöne und Glastische. Es blieb mir allerdings nicht viel Zeit, mich umzusehen, denn Ed nahm mich am Arm und sagte: »Kommen Sie mit auf die Terrasse hinaus. Trinken Sie eine Tasse Kaffee mit mir.« Er führte mich aus dem Wohnzimmer durch das Eßzimmer und die Küche in den von einer Mauer umfriedeten Garten, wo er offenbar seinen Morgenkaffee getrunken hatte. »Machen Sie es sich gemütlich«, meinte er, »ich hole noch eine Tasse.«

Er kam mit der Tasse zurück. Er wartete nicht darauf, daß ich ihm erklärte, warum ich gekommen war. »Ich vermute, Sie sind wegen der Beerdigung hier«, meinte er. »Eine schreckliche Geschichte. Tragisch.«

Er schenkte mir Kaffee ein.

Ich betrachtete ihn forschend. Er wirkte bekümmert, aber innerlich unbeteiligt.

»Wann findet denn die Beerdigung statt?« fragte ich.

Er griff zu der Zeitung, die offen auf dem Tisch lag.

»Ich habe es gerade gelesen. Morgen früh um halb elf.« Er hielt mir die Zeitung hin.

Ich stellte meine Tasse ab, nahm die Zeitung und ließ mich auf einem der Liegestühle nieder. Ed hatte die Todesanzeigen gelesen, nicht den Bericht über die Morde. Ich blätterte zum Nachrichtenteil zurück. Die Geschichte über die Morde war auf Seite vier zurückgerutscht. Sie war kürzer, als der Bericht in der ›Gazette‹ gewesen war; zusätzliche Informationen enthielt sie nicht.

Ich las den Bericht zu Ende und blickte auf.

Ed sah mich an. »Ich hatte eigentlich erwartet, daß ich von Tom hören würde«, bemerkte er.

Sein Gesicht war ernst, aber ich konnte keine Spur von Falschheit darin entdecken.

»Tom ist verschwunden«, sagte ich.

»Verschwunden?« Sein Gesichtsausdruck änderte sich nicht, aber in seiner Stimme lag zuviel Verwunderung.

»Ja, verschwunden«, wiederholte ich. »In den Zeitungen steht nichts darüber, aber er wird von der Polizei gesucht.«

»Seit wann ist er verschwunden?«

Ja, der Ton war übertrieben verwundert, übertrieben unschuldsvoll.

»Seit Montagmorgen. Über das Wochenende war Ray in New York. Er und Tom hatten Krach. Tom bekam Depressionen. Daisy ertappte ihn mit einer Waffe. Am Montagmorgen kam er ins Büro und verkündete aus heiterem Himmel, daß er seinen Geschäftsanteil verkaufen wolle. Dann ging er, und seitdem hat ihn kein Mensch mehr gesehen, außer einer Freundin von ihm und Daisy, die ihm zufällig am Flughafen in Chicago begegnete. Da war er auf dem Weg hierher. Die Beamten, die den Fall bearbeiten, wissen, daß er hier ist oder zumindest hier war. Entweder ist er in Schwierigkeiten oder er hat vor irgend etwas Angst, Ed, aber er tut sich selbst nichts Gutes, wenn er sich versteckt hält.«

»Das glaube ich.«

»Ich möchte ihn finden, und ich wäre Ihnen dankbar, wenn Sie mir dabei helfen würden.«

»Natürlich.«

»Ed, Sie sind doch der erste, an den er sich hier draußen wenden würde.«

»Ja, das hätte ich auch geglaubt.«

Ich sah ihn an. Ich sagte nichts.

Er verstand. »Sie glauben, daß er bereits bei mir war, und daß ich weiß, wo er ist?«

Ich sagte noch immer nichts.

»Aber das ist nicht der Fall.«

»Ed, wir müssen ihm helfen.«

»Natürlich müssen wir das. Der Junge ist wie ein Sohn für mich. Als ich ihn kennenlernte, war er zehn Jahre alt und litt entsetzlich unter seinem eisenharten Vater, mit dem er kaum sprechen konnte, ohne vorher zu salutieren. Er hatte keinen Menschen sonst auf der Welt. Er brauchte jemanden wie mich. Ich habe ihn damals nicht enttäuscht, und ich werde ihn auch nie enttäuschen. Trinken Sie Ihren Kaffee.«

Beinahe hätte er mich überzeugt, aber ganz gelang es ihm doch nicht. Ich hätte ihm gern gesagt, daß sich vielleicht unsere Auffassungen darüber, wie man Tom helfen konnte, unterschieden. Aber ich wußte nicht, wie ich es ausdrücken sollte. Ich nahm meine Kaffeetasse und trank einen Schluck.

»Eines kann ich Ihnen sagen«, fuhr er fort. »Um Ray Petacque werde ich keine Träne vergießen. Ich habe ihn nie sonderlich gemocht, nicht einmal, als er noch ein Junge war. Meiner Ansicht nach war er faul und ging immer den Weg des geringsten Widerstandes. Und das Geld, das er hier draußen gemacht hat, ist ihm zu Kopf gestiegen. Es freut mich nicht, daß er auf solche Weise umkommen mußte, und um seine Frau tut es mir wirklich leid, weil ich sie mochte, aber Ray werde ich nicht *soviel* vermissen.« Er schnalzte mit den Fingern.

»Kommen wir auf Tom zurück«, schlug ich vor. »Es gibt nichts, das ich nicht für ihn tun würde.«

»Dann geht es Ihnen so wie mir.«

Er blickte mir einen Moment lang aufmerksam ins Gesicht, dann wendete er sich ab und schenkte sich noch etwas Kaffee ein.

Ich sah mich um. Der kleine Garten war hübsch. Bunte Blumenbeete begrenzten die Terrasse. Die Mauer war aus weißen Ziegeln. Dahinter hob sich scharf umrissen Camelback Mountain vom tiefblauen Himmel ab.

Ich wandte mich wieder Ed zu. »Wenn Tom sich nicht mit Ihnen in Verbindung gesetzt hat«, meinte ich, »dann hat er sich vielleicht bei jemand anderem gemeldet. Er kennt doch hier draußen einen Haufen Leute. Er hat immer sofort Kontakt, ganz gleich wohin er kommt. Fällt Ihnen vielleicht jemand Besonderer ein?«

»Ich war immer der Meinung, ich wäre Nummer eins. Aber sicher, es gibt andere. Wie die Iversons und die Beckets.« Er zählte noch ein paar andere Namen auf. »Soll ich mal mit ihnen reden?«

»Ich spreche lieber selbst mit ihnen.«

»Das halte ich nicht für ratsam. Wenn Tom, wie Sie sagen, tatsächlich von der Polizei gesucht wird, dann wird man höchstens auf Sie aufmerksam, wenn Sie sich nach ihm erkundigen, und macht Ihnen womöglich noch die Hölle heiß. Überlassen Sie das lieber mir. Das ist diskreter.«

Ich wollte widersprechen. Aber noch ehe ich etwas sagen konnte, läutete es.

Ed sprang auf. »Heute morgen ist ja wirklich was los.« Er ging ins Haus.

Ich folgte ihm.

Er öffnete die Tür.

»Es ist lange her«, sagte General Petacque.

Ed erstarrte. »Nicht lange genug«, erwiderte er.

15

Der General bemerkte mich und erkannte mich.

»Sie sind Potter«, sagte er, und es klang wie eine Anklage.

»Ja«, bestätigte ich.

»Wo ist Tomas?« fragte er.

»Ich weiß es nicht«, erwiderte ich.

»Haben Sie ihm gesagt, was seinem Bruder zugestoßen ist?«

»Ich konnte ihn nicht erreichen.«

»Und was ist mit seiner Frau?«

»Sie weiß Bescheid.«
»Wo ist sie dann?«
»Das weiß ich selbst nicht so sicher.«
Er wandte sich an Ed: »Würden Sie die Höflichkeit haben, mich hereinzubitten?«
Ed wurde ein klein wenig lockerer, und er trat zur Seite. Als der General ins Wohnzimmer trat, hatte ich Gelegenheit, ihn mir genau anzusehen. Er stützte sich auf einen Stock. Er war wirklich alt geworden. Sein Gesicht zeigte die Spuren des Schmerzes. Aber sein herrisches Wesen hatte er nicht abgelegt; es drückte sich in der Haltung seines Kopfes aus und im Blick seiner Augen.
»Die Polizei fahndet nach Tomas«, berichtete er Ed. »Man ist der Meinung, daß er mit den Morden etwas zu tun hat.«
»Und dieser Meinung sind Sie natürlich auch, vermute ich«, versetzte Ed.
Der General straffte seine Schultern.
»Sie brauchen mich nicht zu mögen, aber ich wäre Ihnen verbunden, wenn Sie die Regeln der Höflichkeit wahren würden.« Er schwieg einen Moment. »Ich habe in dieser Angelegenheit keine Meinung.«
Zornfunkelnd blickten die beiden einander an. Ich spürte, daß hier alter Haß wieder auflebte, der seine Wurzeln weit in der Vergangenheit hatte. Ich vermutete, daß Tom etwas damit zu tun hatte; daß zwei Jahrzehnte zuvor die beiden Männer miteinander um den Besitz einer Kinderseele gekämpft hatten. Und die nächsten Worte von Ed verrieten, daß es tatsächlich so gewesen war.
»Sie haben immer das Schlimmste von ihm gedacht«, sagte er.
»Ich ziehe es vor, mich darüber nicht auf eine Diskussion einzulassen«, erwiderte der General. »Die Tatsachen sind einfach: Die Polizei weiß, daß er am Montagabend in Phoenix war, und jetzt sucht sie ihn. Man hat mir das selbst gesagt. Ganz gleich, wie die Wahrheit aussieht, er schadet nur sich selbst, wenn er sich versteckt. Es wäre das Beste für ihn, sich zu stellen.«
»Er hat sich in den letzten Tagen nicht wohlgefühlt«, warf ich ein.
Der General wandte mir seine Aufmerksamkeit zu.
»Vielleicht würden Sie das näher erklären.«
»Er war ziemlich deprimiert.«
Der alte Mann verzog geringschätzig den Mund.
»Aber offenbar doch nicht zu deprimiert, um von New York nach Phoenix zu reisen.« Er richtete seine Aufmerksamkeit wieder

auf Ed. »Besonders mutig war er ja nie, aber ich hatte gehofft, das hätte sich in den letzten Jahren etwas gebessert.«

Eds Gesicht wirkte plötzlich fahl. Er war offensichtlich außer sich vor Zorn. Aber nicht er war es, der sprach, sondern ich. In mir kochte es ebenfalls.

»Reden Sie doch nicht solchen Mist!« fuhr ich den alten Mann an.

Beide waren sie perplex.

»Sie haben doch keine Ahnung«, fügte ich hinzu. »Sie haben wahrscheinlich nie gewußt, was sich in Tom abspielt.«

Die Farbe kehrte in Eds Gesicht zurück. »Bravo«, sagte er.

»Sie sind unverschämt«, teilte mir der General mit.

»Na bitte, stellen Sie mich doch vors Kriegsgericht.«

Er ballte die Hände zu Fäusten, und einen Moment lang dachte ich, er wolle mich schlagen. Aber er tat es nicht.

Ich bemühte mich, meinen Zorn hinunterzuschlucken.

»Ich möchte mich nicht mit Ihnen streiten«, sagte ich. »Ich bin hierhergekommen, um Tom zu finden und um ihm zu helfen. Auch Ed möchte ihm helfen. Im Grunde stehen wir alle drei auf derselben Seite.«

Er akzeptierte das. »Wo ist er?« fragte er Ed.

»Das weiß ich nicht«, antwortete Ed.

Einen Moment war es still. Dann sagte der General: »Es fällt mir schwer, das zu glauben.«

Ed zuckte die Achseln.

»Offengestanden, Armand, es ist mir völlig gleichgültig, was Sie glauben.«

Sekundenlang maß der General ihn finsteren Blickes. Dann sagte er: »Na schön«, und ging.

Ich blickte ihm nach, und einen Moment lang tat er mir leid. Aber nur einen Moment lang.

Ed knallte die Tür zu. »Dieses Schwein!« explodierte er. »Er war vor dreißig Jahren ein Schweinehund, er ist es immer noch!« Er nahm sich zusammen. »Nun, Sie haben es ihm jedenfalls gesagt. Und das war gut so.« Er nahm mich beim Arm und führte mich in den Garten zurück. »Der Kaffee ist jetzt sicher kalt. Kommen Sie, ich schenke Ihnen frischen ein.«

»Nein, danke«, erwiderte ich. »Aber wenn Sie mir die Namen von Toms anderen Bekannten hier draußen geben würden . . .«

Er schüttelte den Kopf.

»Ich spreche lieber selbst mit ihnen. Das ist besser so. Vertrauen

Sie mir.«

Ich sah ihn forschend an. Ich konnte noch immer nicht glauben, daß er nicht wußte, wo Tom sich aufhielt.

Er schien zu spüren, was mir durch den Kopf ging. Er lächelte.

»Sie haben eben bei mir einen Haufen Gutpunkte gemacht. Ich bin sicher, Sie wollen genau wie ich das Beste für Tom. Lassen Sie mir ein wenig Zeit zum Überlegen.«

»Wir haben keine Zeit, Ed.«

Er wechselte das Thema. »Wo sind Daisy und der Junge?«

Ich zögerte.

»Vertrauen Sie mir«, sagte er wieder.

»Bei Daisys Schwester.«

»Okay. Und wo kann ich Sie erreichen, wenn ich etwas Neues weiß?«

Ich gab ihm den Namen meines Motels an.

»Sie werden von mir hören«, versprach er. Wieder nahm er meinen Arm und führte mich durch das Haus zur Tür. Dort blieben wir stehen. Ich wollte mich noch nicht verabschieden. »Gehen Sie jetzt«, sagte er aber. »Ich muß mir das alles mal durch den Kopf gehen lassen.«

Er öffnete die Tür.

»Bitte«, sagte ich.

Er gab mir einen Klaps auf die Schulter und versetzte mir dann einen leichten Stoß.

Auf dem Weg zu meinem Wagen dachte ich an Philip Quick. Ich fragte mich, ob ich ihn wohl dazu würde überreden können, nach Phoenix zu kommen. Er war ein Mann, der sich mit der Installation von elektronischen Abhörgeräten bestens auskannte.

16

Ich fuhr zum Motel zurück und ging in mein Zimmer hinauf. Ich hatte das Gefühl, daß ich irgend etwas unternehmen müßte, aber ich wußte nicht, was. Ich dachte an Brian und hoffte, daß seine Bemühungen erfolgreicher waren als die meinen. Ich versuchte, mich zu erinnern, ob ich die Iversons oder die Beckets auf dem Einweihungsfest kennengelernt hatte; aber ich konnte mich nicht erinnern. Schließlich kam ich zu dem Schluß, daß Ed die Namen einfach erfunden hatte. Daraufhin wurde ich ärgerlich.

Ich trat auf den Balkon hinaus. Nimm an, du bist Tom, sagte ich zu mir selbst. Du hast Angst. Du möchtest dich verstecken. Du hast Freunde in Phoenix, einen ganz besonderen Freund. Was würdest du tun?

Nimm an, du bist Ed Avery. Tom kommt zu dir. Du möchtest ihm helfen. Brock kommt zu dir und sagt, er möchte ihm auch helfen. Wie würdest du darauf reagieren?

Nimm an, du bist General Petacque.

Das kannst du vergessen.

Eine große, weitläufige Stadt. Hunderte von Motels und Rasthäusern. Ein falscher Name.

Ich brauchte jemanden wie Philip Quick. Ich wanderte wieder ins Zimmer und steuerte auf das Telefon zu, und gerade als ich den Hörer abnehmen wollte, begann es zu läuten.

»Mr. Brockton Potter?«

»Ja.«

»Ich habe hier ein R-Gespräch von einem Mr. Quick in Chicago für Sie. Nehmen Sie das Gespräch an?«

»Ja.«

»Potter?« meldete sich Quick in diesem gönnerhaften Ton, der mich immer so reizte.

»Ich wollte Sie gerade anrufen.«

»Ich hab' hier 'ne Sache, bei der ich nicht recht weiß, wie ich mich verhalten soll.« Für ihn war das ein bemerkenswertes Eingeständnis.

»Was denn?«

»Heute morgen hat Finch mich angerufen. Er ist der Mann in Phoenix, der mir die Informationen verschafft hat. Er sagte, er habe von Harlow und Eames Besuch bekommen, den beiden Beamten, die den Fall Petacque bearbeiten. Sie hatten Wind bekommen, daß er Nachforschungen anstellt. Sie wollten wissen, wer ihn engagiert hat. Er sagte, ich habe ihm den Auftrag gegeben.«

Ich stöhnte. »Mußte das sein?«

»Nicht unbedingt. Aber er muß nun mal in Phoenix leben und da seinen Lebensunterhalt verdienen, und das fällt ihm leichter, wenn er dem Sheriff dabei nicht auf die Zehen tritt. Jedenfalls hat er nun mal die Katze aus dem Sack gelassen, und vorhin hat Harlow mich angerufen und wollte wissen, wer *mein* Auftraggeber ist. Kann ich es ihm sagen?«

»Auf keinen Fall, Quick!«

»Wirklich nicht?«

»Wirklich nicht!«

»Na schön. Die brauchen mich mehr als ich sie. Aber ich glaube, Sie machen da einen Fehler. Harlow will bei mir zurückrufen. Ich habe ihm gesagt, ich müßte erst die Genehmigung meines Auftraggebers einholen. Wenn ich ihm sage, daß der Auftraggeber seine Identität nicht preisgeben will, dann werden die Burschen nur noch neugieriger werden.«

Ich überlegte. Quick konnte sagen, daß die Firma Price, Potter und Petacque ihn engagiert hatte. Unter den gegebenen Umständen konnte man das eigentlich nicht als ungewöhnlich ansehen. Dennoch war es besser, wenn er vorläufig wenigstens keinerlei Auskunft gab.

»Trotzdem – sagen Sie nichts. Aber können Sie nicht hierherkommen? Ich könnte Ihre Hilfe gebrauchen.«

»Unmöglich, Potter. Ich könnte es mir auch gar nicht leisten. Ich habe zuviel andere Fälle am Hals.«

»Wie steht es mit Ihrem Freund Finch? Hat der eine Ahnung von Wanzen?«

»Ich würde ihn an Ihrer Stelle lieber nicht anrufen.«

Wieder eine Sackgasse. Aber Quick hatte recht.

»Na gut. Aber ganz gleich, was Sie tun, behalten Sie meinen Namen für sich. Ist das klar?«

»Okay, wenn Sie es unbedingt wollen. Aber wenn Sie vorhaben sollten, mit Wanzen zu arbeiten, dann vergessen Sie das lieber. Da kriegen Sie nur Verdruß.«

Damit legte er ganz abrupt auf.

Seufzend wählte ich die Nummer unseres New Yorker Büros. Ich wollte Mark sprechen. Aber seine Leitung war besetzt. Ich verlangte Irving.

Irving war unverkennbar erleichtert, von mir zu hören, und ich konnte auch verstehen, warum. Ich hatte etwas getan, was noch nie vorgekommen war: Ich hatte die Recherchenabteilung unbesetzt verlassen.

Ich erklärte ihm, was geschehen war. Er war entsetzt. Und voller Unbehagen.

»Um Gottes willen, sei nur vorsichtig, Brock!«

»Ich bemühe mich.«

»Was ist mit Brian?«

»Der schnüffelt drüben bei Mutual Claims herum.«

»Ja, er nimmt wahrscheinlich den gesamten Aufsichtsrat ins Verhör.«

»Wohl kaum. Er ist ein guter Mann, Irv. Es war nicht richtig von dir, ihn so zur Minna zu machen.«

»Kann schon sein. Hast du Mr. Petacque gefunden?«

»Noch nicht.« Ich wechselte das Thema. Ich fragte ihn nach seiner Reise nach Dallas.

Die Besprechung mit Henderson hatte nichts Aufregendes erbracht. Und im Büro tat sich auch nicht viel. Verschiedene Leute hatten versucht, mich telefonisch zu erreichen, aber Helen hatte sie alle an Irving weitergeleitet. Die Kurse gaben immer noch nach.

»Wo steht Mutual Claims?«

Irving ließ sich die Notierung geben und nannte sie mir. Mutual Claims war einen weiteren Punkt gefallen.

Sonst gab es nichts zu besprechen. Ich sagte ihm, wo ich zu erreichen war, bat ihn aber, das für sich zu behalten. Dann ließ ich mich mit Mark verbinden, und diesmal war Marks Anschluß frei.

Mark wirkte niedergedrückt. Lombardi war wieder bei ihm gewesen. Er schien nicht zu glauben, daß Mark nicht wußte, wo Tom sich aufhielt, und wollte jetzt erfahren, wo ich sei.

»Was hast du ihm gesagt?«

»Daß du zur Beerdigung von Ray Petacque nach Phoenix geflogen bist.«

»Es wäre mir lieber gewesen, du hättest das nicht gesagt, Mark. Wahrscheinlich hält die Polizei hier schon nach mir Ausschau.«

»Ich hielt es für das Beste, die Wahrheit zu sagen, oder jedenfalls etwas, das ihr nahekommt.«

»Nun, das läßt sich jetzt nicht mehr ändern. Hast du Daisy gesprochen?«

»Ja.«

»Hat sie wieder von Tom gehört?«

»Sie behauptete nein, aber ich bin mir nicht sicher, ob sie die Wahrheit gesagt hat. Sie hat Angst, Brock. Hauptsächlich um Tom, glaube ich.«

»Versuch's nochmal bei ihr. Ich mache hier überhaupt keine Fortschritte.«

»Was ist denn mit deinem Detektiv aus Chicago?«

Ich berichtete ihm kurz, was ich von Quick über die Morde erfahren hatte.

»Gräßlich«, sagte er.

»Ja, gräßlich«, stimmte ich zu.

Ich wollte ihm sagen, wo er mich erreichen konnte, aber dann überlegte ich es mir anders. Es konnte ja sein, daß Lombardi noch einmal bei ihm auftauchte. Mark selbst war offenbar zu sehr mit seinen eigenen Gedanken beschäftigt, um mich nach meiner Telefonnummer zu fragen.

Ich legte auf und trottete wieder zum Balkon hinaus. Flüchtig spielte ich mit dem Gedanken, in ein anderes Motel zu ziehen und mich unter falschem Namen einzutragen; aber dann sagte ich mir, daß das nur noch mehr Verdacht erregen würde.

Während ich auf die braunen Felsen von Camelback Mountain starrte, überlegte ich, wieso ich eigentlich so fest davon überzeugt war, daß Tom sich noch hier in der Gegend aufhielt. Vielleicht war er längst wieder in New York, mit Daisy und Jerry zusammen. Vielleicht war er ganz woanders.

Im Zimmer läutete das Telefon. Ich lief hinein und hob ab. Mein Herz setzte einen Schlag aus, als ich die Stimme hörte.

»Ich bin froh, daß Sie gekommen sind«, sagte Steve Schroeder. »Haben Sie Lust, heute mittag mit mir zu essen?«

Ich verbarg meine Überraschung. »Gern.«

»Fabelhaft. Soll ich Ihnen einen Wagen schicken?«

»Nein, danke, ich habe einen Wagen.«

»Fabelhaft. Treffen wir uns doch im Arizona Club. Er ist im Gebäude der United Bank of –«

»Ich weiß, wo er ist.«

»Fabelhaft. Ich freue mich darauf, Sie zu sehen. Halb eins?«

»Halb eins, sehr schön.«

Langsam legte ich den Hörer wieder auf die Gabel und setzte mich auf das Bett. Es gab nur zwei Möglichkeiten, wie Steve Schroeder erfahren haben konnte, wo ich wohnte: entweder von der Polizei oder von Ed Avery.

Nein, nur eine Möglichkeit. Die Polizei hatte noch gar nicht genug Zeit gehabt, mich ausfindig zu machen.

17

Die Räumlichkeiten des Arizona Clubs befinden sich in den beiden obersten Stockwerken des Gebäudes der United Bank of Arizona in der Central Avenue, der von Palmen gesäumten Durchgangsstraße, die Phoenix mittendurch schneidet.

Ich war früher schon zweimal mit Schroeder dort gewesen. Er nahm dort mit Vorliebe sein Mittagessen ein. Er war stolz darauf, daß er Mitglied war, und er konnte sich nicht sattsehen an dem Panorama, das die Südfenster boten. Von ihnen aus konnte man nämlich das Geschäftsgebäude der Mutual Claims Company sehen, das nur einige hundert Meter entfernt lag. Der Bau war nicht so hoch wie einige seiner Nachbarn; er hatte nur acht Stockwerke. Aber es war ein auffallendes Bauwerk, ganz aus weißem Stein und dunkel getöntem Glas; für Schroeder eine Augenweide.

Ohne dazu aufgefordert worden zu sein, führte uns der Ober zu einem Tisch an den Südfenstern.

»Scotch?« fragte Schroeder mich.

»Gern«, antwortete ich. »On the rocks.«

»Chevals Regal«, sagte er zum Kellner. »Einen doppelten.«

Nicht schon wieder, dachte ich.

»Und für mich einen Whiskey Sour«, fügte er hinzu. Ich musterte ihn. Er trug keine Krawatte, sondern ein geflochtenes Lederband, das von einem mit Türkisen besetzten Ring aus Silber zusammengehalten wurde. Es gab ihm ein Air von Wildwest. Ansonsten sah er so zerknittert aus wie immer.

»Wie haben Sie mich gefunden, Steve?« fragte ich.

»Sowas spricht sich herum.«

»Ich bin erst gestern abend angekommen.«

»Ein Bekannter von mir hat Sie im Motel gesehen, als Sie ankamen.«

Ich dachte zurück. Ich konnte mich nicht erinnern, was für Leute zu der Zeit im Foyer gewesen waren, aber ich hielt es für höchst unwahrscheinlich, daß jemand dagewesen war, der sowohl mich als auch Schroeder kannte. Doch ich bohrte nicht weiter. Ich war ziemlich sicher, daß er mir sowieso nicht die Wahrheit sagen würde.

Er starrte auf sein Gebäude. Der Anblick schien ihn nicht so stark zu begeistern wie sonst. Sein Gesicht war düster.

Der Kellner brachte unsere Drinks.

Schroeder wandte den Blick vom Fenster ab. Er trank einen Schluck aus seinem Glas. Und diesmal gab er sich keine Mühe, etwas zu verbrämen.

»Wieso ist Tom verschwunden?« fragte er.

»Ich weiß es nicht«, antwortete ich.

»Ach, hören Sie doch auf, Brock.«

»Das ist die Wahrheit. Ich habe keine Ahnung, warum Tom verschwunden ist.«

»Sie erwarten doch nicht, daß ich Ihnen das abnehme.«

»Ich kann sogar noch einen Schritt weitergehen. Ich weiß nicht einmal, ob er wirklich verschwunden ist. Es kann leicht sein, daß er morgen zur Beerdigung auftaucht.«

»Das ist unwahrscheinlich.«

»Tatsächlich?«

»Er hält sich versteckt. Die Polizei weiß, daß er Montagabend in Phoenix eingetroffen ist. Aber er hat sich nicht mit der Polizei in Verbindung gesetzt. Sein Vater weiß nicht, wo er ist, seine Schwester weiß nicht, wo er ist. Sie wissen nicht, wo er ist. Und das heißt, daß er sich versteckt hält.«

Ich trank etwas von meinem Whiskey.

»Früher oder später wird er gefunden«, prophezeite Schroeder.

»Ich hoffe es«, meinte ich.

Er kniff die Augen zusammen. Es war, als versuche er in meinem Gesicht zu lesen.

»Ich mache manchmal dumme Sachen«, sagte er und zog eine verlegene Grimasse. Er spielte wieder einmal den unbeholfenen Jungen vom Lande. Vorsicht, dachte ich.

»Ich bin impulsiv.«

So impulsiv wie ein Computer.

»Ich meine, als wir in New York waren – nun, ich meine, da sagte ich Ihnen, daß Ray – äh – Sie wissen schon – daß er unredlich sei.«

»Ja, das sagten Sie.«

»Es tut mir leid, daß ich es gesagt habe. Da bin ich zu weit gegangen.«

»Jeder geht hin und wieder mal zu weit. Aber Sie müssen doch einen Grund dafür gehabt haben, das zu sagen.«

Seine Ohren liefen rot an.

»Ich war ärgerlich. Jetzt ist Ray tot und ich – ich komme mir schäbig vor.«

»Aber an den Tatsachen würde das nichts ändern, oder? Entweder er war ein Schwindler, oder er war keiner.«

»Er war mein Freund.«

»Trotzdem.«

»Als ich anfing, als ich keinen Penny hatte – was ich sagen will, ist, er hat es mir möglich gemacht, die Firma zu gründen. Er und sein Vater.«

»Und Tom«, erinnerte ich ihn.

»Das war später.«

»Nicht allzuviel später. Sie brauchten Kapital zur Geschäftserweiterung. Wenn Sie es nicht von uns bekommen hätten –«

»Dann hätte ich es wahrscheinlich anderswo bekommen. Aber jetzt sage ich schon wieder das Falsche, nicht wahr? Das hört sich so an, als würdige ich gar nicht, was Sie und Tom getan haben.«

»Entschuldigen Sie sich nicht. Wir haben auch Geld damit verdient. Aber ich verstehe nicht, worauf Sie hinauswollen. Sie haben mir gegenüber behauptet, daß Ray ein Schwindler sei. Wollen Sie mir jetzt erklären, daß er es nicht war?«

»Nein, das nicht. Ich will lediglich sagen, daß Ray mein Freund war, und daß mir das, was ich über ihn gesagt habe, leid tut. Ich hoffe, Sie vergessen es. Es wäre mir lieb, wenn es unter uns bliebe.«

Ich hätte die Worte ohne weiteres für bare Münze genommen, wenn sie nicht gerade von ihm gekommen wären. Und sogar von ihm hätte ich sie akzeptiert, hätte er nicht diese dümmliche Miene zur Schau getragen. So aber hatte ich den Verdacht, er wolle mit seinen Worten genau das Gegenteil von dem, was er sagte, bezwecken. Er wollte gar nicht, daß ich vergaß, was er in New York geäußert hatte; vielmehr wollte er sicherstellen, daß ich mich ganz genau daran erinnerte.

»Was hat Ray denn getan, das in Ihnen den Verdacht erweckt hat, er könnte ein Betrüger sein?« fragte ich.

Schroeder beantwortete die Frage nicht. Er setzte zu einem weitschweifigen Bericht darüber an, wie er Ray kennengelernt hatte, erklärte im Brustton der Überzeugung, Ray und General Petacque seien im Grunde seine besten Freunde gewesen, wenn er auch den General natürlich nur selten sah, da dieser ja in Florida lebte. Er redete immer noch, als das Essen und der Wein kamen. Er legte eine kurze Pause ein, um den Wein zu probieren und seiner Zufriedenheit Ausdruck zu geben, dann fuhr er fort zu erzählen.

Anfänglich fragte ich mich, worauf er hinauswollte; allmählich aber wurde mir klar, daß er gar nicht das sagte, was er zu sagen schien. Was er da von sich gab, war in Wirklichkeit gar keine Lobeshymne auf Ray Petacque; es war eine Schmährede. Seine Beteuerungen nämlich, wie gut er mit Ray befreundet gewesen sei und wie sehr er ihn gemocht habe, waren durchwoben mit Anspielungen darauf, daß Ray viele Eigenschaften gehabt habe, die man einfach habe übersehen müssen. Ray war faul gewesen, hatte in Geschäftsangelegenheiten kein Urteilsvermögen gezeigt, war desinteressiert gewesen und nicht bereit zu lernen.

Nach einer Weile brach er endlich ab. Er blickte auf mein Weinglas und sagte: »Sie haben ja Ihren Wein kaum angerührt.«

Ich lächelte. »Wenn ich Sie nicht besser kennen würde, Steve, würde ich schwören, daß Sie mich betrunken machen wollen.«

Seine Ohren färbten sich wieder rot, und er blieb stumm. Aber lange hielt das Schweigen nicht an.

»Ray war am letzten Wochenende in New York«, bemerkte er. »Haben Sie ihn zufällig gesprochen?«

»Das haben Sie mich schon im Regency gefragt.«

»Tatsächlich?«

»Ich habe ihn letztes Wochenende gar nicht zu Gesicht bekommen. Ich habe ihn seit Monaten nicht gesehen.«

Wieder Stille. Diesmal hielt sie länger an. Wir tranken unseren Kaffee aus. Schließlich sagte Steve: »Wenn Tom in finanziellen Schwierigkeiten sein sollte, dann würden Sie das wohl nicht wissen?«

Die Frage verblüffte mich.

»Oh, doch, das würde ich wissen. Aber er ist nicht in finanziellen Schwierigkeiten. Im Gegenteil. Warum fragen Sie?«

»Weil Rays Tod ihm sehr gelegen kommen könnte, wenn dem so wäre. Ich meine, die Tatsache, daß Ray und Blanche gleichzeitig ums Leben gekommen sind.«

»Ich verstehe nicht.« Ich verstand wirklich nicht.

»Toms Sohn – wie heißt er gleich? Jerry? – erbt eine Menge Geld. Tom könnte selbstverständlich an das Vermögen heran.«

Ich hatte mir im Zusammenhang mit den beiden Morden alle möglichen Gedanken gemacht, aber diese Überlegung war mir noch nicht gekommen. Dennoch war sie nicht von der Hand zu weisen. Ray und Blanche hatten keine Kinder gehabt; ihr Vermögen – oder zumindest ein großer Teil des Vermögens – würde auf Verwandte übergehen.

»Darüber wissen Sie wahrscheinlich mehr als ich«, meinte ich.

»Oh, ja. Ray und ich haben uns ausführlich darüber unterhalten. Die Haupterben sind Rays Schwester, Blanches Bruder und Toms Sohn. Rays Schwester und ihr Mann haben nur sein Gehalt von der Armee. Und Blanches Bruder – Blanche hat ihn jahrelang unterstützt. Aber Tom – nun, Ray meinte, er brauche das Geld zwar jetzt nicht, aber er dachte, der Junge könnte es vielleicht eines Tages gebrauchen.«

»Das bedeutet noch lange nicht, daß Tom Jerrys Erbe anrühren könnte. Oder anrühren würde, selbst wenn er könnte.«

»Nein, wahrscheinlich nicht. Aber Sie wissen ja, wie solche Dinge oft laufen.«

Ich spürte, wie Zorn in mir aufstieg. Es genügte Schroeder offenbar nicht, Ray Übles nachzusagen; er versuchte jetzt auch noch, Tom schlecht zu machen.

»Ich kann Ihnen versichern«, sagte ich, »daß Tom Jerrys Geld nicht braucht.« Ich stand auf. »Ich danke Ihnen für das Essen. Ich muß jetzt gehen.«

Schroeder sprang ebenfalls auf. »Ich hoffe, Sie sind nicht verärgert, Brock.«

Ich zwang mir ein Lächeln ab. »Natürlich nicht. Es ist immer ein Vergnügen, Sie zu sehen, Steve. Ehe ich abreise, möchte ich gerne einmal bei Ihnen im Büro vorbeikommen. Sie kennen mich ja – ich vergewissere mich immer gern, daß meine Empfehlungen an unsere Kunden berechtigt sind.«

»Klar. Aber ich wußte gar nicht, daß Sie immer noch Mutual Claims Aktien empfehlen. Ich dachte, Sie hätten allen Ihren Kunden geraten zu verkaufen.« Er grinste. »Das war nicht gerade der beste Rat, den Sie je gegeben haben.«

Mit einiger Mühe brachte ich ebenfalls ein Lächeln zustande.

»Sie verstehen es wirklich, einen zu treffen. Aber wer weiß? Wenn ich einen guten Eindruck bekomme, empfehle ich vielleicht den Leuten, wieder zu kaufen.«

Sein Grinsen wurde trübe.

»Da Sie einen Wagen haben, könnten Sie mich vielleicht bis zum Büro mitnehmen?«

»Selbstverständlich.«

Wir machten uns auf den Weg zum Lift. Und während wir warteten, fragte ich: »Haben Sie Ihren Verdacht, daß Ray ein Betrüger war, auch den Polizeibeamten gegenüber erwähnt, die in der Mordsache ermitteln?«

Diesmal breitete sich die Röte auf seinem ganzen Gesicht aus.

»Natürlich nicht. Der Mann ist tot. Ganz gleich, was er getan und nicht getan hat, er wird es nicht wieder tun. Wofür halten Sie mich eigentlich?«

Der Aufzug kam. Wir fuhren zum Erdgeschoß hinunter. Schroeders Gesicht nahm wieder seine normale Farbe an. Er folgte mir zum Parkplatz, wo ich den Wagen stehengelassen hatte. Von hier aus war es nicht weit bis zum Mutual Claims Gebäude, und ich wußte, daß er den Weg gewöhnlich zu Fuß ging; aber jetzt stieg er zu mir in den Wagen und erklärte mir sogar, wie ich zu fahren habe.

Vor seinem Prachtbau, auf den er so stolz war, setzte ich ihn ab, dankte ihm noch einmal und fuhr davon.

Ich fuhr die Central Avenue in nördlicher Richtung zur Indian School Road hinunter und bog nach rechts ab. Hier war nicht viel Verkehr. Ich trat das Gaspedal ein Stück weiter durch. Als ich mich der 16. Straße näherte, tauchte vor mir ein Lieferwagen auf, der mir viel zu langsam fuhr. Ich warf einen Blick in den Rückspiegel und bemerkte hinter mir einen braunen Wagen. Aber er war mindestens noch fünfzehn Meter entfernt. Ich scherte aus meiner Spur aus und überholte den Lieferwagen.

An der 24. Straße mußte ich bei Rot halten. Die Sonnenblende war aus ihrem Halter gerutscht. Ich klemmte sie wieder ein, und während ich das tat, warf ich wieder einen Blick in den Spiegel. Der braune Wagen befand sich immer noch hinter mir.

Die Ampel schaltete auf Grün. Ich gab Gas.

Ich hatte keinen Anlaß, ein drittes Mal in den Spiegel zu sehen.

18

Das rote Lämpchen am Telefon blinkte. Ich wählte die Zentrale und fragte, ob eine Nachricht für mich da sei.

Ja, es war eine da. Ich sollte Mr. Barth in Zimmer 210 anrufen.

Ich marschierte zum Nebenzimmer und klopfte an die Tür.

Brian empfing mich mit selbstzufriedener Miene. Er hatte getan, was ich ihm geraten hatte. Er hatte sich um eine Stellung beworben. Man hatte ihm gesagt, daß Mutual Claims im Augenblick keine neuen Leute einstellte, aber er hatte sich mit einem der Mädchen in der Personalabteilung angefreundet. Sie hieß Millicent Harvey. Danach hatte er einen Rundgang durch das Gebäude gemacht. Niemand hatte ihn aufgehalten.

»Wußten Sie«, fragte er, während er sein stämmiges Bein über die Armlehne seines Sessels hängte, »daß nur die ersten fünf Stockwerke des Gebäudes zu Mutual Claims gehören? Die übrigen Stockwerke sind an andere Leute vermietet.«

Ich sagte, das hätte ich bereits gewußt.

»Kein Wunder, daß das Unternehmen mit so hohen Gewinnen arbeitet«, fuhr er fort. »Die Unkosten sind unglaublich niedrig. Alles läuft über Computer.«

Ich setzte mich aufs Bett.

»Ja«, antwortete ich, »die Organisation ist gut. Aber Sie dürfen nicht vergessen, daß dies ja nicht das einzige Büro ist. Es gibt eine Menge Zweigstellen. Und da sind auch Leute angestellt.«

»Ja, aber nicht viele. Da läuft auch alles über EDV. Die Computer in den Zweigstellen geben ihre Informationen direkt an die Computer hier in Phoenix weiter. Die Computer reden miteinander.« Er grinste. »Können Sie sich vorstellen, daß ein Computer dem anderen sagt, daß er einen Fehler gemacht hat? Das tun sie wirklich. Ich habe es gesehen. Ein Computer hat zu einem anderen gesagt, ›Zahlen bitte nochmals überprüfen‹.«

»Steve Schroeder ist ein EDV-Experte«, bemerkte ich. »Das ist eines der Geheimnisse seines Erfolges. Sie scheinen ja in dieser kurzen Zeit eine Menge in Erfahrung gebracht zu haben.«

Sein Grinsen wurde breiter.

»Ja, klar.« Er wurde wieder ernst. »Aber ich habe noch etwas in Erfahrung gebracht: Im sechsten Stock des Gebäudes sitzt Jackley, Smith – die Wirtschaftsprüfer, die für Mutual Claims die Bücher prüfen.«

»Ich weiß das. Mutual Claims ist der größte Kunde von Jackley, Smith. Die Tatsache, daß die Büros im selben Gebäude sind, erspart eine Menge Lauferei.«

»Mutual Claims ist praktisch der *einzige* Kunde von Jackley, Smith. Es sind zwar noch ein paar kleinere Kunden da, aber davon könnte Jackley, Smith nicht existieren.«

»Woher haben Sie denn das?«

»Das habe ich in der Kantine erfahren.«

Ich erinnerte mich an die Kantine. Sie lag im obersten Stockwerk des Gebäudes.

»Von dem Mädchen aus der Personalabteilung?«

»Von ihrer Freundin. Ich hörte von der Kantine und ging gegen halb elf rauf. Millicent hatte gerade ihre Kaffeepause. Sie saß mit einem anderen Mädchen zusammen – Peggy Margolin. Peggy ist Empfangssekretärin bei Jackley, Smith. Ich sagte, ich hätte mich bei den anderen Firmen im Gebäude nach einer Stellung umgesehen.« Er schwieg einen Moment. »In einer Hinsicht hatten Sie recht, Brock: alles redete von den Morden. Die Kantine war voll, und soweit ich feststellen konnte, war das das einzige Gesprächsthema.«

»Das ist ganz natürlich.«

»Klar. Auf jeden Fall habe ich mich bei Jackley, Smith auch um eine Stellung beworben.«

Ich schüttelte den Kopf. »Das würde uns nichts helfen, Brian.«

»Ich glaube doch. Bei Jackley, Smith hat es nämlich auch einen Mord gegeben.«

Ich starrte ihn verdattert an.

»Auch einen Mord?« echote ich.

»Den Mord an Lee Kelly. Er war bei Jackley, Smith angestellt. Er wurde vor drei Wochen erschossen. Es könnte sein, daß da ein Zusammenhang besteht.«

19

Einzelheiten, berichtete er, habe er nicht erfahren können. Er wußte nur, daß ein junger Mann namens Lee Kelly in den Kopf geschossen worden war, als er auf dem Parkplatz bei dem Apartmenthaus, in dem er wohnte, aus seinem Wagen gestiegen war. Kelly war erst seit wenigen Monaten bei Jackley, Smith angestellt gewesen. Alle fanden Kellys Tod deshalb besonders tragisch, weil er erst kurz zuvor Vater geworden war. Drei Tage vorher hatte seine Frau einen kleinen Jungen zur Welt gebracht.

»Wie kommen Sie darauf, daß zwischen dem Mord an Kelly und der Ermordung der Petacques ein Zusammenhang bestehen könnte?« fragte ich.

»Ich weiß auch nicht. Vielleicht gibt es gar keinen. Die Zahl der Verbrechen ist in Phoenix außergewöhnlich hoch, hat Peggy mir erzählt. Millicent behauptete, das käme nur daher, weil Phoenix Verbrechen meldet, die andere Städte nicht melden; kann sein, daß das stimmt. Aber mir gibt einfach die Tatsache zu denken, daß Mutual Claims mit der Firma, die ihre Bücher prüft, so offensichtlich ein Herz und eine Seele ist. Und bei einem Unternehmen dieser Größe sollte man doch annehmen, daß es mit einer der großen internationalen Wirtschaftsprüfungsgesellschaften zusammenarbeitet, anstatt mit einer kleinen, unbedeutenden, wie Jackley, Smith.«

»In gewisser Weise ist das auch ein Vorwurf gegen mich, Brian. Ich akzeptiere seit Jahren die Zahlen von Jackley, Smith.«

Frank Jackley war, soweit ich mich erinnerte, mit Schroeder befreundet, seit dieser sich in Phoenix niedergelassen hatte. Mir schien es ganz natürlich, daß Schroeder Jackley, Smith die Prüfung seiner Bücher übertragen hatte, als er Mutual Claims gegründet hatte.

»So habe ich das nicht gemeint, Brock. Kann ja sein, daß ich Gespenster sehe. Auf jeden Fall habe ich bei Jackley, Smith eine Bewerbung eingereicht. Der Personalchef hat mir zwar keine großen

Hoffnungen gemacht, aber es war immerhin eine Gelegenheit, die guten Leute kennenzulernen.«

Ich lächelte. »Nein, Sie haben schon recht. Und es könnte sicher nichts schaden, wenn wir uns einmal mit der Witwe von Kelly unterhalten.«

Er schwang sein Bein von der Armlehne des Sessels.

»Soll ich hinfahren?« fragte er voller Eifer. »Ich habe ihre Adresse.«

»Ich finde, wir sollten beide hinfahren.«

»Jetzt?« Er war schon auf den Beinen.

»Warum nicht?«

Wir gingen zu meinem Wagen hinunter. Ich manövrierte ihn aus seiner Parklücke und steuerte auf den Haupteingang des Motels zu. Das Motel bestand aus drei getrennten Gebäuden, die ein loses Hufeisen formten. Das Schwimmbecken, die Terrasse und der kleine Übungsplatz für Golfspieler befanden sich in der Mitte des Hufeisens. Der einzige Zugang zu dem Komplex lag gegenüber von dem Torbogen in der Rundung des Hufeisens, wo sich das Foyer befand.

Wir fuhren am Torbogen vorbei, hielten an der Ausfahrt zur Straße an und warteten und reihten uns dann in westlicher Richtung in die Kette der Autos auf der Indian Scholl Road ein. Die Nachmittagssonne blendete mich. Ich klappte die Sonnenblende herunter und warf dabei automatisch einen Blick in den Rückspiegel.

Ein brauner Wagen kam aus der Motelausfahrt. Er bog ebenfalls nach Westen ab.

Einen Moment lang registrierte ich es gar nicht. Aber dann fiel der Groschen. Ich bog in eine Seitenstraße ein und an der nächsten Kreuzung wieder in eine andere Seitenstraße.

Der braune Wagen folgte.

»Ich habe das Gefühl, wir fahren in der falschen Richtung«, bemerkte Brian.

»Ich weiß. Aber wir werden verfolgt.«

Er blickte über die Schulter zurück.

»Der braune Wagen da?«

»Ja.«

Er sagte nichts weiter. Ich fuhr zum Motel zurück und parkte. Wir gingen zu meinem Zimmer hinauf. Ich hatte keine Angst. Ich war wütend.

»Ich bin ein gottverdammter Idiot«, sagte ich. »Schroeder hat mich nur zum Mittagessen eingeladen, um mich hinterher beschatten lassen zu können.«

»Aber warum?«

»Woher, zum Teufel, soll ich das wissen? Er glaubt wahrscheinlich, ich kann ihn zu Tom führen.«

»In dem Auto saßen zwei Männer.«

»Schauen Sie jetzt mal nach, ob sie jetzt draußen sind.«

Brian ging auf den Balkon hinaus und kam gleich wieder zurück.

»Ich kann nur das Wagendach sehen. Aber er steht da. Ungefähr zwanzig Meter weiter unten.«

Ich überlegte eine Weile.

»Warten wir eine Viertelstunde. Dann lauf ich runter und geh um das Schwimmbecken herum zum Foyer. Sie nehmen *Ihren* Wagen und holen mich dort ab.«

Wir warteten eine Viertelstunde. Dann ging ich ins Erdgeschoß hinunter und wanderte um das Schwimmbecken herum. Mehrere Leute sonnten sich in ihren Liegestühlen. Größtenteils waren es ältere Frauen. Ich ging ins Foyer hinein, durchquerte es und wartete an der Tür, bis Brian mit seinem Wagen vorfuhr. Ich sprang hinein, und er brauste ab.

Dann drehte er sich um und blickte zurück.

»Es hat geklappt«, stellte er erfreut fest.

»Diesmal hat es geklappt«, meinte ich, »das nächste Mal klappt es vielleicht nicht.«

20

Große offene Kartons standen in einer Reihe an der Wand. Auf dem Sofa stapelten sich Bücher. Türme von Geschirr standen auf dem Eßtisch.

»Viel Platz zum Hinsetzen ist hier leider nicht«, sagte sie.

Sie versuchte, auf dem Sofa etwas Raum zu schaffen. Mehrere Bücher fielen zu Boden. Brian hob sie auf und half ihr, die anderen beiseitezuschieben. Sie dankte ihm mit einem unsicheren Lächeln.

Sie war ein hübsches Mädchen. Anfang zwanzig, schätzte ich. Aber sie war sehr blaß, und ihre Bewegungen verrieten eine Ziellosigkeit, die mitleiderregend war. Sie wirkte so verloren.

»Ich weiß wirklich nicht, was ich eigentlich tue«, bemerkte sie entschuldigend. »Ich bin noch nie mit einem ganzen Hausstand umgezogen.«

Ich nahm ein Waffeleisen von einem der Stühle im Eßzimmer, legte es auf den Tisch und trug den Stuhl durch das Zimmer.

»Hier«, sagte ich. »Setzen Sie sich.«

Sie seufzte. »Der Möbelwagen kommt übermorgen. Ich habe keine Ahnung, wie ich fertig werden soll.« Sie setzte sich.

»Wohin ziehen Sie?« fragte ich.

»Nach Pittsburgh. Da komme ich her. Meine Eltern –« Sie brach ab. Ihre Lippen zitterten. Tränen sprangen ihr in die Augen. Sie schluckte. »Ich will eigentlich gar nicht zurück. Aber ich weiß nicht, wo ich sonst hin soll. Meine Mutter kann sich um das Kind kümmern, und ich nehme eine Stellung an.«

Ich nickte. Sie tat mir entsetzlich leid. Und Brian ging es offensichtlich genauso. Ich sah es in seinen Augen.

»Ich habe Freunde in Pittsburgh«, sagte ich.

»Ich auch«, bemerkte Brian.

Das Mädchen wurde ein bißchen lebhafter. Brian und ich erwähnten die Namen der Leute, die wir kannten. Sie sagten ihr nichts. Ein dünnes Band war dennoch geknüpft: Ihr Onkel und einer von Brians Freunden arbeiteten für dieselbe Bank. Wie klein die Welt doch sei, sagten wir einander. Dann sah sie mich an.

»Sie sagten, Sie wollten mir ein paar Fragen wegen Lee stellen. Was möchten Sie wissen?«

»In erster Linie interessiert es mich, ob die Polizei eine Ahnung hat, wer ihn getötet hat und warum er getötet wurde.«

Sie schüttelte den Kopf.

»Sie wissen gar nichts. Sie kommen immer wieder bei mir vorbei, stellen mir alle möglichen Fragen – lauter dummes Zeug –, man könnte meinen, es wäre Lees Schuld gewesen, daß er erschossen wurde. Es klingt immer so, als sei *er* derjenige gewesen, welcher etwas angestellt hat, als hätte er es *verdient*, daß er getötet wurde. Ich meine, sie wollen zum Beispiel wissen, ob er gespielt hat oder ob er abends allein ausgegangen ist und was er alles in seiner Freizeit getan hat. Lee hat überhaupt keine freie Zeit gehabt, Mister –«

»Potter.«

»Er hat überhaupt keine freie Zeit gehabt, Mister Potter. Tagsüber hat er gearbeitet, abends ist er auf die Schule gegangen und hat Hausaufgaben gemacht. Wir haben höchstens ab und zu am Sonntagnachmittag Tennis gespielt. Er hat gern Tennis gespielt. Er war sehr gut. Aber die Polizei – das ist der einzige Grund, warum ich froh bin hier wegzukommen. Wenigstens brauche ich dann keine dummen Fragen mehr zu beantworten.« Sie schüttelte wieder den Kopf und holte tief Atem. »Wenn Sie es ganz genau wissen wollen, es ist meine Schuld, daß Lee umgebracht worden ist. Ich habe das auch der Polizei gesagt, und es ist wahr.«

»Ihre Schuld?«

»Ja. Wenn ich nicht gewesen wäre, wäre er heute noch am Leben. Als er im vergangenen Juni sein Examen gemacht hatte, wollte er nach Los Angeles ziehen. Aber ich wollte nicht. Mir gefiel es hier, und ich wußte schon, daß das Kind unterwegs war. Ich wollte nicht weg. Aber wenn wir weggezogen wären, dann wäre Lee noch am Leben.«

»Mrs. Kelly«, sagte Brian behutsam, »Sie dürfen sich keine Vorwürfe –«

»Bitte«, sagte sie, »nennen Sie mich nicht so. Nennen Sie mich Charlotte. Ich fühle mich überhaupt nicht mehr als Mrs. Kelly. Ich war zwei Jahre lang Mrs. Kelly. Jetzt bin ich wieder das, was ich vorher war, außer daß ich ein Baby habe.« Ihre Lippen fingen wieder an zu zittern, aber sie biß die Zähne aufeinander. »Ich konnte es gar nicht erwarten, ein Kind zu haben, und jetzt, wo ich es habe, will ich es nicht. Ist das nicht entsetzlich?«

Brian sah sie voller Teilnahme an und wollte etwas sagen, aber in diesem Moment kam aus dem Nebenzimmer dünnes Weinen.

»Er ist wach«, sagte Charlotte. »Ich kann ihn nicht an einen Rhythmus gewöhnen.«

Sie seufzte müde und stand auf. Sie ging aus dem Zimmer und kehrte kurz darauf mit dem kleinen Kind wieder zurück, das jetzt aus vollem Halse schrie.

Charlotte drückte ihre Wange an seinen Kopf. »Du armes kleines Dummerchen, du.«

Das Kind hörte auf zu weinen, und sie streckte das Bündel Brian hin.

»Halten Sie ihn einen Moment, ich mache schnell die Flasche warm.« Sie eilte in die Küche.

Brian ließ sich zwischen den Büchern nieder und wiegte das Baby unbeholfen hin und her.

»Du wirst es nicht leicht haben«, sagte er.

Das Baby krähte.

Nach einer Weile kam Charlotte mit der Flasche zurück. Sie nahm ihren Sohn auf den Arm und hielt ihm die Flasche an den Mund. Er trank gierig.

»Lee hat ihn nur zweimal gesehen«, sagte sie.
»Wie ist es eigentlich passiert?« fragte ich.
Sie zuckte die Achseln.
»Ich weiß nur das, was die Polizei mir gesagt hat.« Zwei steile Falten erschienen zwischen ihren Augen. »Warum wollen Sie das wissen? Sie sagten, sie seien Anlageberater.«
»Wir recherchieren«, antwortete ich. »Ein Unternehmen, für das wir uns interessieren, erwägt, hier in Phoenix eine Anzahl von Häusern zu kaufen. Unter anderen auch dieses hier. Aber wenn die Gegend hier gefährlich ist . . .« Ich ließ den Satz in der Luft hängen.
»Oh, das kann man nicht behaupten. Eigentlich ist es hier eine ganz sichere Gegend. Ich weiß nicht, was passiert ist. Lee mußte Überstunden machen. Er wollte eigentlich in die Klinik kommen und mich besuchen, aber als er mit seiner Arbeit fertig war, war es dazu zu spät – die Besuchszeit war vorbei –, deshalb ist er nach Hause gefahren. Als er aus seinem Wagen stieg, hat jemand ihn erschossen. Niemand hat gesehen, wie es geschah. Ein paar Leute haben die Schüsse gehört, glaube ich. Die meisten haben überhaupt nicht darauf geachtet, aber ein Mann sah aus dem Fenster, hat die Polizei gesagt. Er hat gesehen, wie einer in ein Auto sprang und davonfuhr. Das ist alles.«
Brian stand vom Sofa auf und ging zum Fenster hinüber. Ich gesellte mich zu ihm. Von der Wohnung aus sah man auf den Parkplatz hinunter. Die Boxen waren an den Seiten offen, jedoch von einem Dach aus Beton überdeckt. Es waren ein paar Laternen da, die am Abend die Parkplätze erleuchteten, aber an den Mauern waren Büsche und Sträucher gepflanzt, die dem Täter Deckung geboten haben konnten.
Wir kehrten zu Charlotte zurück. Das Baby, das etwa ein Drittel seiner Milch getrunken hatte, strampelte jetzt vor Vergnügen.
»Als was hat Ihr Mann gearbeitet?« fragte ich.
»Er war noch kein vereidigter Buchprüfer. Aber er hat sich auf das Examen vorbereitet. Und er war so gut wie ein vereidigter Buchprüfer. Er hätte das Examen auf Anhieb bestanden – das weiß ich. Er hat eben Bilanzen erstellt und sowas.«
Sie schweifte ab, verlor sich in Erinnerungen an ihre erste Begegnung mit ihrem Mann, an ihre Heirat, an ihr gemeinsames Leben. Und ich ahnte langsam, daß die Persönlichkeit Lee Kellys wichtiger war, als Details seiner Arbeit.
Er war offenbar hochintelligent gewesen. In der Schule immer

der Beste. Stipendiat an der Arizona State University, wo Charlotte ihn kennengelernt hatte.

Aber intelligent auf eine besondere Art. Nicht schlagfertig. Nicht intuitiv. Er war ein klardenkender junger Mann mit logischem Verstand gewesen, der sich mit jedem Problem solange herumschlug, bis er die Lösung gefunden hatte.

Ein hartnäckiger junger Mann, mit hohen Moralbegriffen, ein wenig engstirnig in seinen Anschauungen, beinahe ein Pedant. Ein junger Mann mit ausgeprägtem Pflichtgefühl.

»Das klingt ja direkt altmodisch«, stellte ich fest.

»Oh, nein!« protestierte Charlotte.

»Das war als Kompliment gemeint«, erklärte ich.

»Nun ja, vielleicht. Möchten Sie ein Bild von ihm sehen?«

»Sehr gern.«

Das Baby hatte inzwischen die Flasche ausgetrunken. Sie trug es ins Schlafzimmer zurück. Als sie wiederkam, hielt sie ein gerahmtes Foto in der Hand. Ein Hochzeitsfoto.

Brian und ich betrachteten es gemeinsam. Lee Kelly war groß und blond und gutaussehend gewesen. Er stand sehr aufrecht neben seiner jungen Frau, blickte mit einem Lächeln auf den Lippen durch die Gläser seiner Hornbrille in die Kamera. Die Nelke in seinem Knopfloch hing schief; es sah aus, als würde sie gleich herunterfallen.

»Ich glaube, ich hätte ihn gemocht«, bemerkte ich.

»Ja, ganz sicher«, stimmte Charlotte zu.

»Ich kann mir vorstellen, daß er es weit gebracht hätte«, meinte Brian.

»Bestimmt! Überall, wo er gearbeitet hat, haben sie ihn gemocht.«

Sie berichtete, daß er von seinem vierzehnten Lebensjahr an gearbeitet hatte. Sein ganzes Studium hatte er sich selbst verdient. Jeden Job, den er ergattern konnte, hatte er angenommen. Aber bei Jackley, Smith hatte er sich wohler gefühlt, als irgendwo zuvor. Charlotte hatte gemeint, er solle auch nach seinem Examen bei der Firma bleiben, aber er war entschlossen gewesen, sich selbständig zu machen, sobald er das Recht haben würde, sich vereidigter Buchprüfer zu nennen. Er hatte seine eigenen Ansichten darüber, wie gewisse Dinge gehandhabt werden sollten.

An dieser Stelle hakte Brian ein.

»Fand er denn die Art und Weise, wie Jackley, Smith die Dinge handhabte, nicht gut?«

Charlotte zögerte. »Das würde ich nicht gerade sagen. Aber manchmal fand er, sie wären ein bißchen – ich weiß auch nicht – schlampig.«

»Hatte er auch mit den Büchern von Mutual Claims zu tun?« fragte ich.

»Praktisch jeder in der Firma hatte mit den Büchern von Mutual Claims zu tun«, antwortete sie. »Das ist ein sehr wichtiger Kunde. Die vielen Krankenhäuser und alles. Das war es ja, was ihm zu schaffen machte.«

Brian runzelte die Stirn. Ich ebenfalls.

»Es hat ihm etwas zu schaffen gemacht?« fragte ich.

»Ja, im letzten Monat. Es hatte etwas mit einem der Krankenhäuser zu tun – ich weiß nicht, mit welchem. Aber er hat mit Mr. Jackley darüber gesprochen. Er meinte, Mr. Jackley müßte etwas tun. Aber Mr. Jackley wollte nicht. Und das hat Lee zu denken gegeben.«

»Was stimmte denn bei dem Krankenhaus nicht?« fragte ich.

»Ich weiß nicht. Es war irgendeine Diskrepanz da. Ich sagte ihm, er solle es doch Mr. Jackley überlassen, wie er das handhaben wolle. Ich meinte, wenn Mr. Jackley der Ansicht war, es sei in Ordnung, dann sei sicher auch nichts daran auszusetzen. Aber so war Lee eben nicht.«

»Hat er jemals Mr. Schroeder kennengelernt?« fragte ich. »Oder Mr. Ray Petacque?«

Charlottes Gesicht hellte sich auf. »Sie kennen die beiden?«

»Ja, flüchtig.«

Sie schien erfreut. »Ja, die Welt ist wirklich klein, nicht wahr? Wir haben sie beide kennengelernt. Auf der Weihnachtsfeier. Es war ein nettes Fest. Ich war damals im neunten Monat, aber ich habe mich trotzdem gut amüsiert.«

»Wer hat das Fest denn veranstaltet?« fragte Brian.

»Mr. Jackley. Es war eigentlich ein Fest für die Firma, aber er hatte auch ein paar Leute von Mutual Claims eingeladen.«

»Um noch einmal auf diese Diskrepanz zurückzukommen«, sagte Brian. »Was hat denn nun Ihr Mann schließlich getan?«

»Das habe ich nie erfahren. Kurz danach bekam ich das Kind, und dann – wir haben gar nicht wieder davon gesprochen. Vielleicht hat er überhaupt nichts getan. Früher habe ich die Mexikaner immer gemocht, aber jetzt ist es mir vergangen.«

»Mexikaner?« wiederholte ich etwas verblüfft.

»Der Mann, der Lee erschossen hat, war ein Mexikaner. Das

glaubt jedenfalls die Polizei. Immer wieder haben sie mich gefragt, ob wir mit Mexikanern befreundet seien. Auf der Universität habe ich mal einen gekannt. Er war auch bei unserer Hochzeit. Aber er kann's nicht gewesen sein. Er hat Geologie studiert.«

Brian wollte mehr zu diesem Punkt wissen, aber seine Fragen fruchteten wenig. Der Mann, der aus dem Fenster gesehen hatte, nachdem er die Schüsse gehört hatte, war der Meinung, daß der Mann, der davongefahren war, ein Mexikaner gewesen sein könnte. Das war aber auch alles gewesen. Charlotte jedoch hatte sich an dieser Möglichkeit festgeklammert und sich eingeredet, daß ihr Mann in der Tat von einem Mexikaner getötet worden sei.

»Wahrscheinlich war es ein illegaler Einwanderer.«

Sie meinte, Raub könnte ein Motiv gewesen sein, obwohl nichts gestohlen worden war. Entweder war der Täter gestört worden, ehe er sein Verbrechen vollenden konnte, oder aber es handelte sich um einen Verrückten, der, wenn er schon kein illegaler Einwanderer war, aus irgendeiner Nervenheilanstalt entflohen war. Bisher hatte die Polizei keinen Verdächtigen fassen können, und die Beamten hatten zugegeben, daß solche Verbrechen, bei denen sich der Täter sein Opfer mehr oder weniger willkürlich aussucht, häufig ungelöst bleiben.

Ich erkundigte mich nach der Schußwaffe, aber darüber wußte sie nichts. Ihres Wissens, sagte sie, sei die Waffe gar nicht gefunden worden. Die Details des Verbrechens zählten für sie nicht. Was für sie zählte, war die Tatsache, daß ihr Mann tot war, daß sie sich beraubt fühlte, alleingelassen. Ich wünschte, ich hätte ihr irgendwie helfen können.

»Wissen Sie was«, sagte ich ein wenig unvermittelt, »rufen Sie diesen Bekannten von mir in Pittsburgh doch einfach einmal an. Er ist Börsenmakler. Wenn Sie ihm sagen, daß Sie mich kennen, dann kann er Ihnen vielleicht helfen, eine Stellung zu finden.«

Sie war voller Dankbarkeit. Ich schrieb einen kurzen Brief an Dick Atwood, einem Konkurrenten von mir, mit dem ich gut befreundet war.

Kurz danach gingen wir.

Brian, der im allgemeinen ein vergnügtes Gesicht machte, ganz gleich, was er dachte, wirkte bedrückt.

»Wenn sie erst wieder bei ihren Eltern ist, dann wird sie sich schon fangen«, meinte ich.

»Hoffentlich«, antwortete er. »Schon des Kindes wegen.« Wir stiegen in den Wagen. Er steckte den Zündschlüssel ein, drehte ihn aber nicht. Statt dessen ließ er die Hände in den Schoß fallen und sah mich an. »Auf jeden Fall wissen *wir*, daß Kelly nicht das zufällige Opfer eines verrückten Mexikaners war, der illegal in die USA gekommen ist.«

»Das wissen wir *nicht*«, entgegnete ich. »Wir *argwöhnen* es. Wenn es doch ein Mittel gäbe, etwas mehr über diese Diskrepanz in Erfahrung zu bringen, die Kelly entdeckt hatte.«

»Aber ein Mexikaner war der Mann wahrscheinlich schon.«

Ich warf ihm einen erstaunten Blick zu.

»Wie kommen Sie darauf?«

»Als ich im Motel zu meinem Wagen ging, um Sie abzuholen, habe ich mir das Auto, das uns gefolgt ist, gut angesehen. Die beiden Männer saßen drinnen. Sie sahen wie Mexikaner aus.«

21

Als wir zum Motel zurückkamen, gingen wir nach dem gleichen Manöver vor, wie bei der Abfahrt. Brian setzte mich unter dem Torbogen ab und fuhr den Wagen zum Parkplatz. Ich ging durch den Innenhof mit dem Swimming-pool zu meinem Zimmer.

Er kam mir nach und berichtete mir, daß der braune Wagen noch immer an derselben Stelle parkte wie zuvor, und daß die beiden Männer darin saßen.

»Mir ist das nicht geheuer«, sagte er. »Ich finde, wir sollten in eine andere Unterkunft ziehen.«

»Ja, vielleicht sollten wir das tun«, erwiderte ich. »Aber ich möchte lieber hierbleiben.«

»Dann rufen Sie wenigstens die Polizei an.«

»Das möchte ich lieber nicht tun.«

»Wollen Sie sich ständig von den beiden Kerlen beobachten lassen?«

»Nein, das auch nicht.«

Ich überlegte einen Moment, dann ging ich zum Telefon und rief bei Mutual Claims an. Ich verlangte Mr. Schroeder. Eine Sekretärin meldete sich. Mr. Schroeder sei in einer Besprechung, erklärte sie; ob sie mir weiterhelfen könne? Ich gab ihr meinen Namen an. Offenbar sagte ihr der etwas, denn sie meinte, sie würde nachfragen, ob Mr. Schroeder einen Augenblick unterbrechen könne.

Er konnte.

»Brock?«

»Tut mir leid, daß ich Sie stören muß, Steve, aber ich habe ein Problem und ich brauche Hilfe.«

»Natürlich, Brock. Jederzeit. Worum gehts denn?«

»Als ich heute nachmittag von Ihrem Büro wegfuhr, wurde ich von einem braunen Wagen verfolgt, in dem zwei Männer saßen, die wie Mexikaner aussahen. Das ist ziemlich lästig.«

Eine ganze Weile blieb es still. Schließlich fragte er: »Und warum erwarten Sie da Hilfe von mir?«

»Nun, Sie haben doch gewiß einigen Einfluß in dieser Stadt. Ich wäre Ihnen dankbar, wenn Sie die Polizei anrufen und feststellen würden, ob der Wagen mir in ihrem Auftrag folgt.«

»Ich glaube kaum, daß man mir das sagen würde.«

Ich sah zu Brian hinüber. Er lächelte. Ich zwinkerte ihm zu.

»Dann ist es vielleicht besser, wenn ich selbst die Polizei anrufe.«

Wieder folgte ein Moment des Schweigens.

»Okay, Brock, ich will mal sehen, was ich tun kann. Aber garantieren kann ich für nichts.«

»Natürlich, das ist mir klar. Aber ich wäre Ihnen dankbar, wenn Sie es versuchen würden. Wir sehen uns morgen.«

»Haben Sie etwas von Tom gehört?«

Ich antwortete nicht. Ich legte einfach auf.

»Sie meinen, das klappt?« fragte Brian.

»Vorher war ich mir nicht sicher, aber jetzt bin ich es. Es klappt bestimmt.«

»Aber warum hat er es überhaupt getan?«

»Weil er unbedingt Tom ausfindig machen will. Was ich nicht verstehe, ist, wie er herausbekommen hat, daß ich hier wohne. Das kann ihm höchstens Ed Avery gesagt haben.«

»Aber Mr. Avery ist doch Mr. Petacques Freund, sagten Sie.«

»Ich weiß. Ich glaube auch, daß er es ist. Und doch . . .« Mir fehlte eine Erklärung.

»Und was wollen Sie jetzt tun?«

»Ich sitze fest. Tom hat andere Bekannte hier. Ursprünglich hatte ich vor, bei Ed anzufangen und dann die ganze Liste durchzugehen. Aber jetzt erscheint mir das ziemlich hoffnungslos. Es ist möglich, daß Toms Frau weiß, wo er ist. Vielleicht kann Mark es von ihr erfahren. Sonst bleibt uns nichts anderes übrig, als zu warten. Früher oder später wird er wieder auftauchen.«

»Wenn ich nur irgend etwas tun könnte.«

»Sie haben schon eine ganze Menge getan, Brian. Aber vielleicht könnten Sie noch einmal hinuntergehen und sich die Nummer von dem braunen Wagen aufschreiben.«

»Das habe ich schon getan.« Er gab mir die Nummer. »Ich habe auch versucht, mir die Gesichter der beiden Männer einzuprägen«, fügte er hinzu. »Es wäre einfacher gewesen, wenn es nur ein Mann gewesen wäre. Aber ich habe mein Bestes getan.«

Ich lächelte. »Sie sind auf Draht, Brian.«

Er zuckte die Achseln. Und dann entfernte er sich von mir, geistig. Ein Ausdruck der Abwesenheit trat in seine Augen.

Auch meine Gedanken begannen abzuschweifen. Die Energie und der Optimismus, mit denen ich den Tag angegangen hatte, waren rasch verebbt. Ich hatte nichts erreicht. Die wenigen Informationen, die wir hatten, waren das Ergebnis von Brians Bemühungen. Und was besagten sie schon? Ein junger Angestellter bei Jackley, Smith war ermordet worden. Vielleicht war er getötet worden, weil er einer Unregelmäßigkeit bei Mutual Claims auf die Spur gekommen war. Aber das war nur eine schwache Möglichkeit.

Ich wanderte zur Balkontür hinüber. Die tiefstehende Sonne des späten Nachmittags tauchte den Camelback Mountain in bläuliche Schatten. Ich starrte auf die massigen Umrisse des Berges und hatte das Gefühl, weit fort zu sein von zu Hause, an einem Ort, den ich nicht kannte, auf einer Mission, von der ich nicht wußte, wie ich sie handhaben sollte.

Mark hatte schon recht: Ich hatte Spürsinn. Geschäftlichen Spürsinn. Ich verstand es, Zahlen zu interpretieren und den Leuten, die sie vorbereitet hatten, auf den Zahn zu fühlen. Aber mit Detektivarbeit hatte das nichts zu tun. Ich war in keiner Weise dafür gerüstet, einen Menschen ausfindig zu machen, der, ganz gleich, aus welchem Grund, nicht gefunden werden wollte.

Meine Gedanken wurden noch düsterer. Vielleicht war Tom tot.

Ich wandte mich von der Glastür ab und von dem Blick auf den Berg, der plötzlich bedrohlich schien.

Brian saß auf dem Bett. Sein Gesicht verriet, daß er wieder sehr bedrückt war.

»Worüber denken Sie nach?« fragte ich.

»Über das Kind«, antwortete er.

Darauf wäre ich niemals gekommen.

»Es ist schlimm für ein Kind, zu spüren, daß es nicht erwünscht ist«, fügte er hinzu. »Ich weiß das.«

»Aber das Kind ist doch erwünscht«, sagte ich.
»Hoffentlich.«
Ich setzte mich in einen Sessel. Brians Persönlichkeit war vielschichtiger, als ich geglaubt hatte. Er hatte sogar einen Punkt, wo er verletzlich war.
Er sah mich an, und die Bedrücktheit verschwand auf seinem Gesicht.
»Was tun wir als nächstes?« fragte er.
»Nichts«, antwortete ich.
Er schien enttäuscht. »Warum nicht?«
»Weil ich nicht weiß, was ich denken soll. Weil ich nicht weiß, was wir unternehmen sollen. Weil ich mir, als ich hierherkam, eingebildet habe, daß es leicht sein würde, Tom zu finden; daß ich nur bei Ed Avery nachzufragen brauchte. Und jetzt läuft alles ganz anders. Ich bin mir ja nicht einmal sicher, ob Tom in diesem Augenblick noch am Leben ist.«
»Er lebt.«
»Wie können Sie das mit solcher Sicherheit behaupten?«
»Ich habe es einfach im Gefühl. Ich kenne ihn zwar längst nicht so gut wie Sie, aber meiner Meinung nach ist er nicht der Typ des Opfers. Er kämpft, ganz gleich, durch welche Tiefen er hindurch muß.«
Du hast ihn nicht in dem Zustand gesehen, in dem ich ihn gesehen habe, dachte ich. Aber dann fiel mir ein, was Dr. Balter gesagt hatte: Tom war nicht der Mensch, der seine Aggressionen gegen sich selbst richtete. Im Grunde war das das gleiche, wie das, was Brian gesagt hatte. Wenn man glaubte, daß alle Opfer selbst dazu beitrugen, daß sie zu Opfern wurden.
»Vielleicht«, meinte ich zweifelnd. »Auf jeden Fall weiß ich nicht, was ich jetzt tun soll. Und wenn das passiert, ist es im allgemeinen das Beste, nichts zu tun. Das weiß ich aus Erfahrung.«
»Wenn Sie meinen.« Er schien nicht überzeugt.
Aber mir ging es jetzt schon wieder ein bißchen besser.
»Außerdem haben wir vielleicht schon genug getan.«
Er betrachtete mich skeptisch.
Doch es stellte sich heraus, daß ich recht hatte. Wir hatten tatsächlich bereits genug getan. Zwanzig Minuten später rief Ed Avery an. Er teilte mir mit, daß Tom mich zu sprechen wünsche.

22

Er wollte mir am Telefon nicht sagen, wo Tom sich aufhielt. Er bestand darauf, sich irgendwo außerhalb seines Hauses mit mir zu treffen und mich dann zu begleiten. Er schlug das Foyer des Camelback Inn vor. Ich stimmte zu. Bis zu diesem Moment war mir kein Gedanke daran gekommen, daß mein Telefon angezapft sein könnte. Ich glaubte auch jetzt nicht daran. Dennoch hatte ich Verständnis für Eds Vorsicht und beschloß, auch selbst äußerst vorsichtig zu sein. Ich bat Brian, nachzusehen, ob der braune Wagen immer noch unten stand. Ja, er war noch da. Ich erklärte ihm genau, wie man zum Arizona Biltmore kam, und bat ihn, dort im Foyer auf mich zu warten. Ich selbst fuhr meinen Wagen zum Flughafen.

Das braune Auto folgte mir.

Ich nahm den Mietvertrag aus dem Handschuhfach, überließ das Auto dem Parkwächter, rannte ins Flughafengebäude und durch eine Tür auf der anderen Seite wieder hinaus. Draußen sprang ich in ein Taxi und sagte dem Fahrer, er solle mich zum Arizona Biltmore bringen.

Das Taxi wurde nicht verfolgt.

Brian stand beim Empfang. Ich gab ihm den Mietvertrag und bat ihn, mit einem Taxi zum Flughafen hinauszufahren, meinen Wagen zu bezahlen, einen anderen zu mieten, zum Motel zurückzukehren und dort auf seinem Zimmer zu warten, bis er von mir höre.

In seinem Wagen fuhr ich zum Camelback Inn.

Ed saß, einen Zigarillo rauchend, in einem Sessel, wo er die Tür im Auge hatte. Er sprang auf, als er mich sah, und durchquerte mit großen Schritten das Foyer.

»Das hat aber lange gedauert!«

»Ich mußte erst mal die Leute loswerden, die mich verfolgten«, erklärte ich.

Er warf einen raschen Blick über meine Schulter zur Tür. Dann senkte er die Stimme.

»Sie sind verfolgt worden?«

»Nur ein Stück. Ich habe die Kerle abgeschüttelt.«

»Was waren das für Leute?«

»Sie sahen aus wie zwei Mexikaner. Auf Schroeders Anweisung, vermute ich.«

Er nahm mich beim Arm und führte mich hinaus. Wir schlenderten einen Fußweg entlang zu einem der Swimming-pools.

»Ich möchte das ganz genau wissen«, sagte er.

Seine Hand umklammerte so fest meinen Arm, daß es mir weh tat. Ich machte mich frei.

»Haben Sie Schroeder gesagt, wo ich wohne?«

»Ich habe seit drei Monaten kein Wort mehr mit Schroeder gewechselt.« Er ließ den Stummel seines Zigarillos zu Boden fallen und trat ihn aus. »Ich kann den Mann nicht ausstehen.«

»Aber jemand muß es ihm gesagt haben. Nachdem ich von Ihnen zurückkam, rief er mich im Motel an und lud mich zum Mittagessen ein. Als ich mich von ihm trennte, wurde ich verfolgt. Sie waren der einzige, der wußte, wo ich wohne.«

Mit nachdenklich gekrauster Stirn sah er mich an.

»Vorher wurden Sie nicht verfolgt?«

»Ich glaube nicht.«

Die Falten auf seiner Stirn vertieften sich.

»Vielleicht doch. Von Armand Petacque.«

Daran hatte ich gar nicht gedacht.

»Er will Tom unbedingt finden. Er hat mich heute nachmittag angerufen und ganz andere Töne angeschlagen. Er hat mich praktisch angefleht. Er sagte, er wäre überzeugt, ich wüßte, wo Tom ist. Schließlich blieb mir nichts anderes übrig, als einfach aufzulegen.«

»Wo ist denn Tom?«

Er zögerte, und einen Moment lang dachte ich, er hätte es sich anders überlegt und wollte mich nun doch nicht mit zu ihm nehmen. Aber dann sagte er: »Im Franziskaner-Kloster.«

»Wo?«

»Das ist nur ein paar Meilen von hier.«

»Herrgott nochmal, hätten Sie mir doch das heute morgen schon gesagt. Dann hätten wir einen ganzen Tag gespart.«

»Ich wollte erst seine Erlaubnis haben. Und das hat einige Mühe gekostet.« Seine Finger schlossen sich wieder um meinen Arm. Er zog mich weiter in Richtung zum Swimming-pool. »Er ist in einem schlimmen Zustand, Brock. Ich weiß nicht, was ich tun soll. Er hat die Morde praktisch mit angesehen.«

Ich blieb wie angewurzelt stehen. »Er – was?«

Ed nickte nur.

»Und er hat der Polizei nichts davon gesagt?«

Ed schüttelte den Kopf und erwiderte: »Ich wäre froh, wenn ich ihn zur Polizei bringen könnte, aber er ist praktisch reif für die

Nervenklinik.«

»Aber guter Gott, Ed, es ist doch ein Verbrechen, in so einem Fall den Mund zu halten.«

»Ich weiß.«

»Und Sie machen sich so schuldig wie er.«

»Das weiß ich auch.«

Ich war sprachlos. Er ging weiter und zog mich mit sich. Am Swimming-pool war kein Mensch.

»Um mich selbst geht es mir gar nicht so sehr«, fuhr Ed fort. »Ich bin älter, als ich aussehe, und habe mein Leben genossen, so gut es ging. Als man mir damals den Lungenflügel herausgenommen hat, dachte ich sowieso nicht, daß ich noch so lange leben würde. Seither waren es geschenkte Jahre für mich. Mir geht es nur um Tom.«

Ich versuchte, die Situation sachlich zu sehen, aber meine Emotionen wollten nicht so wie ich.

»Sie sollten nicht rauchen«, sagte ich.

»Das tu ich im allgemeinen auch nicht«, erwiderte er. »Aber die letzten paar Tage waren – die Hölle. Es gibt nur noch wenige Menschen, an denen mir etwas liegt; Tom ist einer. Schon seit er ein Junge war. Er ist mir wichtiger, als er seinem Vater je war.«

»Sie haben sich von Ihren Gefühlen hinreißen lassen und dabei den gesunden Menschenverstand ganz vergessen. Sie müssen ihn dazu zwingen, sich bei der Polizei zu melden. Wenn es nicht anders geht, fahren wir alle drei zur Polizei.«

»Sagen Sie das nicht. Sie haben ihn noch nicht gesehen.«

»Es ist mir völlig gleich, in was für einem Zustand er ist – er geht zur Polizei!«

Ed wandte sich ab. Er starrte hinüber zu den fernen Bergen.

»Das Tal ist schön«, murmelte er vor sich hin. »Früher, ehe die Menschen wie die Ameisen anrückten, war es noch schöner.« Er hob den Arm und wies in die Ferne. »Da drüben ist Rays Haus.«

Ich blickte seinem ausgestreckten Arm nach. Die Sonne war untergegangen, aber der Himmel war noch nicht dunkel. Die unteren Hänge der Berge waren mit Häusern gesprenkelt.

»Paradise Valley«, sagte Ed nachdenklich. »Der Name stimmt. Aber früher war es noch schöner. Jetzt gibt es zuviel Geld hier. Viel zuviel.«

»Um auf Tom zurückzukommen«, bemerkte ich. »Sie sagten, er habe die Morde praktisch mit angesehen.«

Ed seufzte und drehte sich wieder nach mir um.

»Tom? Ja, das sagt er. Zuerst habe ich ihm nicht geglaubt – ich habe nicht einmal geglaubt, daß überhaupt jemand ermordet worden war –, aber jetzt weiß ich, daß er die Wahrheit gesagt hat.«

Ein Kellner kam zum Schwimmbecken heraus und sammelte die Gläser ein, die noch auf den Gartentischen standen. Ed wartete, bis er wieder gegangen war, ehe er fortfuhr: »Er ist Montagabend hier angekommen. Am Flughafen hat er einen Wagen gemietet. Er wollte Ray und Blanche irgendwo hinfahren. Einmal sagte er, nach Los Angeles, ein andermal, nach Albuquerque, dann wieder nach Mexiko – meiner Meinung hatte er sich da einfach noch nicht entschlossen, wohin er mit ihnen fahren wollte. Aber Ray steckte in irgendwelchen Schwierigkeiten, und Tom wollte ihm helfen. Er wollte ihn und Blanche heimlich von hier wegbringen, weil Ray allein sein wollte, um mit seinen Gedanken ins reine zu kommen. Er meinte, wenn er sie in einem Wagen fuhr, der auf seinen Namen und nicht auf den ihren gemietet war, und wenn er die beiden zu irgendeinem Motel brachte und den Wagen zum Flughafen zurückfuhr, dann würde kein Mensch sie ausfindig machen können. Es hätte vielleicht auch geklappt, aber er kam ein paar Minuten zu spät.«

»Was passierte?«

»Es war dunkel, als er zum Haus hinaufkam. Er hatte die Scheinwerfer eingeschaltet. Er fuhr die Auffahrt hinauf. Sie wissen ja, wie das Grundstück angelegt ist; vor dem Haus ist ein großer Vorplatz, auf der Seite ist die Garage mit Blick zur Straße und von der Garage führt eine Tür in den Waschraum.«

»Ich erinnere mich nicht so genau. Ich weiß nur noch, daß es ein ziemlich weitläufiges Gebäude ist, mit einem Schwimmbecken und einem Tennisplatz hinten im Garten.«

»Nun, so sieht es jedenfalls aus. Auf dem Vorplatz vor dem Haus stand ein Auto. Tom hielt an. Die Garagentür war offen; das Licht seiner Scheinwerfer fiel offenbar direkt in die Garage. Er sah, wie zwei Männer Ray vom Waschraum in die Garage schleppten. Es muß ein grauenhafter Anblick gewesen sein. Jedenfalls hat sich das Bild in Tom festgesetzt, und er wird es nicht mehr los. Er sagt, sie trugen Ray wie einen Sandsack zwischen sich. Rays Kopf hing seitlich herunter, und sein Hemd war voller Blut. Ich weiß nicht, was Tom getan hat – er scheint es selbst nicht zu wissen –, aber offenbar öffnete er die Tür seines Wagens und wollte herausspringen, aber in diesem Moment sahen die Männer das Licht. Einer von ihnen ließ Ray fallen – der, der ihn unter den Schultern hielt – und zog eine Waffe. Er schoß auf Tom. Immer wieder hat Tom geschildert, wie gräßlich es war, mit ansehen zu müssen, wie Rays Kopf auf dem Boden aufschlug. Er spricht so davon, als wäre Ray gar nicht tot gewesen und hätte es noch fühlen können. Kurz und gut, ich vermute, daß der Mann vom Licht der Scheinwerfer geblendet war. Sein Schuß traf Tom nicht. Aber die Kugel hatte die Wagentür gestreift. Man kann es sehen. Tom kann sich nicht mehr daran erinnern, weggefahren zu sein, und er kann sich auch nicht daran erinnern, bewußt beschlossen zu haben, zu mir zu kommen. Ich glaube es ihm gern – er war völlig am Ende, als er bei mir ankam.«

»Sie hätten ihn direkt zur Polizei bringen sollen.«

»Herrgott nochmal, Brock, hören Sie endlich auf mir zu sagen, was ich hätte tun sollen! Tom war in einem Zustand absoluten Schocks. Die meiste Zeit quatschte er unzusammenhängendes Zeug. Er beteuerte immer wieder, wie sehr er seinen Bruder geliebt habe. Er schilderte unzählige Male, wie der Kopf seines Bruders auf dem Boden aufgeschlagen sei. Er redete alles mögliche verrückte Zeug. Ich habe drei Tage gebraucht, um ihn wenigstens so weit zu bringen, daß er die Geschichte einigermaßen zusammenhängend erzählen konnte.«

»Was haben Sie gemacht, als er kam?«

»Ich habe ihm erst mal was zu trinken gegeben. Ich dachte, das würde ihn beruhigen. Statt dessen hat er sich übergeben. Dann habe ich ihm Tee gemacht. Den hat er bei sich behalten, und ich gab ihm eine Schlaftablette dazu. Er schlief im Sessel ein.«

»Der arme Hund.«

»Ich blieb die ganze Nacht auf, weil ich Angst hatte, ihn allein zu lassen. Ich dachte, er würde womöglich aufwachen und davonlaufen. Und die ganze Zeit überlegte ich, was er da für unsinniges Zeug gesprochen hatte. Von zwei Männern, die Ray in die Garage geschleppt hatten, von jemandem, der auf *ihn* geschossen hatte – ich konnte mir einfach nicht vorstellen, daß das alles wirklich geschehen war. Sobald die Zeitung kam, holte ich sie herein und las sie. Nirgends wurde etwas von Ray erwähnt. Dann schaltete ich den Fernsehapparat ein. Da war es das gleiche. Als Tom dann aufwachte, fing alles wieder von vorn an. Ich sagte, er solle einen Arzt aufsuchen. Da wurde es noch schlimmer – er wollte davonlaufen; ich mußte ihn mit Gewalt zurückhalten. Das waren ein paar brenzlige Minuten. Dann fiel mir das Kloster ein. Ich bin mit einem der Mönche dort befreundet. Ich habe hin und wieder etwas für das Kloster gespendet. Ich versprach Tom, selbst zu Rays Haus hinüberzufahren und mich umzusehen, wenn er sich von mir ins Kloster bringen ließe. Das klappte.« Er stöhnte. »Das war vielleicht eine Nacht!«

Ich stellte mir Eds Haus vor. Ich stellte mir vor, wie Tom schlafend im Sessel gesessen hatte. Ich stellte mir vor, wie Ed mit ihm gerungen hatte.

»Jedenfalls«, fuhr Ed fort, »brachte ich ihn ins Kloster und fuhr dann, eigentlich nur um mein Versprechen zu halten, zu Rays Haus hinüber. Die Haustür war abgesperrt. Die Garagentür war geschlossen. Es gab keinerlei Anzeichen dafür, daß etwas nicht in Ordnung war. Ich fuhr nach Hause und rief einen Arzt an, mit dem ich befreundet bin. Ich wollte Tom ein, zwei Tage in Ruhe lassen, und ihn dann zu dem Arzt bringen. Aber gestern morgen, als ich die Zeitung hereinholte und die Schlagzeilen sah – nun, da war mir alles klar.«

Ich sagte nichts. Ich konnte Ed wirklich keine Vorwürfe machen. Er hatte viel getan. Beinahe zuviel.

Ed wandte sich wieder ab. »Zu viele Menschen«, sagte er. »Zuviel Geld. Es war schöner vorher.«

»Kommen Sie«, sagte ich. »Fahren wir. Ich möchte zu Tom.«

»Sind Sie sicher, daß Ihnen niemand gefolgt ist?«

»Absolut.«

Wir gingen zum Parkplatz hinüber und stiegen in seinen Wagen.

23

Ein Komplex niedriger weißer Gebäude. Davor ein Parkplatz. Wenn das Kreuz nicht gewesen wäre, hätte man es für eine Hazienda halten können. Gesang empfing uns. Eine Hymne, die mit Innigkeit dargebracht wurde.

»Warten Sie hier«, sagte Ed zu mir, als wir eintraten. »Ich will erst mal sehen, wie seine Stimmung ist.«

»Er weiß doch, daß ich komme, nicht wahr?«

»Trotzdem.«

Er durchquerte die Vorhalle und trat in einen Hof hinaus. Ich wanderte zu einer Tür, auf der ›Kapelle‹ stand. Von da drinnen kam der Gesang. Ich lauschte eine Weile. Das Warten wurde mir lang.

Dann kam Ed zurück. »Es geht ihm ganz gut«, sagte er. »Kommen Sie!«

Wir schritten durch den Hof. Ed führte mich zu einem Flachbau auf der linken Seite, und wir gingen die geschützte Veranda entlang. Toms Zimmer war ganz am Ende des Baus. Die Tür war angelehnt.

Er saß auf dem Bett, die Ellbogen auf die Knie gestützt, und starrte zu Boden. Als wir eintraten, blickte er auf.

»Brock«, sagte er und versuchte zu lächeln.

Ich setzte mich neben ihn und legte meinen Arm um seine Schultern. Meine Gefühle waren gemischt, aber stärker als alles andere war die Erleichterung.

»Was, zum Teufel, machst du, Tom? So schlimm ist es doch gar nicht.«

»Es tut mir leid«, sagte er, »daß ich alle so beunruhigt habe. Ray ist tot. Sie haben ihn umgebracht.«

»Ich weiß.«

»Ich bin nicht rechtzeitig hingekommen. Glaubst du, daß das meine Schuld ist?«

»Natürlich nicht.«

»Ich habe ihn nie richtig gemocht.«

»Du hast ihn so sehr gemocht, wie es dir möglich war.«

»Er war mein Bruder.«

Ich fragte mich, ob er wußte, daß auch Blanche tot war. Er wußte es. Seine nächsten Worte bewiesen es.

»Blanche haben sie auch getötet, sagte Ed. Glaubst du, daß es meine Schuld ist?«

»Nein.«

»Ich hoffe nur, Daisy geht es gut. Ich mache mir Sorgen um sie und Jerry.«

»Natürlich, den beiden geht es gut.«

Ich warf einen Blick auf Ed. Verstehen Sie jetzt, was ich meine? sagte sein Gesicht.

»Ich habe alle in solche Unruhe gestürzt«, murmelte Tom.

Ich hatte plötzlich das Gefühl, daß es vielleicht gar nicht so gut war, mit Mitleid zu reagieren. Ich zog meinen Arm von seiner Schulter und stand auf. Ich pflanzte mich vor ihm auf.

»Das kann man wohl sagen. Du hast es in erster Linie dadurch fertiggebracht, daß du Mark und mir nicht vertraut hast und versucht hast, mit allem allein fertig zu werden. Du hast uns verschaukelt, und das war dumm.«

Perplex sah er zu mir auf. »Das tut mir leid.«

»Daß es dir leid tut, hilft überhaupt nichts. Wenn du hier rumsitzt und dich mit Schuldgefühlen plagst, ist das nichts weiter als Flucht. Kannst du mir vielleicht mal sagen, was du jetzt vorhast? Beabsichtigst du, den Rest deines Lebens hier rumzuhocken und dir Vorwürfe wegen etwas zu machen, das du nicht verschuldet hast? Das ist doch verrückt, und ich kann dir versichern, daß ich mir das bestimmt nicht mit ansehen werde. Du wirst jetzt gefälligst aufstehen und etwas unternehmen.«

Er blickte verdattert. »Es tut mir leid«, sagte er wieder.

»Ich habe dir eben gesagt, daß es gar nichts hilft, wenn es dir leid tut. Du mußt etwas *tun.*«

»Ich dachte immer, du magst mich.«

»Es ist mir scheißegal, was du gedacht hast oder was du denkst. Ich mag dich, wenn du Vernunft zeigst. Aber wenn du so bist, wie jetzt, dann mag ich dich nicht.« Ed zupfte mich am Ärmel. Er fand offenbar, daß ich mit Tom zu hart umsprang. Ich ignorierte ihn. »Ich habe mich nicht stundenlang ins Flugzeug gesetzt und bin dir nachgeflogen, weil ich dich nicht mag. Aber jetzt, da ich hier bin, da ich sehe, daß du nur ins Leere starrst und überhaupt nichts tust, frage ich mich, ob es richtig war, daß ich gekommen bin.«

»Ruhig«, sagte Ed leise.

Ich fuhr herum und rief: »Blödsinn!« Zunächst hatte ich nur so getan, als wäre ich zornig. Jetzt war ich es wirklich. »Steh auf!« fuhr ich Tom an.

Er rührte sich nicht.

»Steh auf, verdammt nochmal!«

Langsam erhob er sich.

»So ist es schon besser. Und jetzt erzähl mir, worüber du dich mit Ray am letzten Samstagabend gestritten hast.«

Er setzte sich wieder. Ich nahm ihn bei den Armen und zog ihn hoch. Er ließ es sich gefallen. Und diesmal blieb er stehen.

»Samstagabend«, wiederholte ich. »Worum ist es da gegangen?«

»Ray sagte, er hätte einen Menschen umgebracht.«

Mein Zorn verpuffte. »Das glaube ich nicht. Wen denn?«

»Einen Mann namens Lee Kelly.«

Ich starrte ihn offenen Mundes an.

»Ray hat Lee Kelly getötet?«

»Nicht er selbst. Jemand anderer hat ihn getötet. Aber Ray gab seine Zustimmung. Ray hat die ganze Sache ins Rollen gebracht.« Ein neuer Ausdruck trat in seine Augen: Neugier. »Kanntest du

Lee Kelly?«

»Ich habe heute nachmittag seine Witwe kennengelernt.«

An dieser Stelle traten die ersten Anzeichen einer Wandlung ein. Nichts von dem, was ich vorher gesagt hatte, hatte eine Veränderung in seinem Verhalten ausgelöst. Aber die Tatsache, daß ich die Frau des ermordeten Lee Kelly kannte, hatte eine tiefgreifende Wirkung. Es war, als würde ihm zum erstenmal klar, daß jemand sein Problem teilte – und ich konnte nur vermuten, wie entsetzlich allein er sich gefühlt haben mußte. Seine Schultern strafften sich, er hob den Kopf, selbst seine Gesichtsfarbe veränderte sich – er war nicht mehr so fahl.

Es geschah nicht mit einem Schlag, aber es geschah rasch. Offensichtlich entdeckte er plötzlich neue Kräfte in sich und schien sich dessen bewußt zu sein. Es war so auffallend, daß Ed murmelte: »Nicht zu fassen.«

»Wie hast du sie kennengelernt?« fragte Tom.

»Brian hörte von dem Mord und meinte, da könnte vielleicht eine Verbindung mit dem Mord an Ray bestehen.«

»Brian Barth?«

»Ja.«

»Er ist auch hier?«

»Ich habe ihn mitgenommen, weil ich vermutete, daß ich Hilfe brauchen würde.«

Er lächelte, und diesmal blieb es nicht beim Versuch.

»Du bist schon ein erstaunlicher Bursche.«

»Kommen wir auf den vergangenen Samstagabend zurück«, schlug ich vor.

Das Lächeln auf seinem Gesicht erlosch. Ich hatte Angst, er würde wieder in Apathie verfallen, aber das geschah nicht.

»Ich wußte nicht, daß Ray nach New York kommen wollte«, erklärte er. »Er rief mich vom Flughafen aus an. Er sagte, er müßte mich sofort sprechen. Er war ziemlich erregt. Ich sagte, ›na schön, dann komm doch gleich zu uns rüber‹.«

Eine merkwürdige Szene mußte es gewesen sein, dachte ich, während ich seinem Bericht von dem, was sich nach dem Essen zwischen den beiden abgespielt hatte, zuhörte. Von den Emotionen her gesehen war es gewissermaßen eine Partie auf der Wippe gewesen – Ray unten, Tom oben; Tom unten, Ray oben. Von den beiden war Tom immer der labilere gewesen, nicht so an diesem Abend. Zumindest am Anfang nicht. Doch während Ray, indem er ablud, ruhiger wurde, geriet Tom in Erregung. Nachdem er seinen Bruder mit wilden Beschuldigungen überhäuft hatte, kühlte wiederum seine Erregung ab, während Ray wütend wurde.

Der ganze Verdruß, behauptete Ray, hatte auf der Weihnachtsfeier von Jackley, Smith angefangen.

Ein junger Mann, den er nicht kannte, kam auf ihn zu und stellte sich als Lee Kelly vor. Er arbeite für Jackley, Smith, sagte er, und er hoffe, Ray habe ein paar Minuten Zeit, ein Problem mit ihm zu besprechen. Ray sagte: »Selbstverständlich«, und Kelly erklärte, er gehöre zu dem Team von Leuten, die den Jahresabschluß von Mutual Claims bearbeiteten. Er habe, wie er meinte, einen Fehler entdeckt. Es handele sich um das Angelica Hospital in Sarasota in Florida.

»Ich kenne das Krankenhaus«, bemerkte Ray. »Mein Vater lebt in Sarasota.«

Das sei aber ein Zufall, meinte Kelly; er stamme zwar selbst nicht aus Sarasota, sei aber einmal dort gewesen und habe sich im Angelica Hospital wegen eines schweren Sonnenbrandes behandeln lassen. Dann fragte Kelly, ob Rays Meinung nach ein kleines Krankenhaus wie das Angelica die Kapazität für zweihunderttausend Ambulanzbehandlungen im Jahr besäße. Ray sagte, zweihunderttausend erschiene ihm sehr hoch. Kelly versetzte, es schiene ihm mehr als sehr hoch; es schiene ihm unmöglich.

»Aber das weisen unsere Bücher aus«, fügte er hinzu. »Ich habe Mr. Jackley darauf aufmerksam gemacht, und er sagte, ›nichts dergleichen‹.«

Ray meinte, da habe jemand wahrscheinlich einen Fehler gemacht. Er schlug Kelly vor, die Zahl noch einmal zu überprüfen und ihm Bescheid zu geben, falls er weitere Fehler finden sollte. Damit war das Gespräch für ihn erledigt.

Drei Tage später rief Kelly ihn an, um zu berichten, daß er fünf weitere Fälle gefunden habe, wo die Zahl der Ambulanzbehandlungen in Anbetracht der Kapazität des Krankenhauses außergewöhnlich hoch schiene. Ray sagte, er würde sich um die Sache kümmern, und sprach mit Schroeder darüber.

Schroeder wich aus. Ray ließ nicht locker. Schroeder wurde wütend. Ray gab klein bei.

Doch am folgenden Morgen brachte Schroeder selbst das Thema noch einmal zur Sprache. Er erkundigte sich nach Lee Kelly.

»Das ist doch nur ein Unruhestifter«, erklärte er. »Man sollte ihn abschießen.«

Worauf Ray erwiderte: »Wenn das der Fall ist, kann ich nur zustimmen.«

Und sechsunddreißig Stunden später war Kelly tot.

»Ray war ein seltsamer Mensch«, sagte Tom. »Ich habe ihn nie richtig verstanden. Ich habe ihn immer für ziemlich skrupellos gehalten. Aber wahrscheinlich habe ich ihn in einem schiefen Licht gesehen.«

»Nein, das hast du nicht«, erklärte Ed mit Überzeugung.

»In diesem Fall, glaube ich, doch. Er ließ die Sache nicht ruhen. Er setzte den Leuten im Büro zu. Er ging sogar zu Frank Jackley. Er versuchte, an die Tatsachen heranzukommen. Aber kein Mensch wollte ihm etwas sagen. Ich glaube, da wurde ihm zum erstenmal klar, was für eine unbedeutende Rolle er in der Firma spielte. Er muß ausgesprochen lästig geworden sein. Schließlich sagte ihm Schroeder das auch, erklärte ihm, er mache sich unbeliebt. Ray wurde fuchsteufelswild. Er schrie Schroeder an, sagte, daß er und Vater zusammen genau soviele Anteile an der Firma besäßen wie Schroeder, daß er ein leitender Angestellter und ein Aufsichtsratsmitglied sei, und daß er wissen wolle, was vorginge. Schroeder lachte ihn aus. Das machte ihn noch wütender. Er verlor den Kopf und beschuldigte Schroeder, die Leute gedungen zu haben, die Kelly ermordet hatten. Schroeder bestritt das natürlich. Ganz entschieden. Aber dann machte er eine seltsame Bemerkung. Er sagte, wenn er wirklich Kellys Mörder gedungen hätte, dann hätte sich Ray genau so schuldig gemacht wie er, weil Ray dem Mord zugestimmt hätte. Und als Ray darüber nachdachte, wurde er sich klar darüber, daß das stimmte. Wenn tatsächlich eine Verschwörung vorlag, dann war er daran beteiligt. Er hatte natürlich nicht geglaubt, daß Kelly getötet werden würde – er hatte gemeint, man würde ihn an die Luft setzen. Aber jetzt hatte er Angst. Und ich bekam es auch mit der Angst zu tun. Nicht weil ich glaubte, daß man Ray jemals wegen Beihilfe zum Mord verurteilen würde, sondern weil die Firma betrügerische Geschäfte macht.«

»Was für Beweise hast du dafür?« fragte ich.

»Keine«, erklärte Ed mit Entschiedenheit.

»Nur wenig«, bestätigte Tom. »Es ist Ray nicht gelungen, sehr viel herauszubekommen. Aber er hat immerhin genug herausbekommen, um zu der Überzeugung zu gelangen, daß die Aufzeichnungen gefälscht sind; daß einige der Krankenhäuser nicht so viele ambulante Patienten behandeln, wie Mutual Claims behauptet. Und jetzt ist Ray ja tot. Das dürfte doch wohl auch einiges beweisen, meinst du nicht?«

»Nicht unbedingt«, warf Ed ein.

Ich wünschte, daß er aufhörte, seinen Senf dazuzugeben.

»Glaubst du, daß Mutual Claims von den Krankenhäusern zu hohe Honorare verlangt?« fragte ich.

Er schüttelte den Kopf.

»Ich auch nicht«, sagte ich.

»Warum nicht?« fragte Ed.

»Weil es nicht möglich ist«, erklärte ich. »Selbst wenn die Krankenhäuser die Abrechnungen über die ambulanten Behandlungen einer unabhängigen Servicefirma überlassen, haben sie doch eine grobe Vorstellung davon, wieviele ambulante Patienten sie behandeln. Früher oder später würden sie merken, daß man Honorare für Patienten verlangt, die sie nie behandelt haben. Und wahrscheinlich eher früher, als später.«

»Das ist richtig«, nickte er.

Tom und ich wechselten einen Blick. Er besagte, daß wir auf der gleichen Wellenlänge waren. Und ich konnte die Ängste verstehen, die ihn an den Rand des Nervenzusammenbruchs getrieben hatten. Ich begann, diese Ängste zu teilen. Meine Gefühle mußten sich ihm mitgeteilt haben; er sank wieder auf das Bett und ließ den Kopf hängen.

»Es ist schlimm«, sagte er. »Armer Ray. Arme Blanche.«

»Laß das«, sagte ich. »Erzähl, was weiter geschehen ist.«

Er habe Ray beschuldigt, sagte er, faul und verantwortungslos zu sein, Schroeder in der Firma völlig freie Hand zu lassen. Zunächst hatte Ray versucht, sich zu rechtfertigen, dann war er wütend geworden und völlig unsachlich. Sie hatten sich im Zorn getrennt, ohne daß irgend etwas bereinigt gewesen wäre. Dann begann Tom über die Tragweite dessen nachzudenken, was Ray ihm erzählt hatte – was es nicht nur für Ray bedeutete, sondern für uns alle. Er sah schon, wie man der Firma Price, Potter und Petacque die Weiterführung ihrer Geschäfte untersagen würde. Er dachte an Prozesse, sogar an Gefängnisstrafen. Er war völlig verzweifelt.

»Woher hattest du die Waffe?« fragte ich.

Er hob den Kopf und sah mich erstaunt an. »Hat Daisy dir davon erzählt?«

»Ja.«

»Das Ding gehörte nicht mir. Es gehörte Ray. Ich hab's ihm abgenommen. Er hat es eine ganze Woche lang mit sich herumgeschleppt. Er hatte Angst, man würde versuchen, ihn genauso zu erledigen, wie man Lee Kelly erledigt hatte. Als er sich dann so erregte, fuchtelte er mir mit dem Ding vor der Nase herum. Ich überredete ihn, mir die Waffe zu geben.«

Ich verspürte einen plötzlichen Drang zu lachen. Es kostete mich Anstrengung, das Lachen zu unterdrücken.

»Sie hat es versteckt«, fuhr er fort. »An der gleichen Stelle, wo sie alles versteckt. Ich fand es. Ich hab's weggeworfen. Am Montagmorgen auf dem Weg ins Büro. Hast du denn gedacht . . .«

Ich nickte. Daraufhin rief er: »Nein, das ist doch ausgeschlossen.« Er überlegte. »Oder doch, vielleicht hattest du recht. Ich weiß nicht. Ich kann mich gar nicht erinnern, was mir alles durch den Kopf geschossen ist. Sicher gab es Momente, wo ich mir am liebsten eine Kugel durch den Kopf geschossen hätte. Aber es war nicht so – ach, ich weiß auch nicht. Stell mir keine Fragen, die ich nicht beantworten kann.«

Ich begann, alles in einem helleren Licht zu sehen. Aber gleichzeitig fing ich an, mir Gedanken zu machen.

»Auf jeden Fall«, fuhr Tom fort, »tat es mir leid, daß Ray und ich so auseinandergegangen waren. Am Sonntag rief ich ihn an. So halb und halb söhnten wir uns aus. Ich sagte, er solle nach Phoenix zurückfliegen. Ich wollte dann am Montag hinauskommen und ihn und Blanche irgendwohin fahren. Ich dachte, er brauche Zeit, um für sich selbst einiges zu klären. Ich wollte inzwischen mit Schroeder reden. Ich glaubte, mit vereinten Kräften könnten Ray und ich den Dingen vielleicht auf den Grund gehen. Aber zuerst mußte ich dich und Mark schützen, wenn das ging.«

»Aber es war zu spät«, bemerkte ich.

»Das ist mir jetzt auch klar.« Einen Moment schwieg er. »Es war für alles zu spät. Als ich nach Phoenix kam, fuhr ich zu Ray hinaus . . . hat Ed es dir erzählt?«

Ich nickte.

»Dann weißt du ja alles. Ich habe völlig den Kopf verloren. Ich weiß nicht, was ich getan hätte, wenn Ed nicht gewesen wär.«

»In welchem Hotel wohnte Ray, als er in New York war?« fragte ich.

Er sagte es mir. Es war ein kleines Hotel in der Park Avenue.

»Warum willst du das wissen?« fragte er.

»Reine Neugier«, erklärte ich. »Ich versuchte, ihn im Park Lane zu erreichen, aber da war er nicht.«

»Das ist der Grund, weshalb er dort kein Zimmer nahm. Er hatte Angst, man könne versuchen, ihn aufzuspüren.«

»Warum hast du Daisy gesagt, daß sie und Jerry in Gefahr seien?«

»Der Einfall stammt von mir«, warf Ed rasch ein. »Ich glaube, sie könnten wirklich in Gefahr sein.«

Ich sah ihn an. »Warum?«

»Man könnte doch versuchen, sie zu bedrohen, um auf diese Weise Tom unter Druck zu setzen.«

Möglich war es, sagte ich mir. Alles war möglich. Ich wandte mich wieder Tom zu.

»Du mußt deine Geschichte der Polizei erzählen.«

Toms Gesicht verdunkelte sich. Er preßte die Lippen aufeinander.

»Das kann ich doch nicht«, sagte er hoffnungslos.

Ed zupfte mich wieder am Ärmel. Ich trat näher zu ihm hin. »Ich glaube, das verkraftet er noch nicht«, sagte er leise.

»Du kannst dich hier nicht bis in alle Ewigkeit verkriechen«, erklärte ich Tom. »Ich glaube auch gar nicht, daß du das willst.«

»Aber, Brock, was ist mit uns?«

»Du brauchst ihnen ja von Schroeder nichts zu sagen. Du brauchst ihnen überhaupt nichts von dem zu sagen, was Ray dir erzählt hat. Erkläre ihnen einfach, du hättest dich schlecht gefühlt, und als Ray dich in New York besuchte, machte er sich Sorgen um dich. Er überredete dich, nach Phoenix zu kommen und mit ihm auf eine Weile zu verreisen. Alles übrige mußt du ihnen dann genauso erzählen, wie es sich abgespielt hat.«

Er ließ sich das durch den Kopf gehen. »Und du?«

»Ich werde tun, was ich kann.«

»Hast du eine von deinen Tabletten da?« fragte Tom Ed.

Ed griff in seine Tasche und brachte zwei Tabletten zum Vorschein.

»Moment mal«, fuhr ich dazwischen. »Was sind das für Dinger?«

»Nembutal«, erklärte Ed.

»Er hat mir immer welche mitgebracht«, bemerkte Tom. »Sie haben mir geholfen. Wenigstens konnte ich schlafen.«

»Nur zwei am Tag«, fügte Ed hinzu. »Es war das einzige, was mir einfiel.«

Ich nahm die Tabletten und sah sie mir genau an.

»Sie können mir glauben«, sagte Ed.

»Ich glaube Ihnen«, meinte ich schließlich. »Unter den gegebenen Umständen ist das vielleicht gar nicht so schlecht.« Ich reichte

Tom die Tabletten. »Nimm sie beide.«

Er tat es, und als wir bei der Polizei vorfuhren, schlief er fast.

24

Wir wurden alle verhört. Zuerst Ed, dann ich, schließlich Tom. Es war nicht so schlimm, wie ich erwartet hatte, zumindest, was Ed und mich betraf.

Es war allerdings eine lange Warterei. Sie wollten uns nicht gehen lassen, aber sie wußten auch nicht, was sie mit uns anfangen sollten. Wir saßen also zuerst in einem Büro, das im Augenblick niemand benützte; später, als sich die Beamten an uns gewöhnt hatten, durften wir praktisch herumwandern, wo wir wollten. Wir inspizierten die elektronischen Geräte, die die Dienststelle mit den Streifenwagen verbanden, mit dem Präsidium in der Stadt und mit anderen Polizeidienststellen. Sie hatten nichts dagegen, daß wir uns die Meldungen anhörten, die von den verschiedenen Wagen kamen, und sie zeigten uns die Gewehre, die in einem Schrank neben dem Büro des Lieutenants aufbewahrt wurden. Wir tranken Pepsi Cola aus dem Automaten, ich rauchte, bis mir die Zigaretten ausgingen, und Ed entdeckte, daß er ein Loch im Strumpf hatte.

Was jedoch Tom anging, so sah die Sache ganz anders aus. Was sich im einzelnen abspielte, wußte ich nicht, denn er saß mit den Beamten hinter verschlossenen Türen. Hin und wieder kam aber einer der Beamten heraus, um einem seiner Kollegen etwas zu sagen, und den Bemerkungen entnahm ich, daß die größte Schwierigkeit darin bestand, Tom wachzuhalten. Sie versorgten ihn mit Cola und Kaffee, und es gelang ihnen offenbar, ihn zum Sprechen zu bringen, aber es war eine mühselige Angelegenheit.

Ed und ich hatten ihnen erklärt, in was für einem Zustand sich Tom befand, und Ed hatte die Verantwortung für die Schlaftabletten auf sich genommen, worauf sich die Beamten Namen und Adresse seines Arztes geben ließen, um zu überprüfen, ob er ein Rezept für das Mittel hatte. Immerhin erfüllten die Tabletten ihren Zweck; die Tatsache, daß Tom sie in den letzten Tagen regelmäßig eingenommen hatte, untermauerten seine Aussage, daß er sich bereits in New York seelisch sehr schlecht gefühlt hatte, und daß sich sein psychischer Zustand nach dem, was er im Hause seines Bruders hatte miterleben müssen, noch verschlechtert hatte. Ich gab den Beamten Dr. Balters Namen und Adresse und schlug vor, daß sie sich mit ihm in Verbindung setzen sollten.

Wichtiger als das, was wir ihnen sagten, war natürlich das, was wir nicht sagten. Weder Ed noch ich erwähnten etwas von Mutual Claims oder Lee Kelly oder den beiden Männern, die mir am Nachmittag gefolgt waren. Wir hatten keine Ahnung, was Tom den Beamten erzählte, und ich hatte Angst, daß er unter dem Einfluß des Schlafmittels die Katze aus dem Sack lassen würde. Dagegen konnte ich nichts tun, deshalb begnügte ich mich damit, das Beste zu hoffen.

Gegen ein Uhr morgens fiel es mir ein, Brian anzurufen, um ihm zu sagen, wo ich war; und es war gut, daß ich anrief; er sagte, er habe sich Sorgen gemacht.

Kurz nach drei Uhr teilte Harlow Ed und mir mit, daß wir gehen könnten, vorausgesetzt, wir kämen später noch einmal vorbei, um die Protokolle zu unterschreiben, und vorausgesetzt, ich würde Phoenix nicht verlassen. Ich sagte, wir würden auf Tom warten. Er meinte, das könne noch lange dauern. Ich versetzte, wir würden trotzdem warten.

Für ein paar Minuten schlief ich auf meinem Stuhl ein. Dann ging ich hinunter, um Zigaretten zu kaufen, konnte aber keinen Laden finden, der offen war. Ich trank noch eine Cola und blickte zum Fenster hinaus, wo es langsam hell wurde. Die Beamten, die Nachtdienst gehabt hatten, gingen nach Hause, und andere kamen. Ed hockte zusammengesunken an einem der Schreibtische, den Kopf auf der Tischplatte, und schlief.

Um halb neun kam Tom aus dem Vernehmungszimmer. Die Beamten ließen keinen Zweifel daran, daß die Angelegenheit damit noch nicht erledigt war. Man würde ihn später noch einmal verhören wollen, voraussichtlich schon in wenigen Stunden. Man wies ihn ausdrücklich darauf hin, daß er die Stadt nicht verlassen dürfe. Die Leute von der Spurensicherung wollten sich den Wagen ansehen, den er gefahren hatte. Ed sagte ihnen, daß er in der Garage eines Nachbarn stünde, der mit seiner Familie verreist sei. Tom würde das Protokoll seiner Aussage später noch unterschreiben müssen.

Des Mordes an seinem Bruder und seiner Schwägerin jedoch, so schien es, verdächtigten sie ihn nicht. Jedenfalls noch nicht.

Toms Gesicht war milchig bleich, und er war sehr still. Er war bereit, auf alles einzugehen, nur, um aus dem Revier rauszukommen. Und er war immer noch benommen, wenn die Wirkung der Schlaftabletten auch stark nachgelassen hatte.

Draußen besprachen Ed und ich, wohin wir ihn jetzt bringen sollten. Er stand teilnahmslos dabei. Ed wollte ihn ins Kloster zurückbringen. Ich erhob Einwände. Ich meinte, es wäre besser für ihn, wenn er zu mir ins Hotel käme. Und ich siegte. Das hieß, daß ich zuerst noch einmal ins Revier hinein mußte, um den Beamten Toms neue Adresse zu geben.

Es war weit nach neun, als wir ins Hotel kamen. Ed erbot sich, mich zum Camelback Inn hinüberzufahren, wo immer noch mein Wagen stand, aber ich sagte, den würde ich später holen. Ich erklärte ihm, daß ich zu der Beerdigung gehen wolle, und bat ihn, mich dorthin mitzunehmen. Er erwiderte, er habe nicht vor, hinzugehen. Es gelang mir, ihn zu überreden, dennoch mit mir zum Friedhof hinauszufahren. Er machte sich schleunigst auf den Heimweg, um sich zu rasieren und umzuziehen. Er würde in zwanzig Minuten wieder da sein, sagte er.

Ich brachte Tom in mein Zimmer hinauf und schlug ihm vor, sich hinzulegen. Ich brauchte ihn nicht lange zu bitten. Sobald er sich ausgestreckt hatte, schlief er ein. Ich klopfte bei Brian und bat ihn, bei Tom zu bleiben, bis ich zurückkommen würde.

Ich rasierte mich, nahm eine Dusche, zog ein sauberes Hemd an und ging nach unten, um auf Ed zu warten. Der braune Wagen fiel mir ein. Ich sah mich nach ihm um. Er war nirgends zu entdecken.

25

Der Gottesdienst hatte schon angefangen, als Ed und ich eintrafen. Es war eine Menge Leute da. Da wir zwei Plätze nebeneinander nicht finden konnten, ging Ed in der einen Richtung davon, ich in der anderen. Ich zwängte mich in die vorletzte Reihe, neben eine makellos geschminkte und frisierte Frau, die ständig an dem Aquamarin herumspielte, der an einer langen Goldkette um ihren Hals hing. Der Stein hatte mindestens achtzig Karat.

Ich war wie betrunken vom Schlafmangel, und meine Gedanken begannen zu wandern. Ich fragte mich, was all diese Menschen zur Beerdigung getrieben hatte. Ray Petacque war kein bedeutender Mann gewesen, Blanche Petacque keine Frau von Bedeutung. An seiner Militärkarriere war nichts gewesen, das aus dem Rahmen des Alltäglichen gefallen wäre. Mit einer einigermaßen anständigen Pension und begrenzten Aussichten für die Zukunft hatte er sich ins Privatleben zurückgezogen. Er hatte sich hauptsächlich deshalb in Phoenix niedergelassen, weil dort das Klima angenehm war und sich viel Gelegenheit zum Tennisspielen bot. Dann hatte er Steve Schroeder Geld geliehen, einem Mann, der noch unbedeutender war als er selbst, und war über Nacht reich geworden. Blanche hatte angefangen, große Feste zu geben, alle möglichen Leute einzuladen, die sie kaum kannte, und hier saßen sie nun alle, die Partygäste, um Ray und Blanche Petacque zu betrauern, wie die Konvention das verlangte. Aber was wußten diese Menschen wirklich von Ray und Blanche Petacque?

Nur einer hatte versucht, ihnen zu helfen, und der war nicht hier. Er lag in meinem Hotelzimmer und schlief, ausgepumpt und erschöpft von seinen Anstrengungen.

Ich sah mich nach Schroeder um. Ich konnte ihn nicht entdecken. Ich vermutete, daß er irgendwo ganz vorn saß, bei den Menschen, die den Toten angeblich am nächsten gestanden hatten.

Mutual Claims. Daher die vielen Leute. Schroeder hatte dem Personal wahrscheinlich freigegeben, vielleicht die Firma sogar für den Tag geschlossen.

Unzweifellos hatte auch Jackley, Smith Delegierte geschickt.

Als der Gottesdienst zu Ende war, drängte ich mich mit den anderen Leuten zur Kirche hinaus. Ich versuchte, Ed zu finden, aber es gelang mir nicht. Ich machte mich auf den Weg zum Parkplatz, der hinter der Kirche war. Die Menschen strömten zu ihren Autos, einige Wagen reihten sich zur Prozession in den Friedhof auf. Im Fond einer schwarzen Limousine saß starr und aufrecht General Petacque. Er sah mich. Es hatte den Anschein, als wolle er mit mir sprechen. Ich blieb stehen. Einen Moment lang sahen wir einander durch das geschlossene Fenster an. Dann überlegte er es sich anders und wandte sich ab. Ich ging weiter, erreichte Eds Kombi und wartete. Dann sah ich ihn kommen.

»Ich hoffe, Sie haben nicht vor, zum Friedhof zu fahren«, sagte er, als er die Tür öffnete.

»Nein«, antwortete ich.

»Haben Sie Schroeder gesehen?«

»Nein. Sie?«

»Ja. Man könnte meinen, er hätte seinen besten Freund verloren.«

Er steckte den Schlüssel ein und ließ den Motor an. »Soll ich Sie jetzt zu Ihrem Wagen bringen?«

»Das wird das Beste sein.«

Als er den Wagen zur Straße hinauslenkte, sah ich die Frau mit dem Aquamarin. Sie saß am Steuer eines Eldorado. Ich zeigte auf den Wagen und fragte Ed, ob er die Frau kenne.

»Muriel Decatur«, erwiderte er. »Erinnern Sie sich nicht an sie?«

»Nein. Müßte ich sie denn kennen?«

»Sie war auf dem Einweihungsfest von Ray und Blanche. Ich dachte, Sie hätten sie dort vielleicht kennengelernt.«

Während der kurzen Fahrt zum Camelback Inn, redete er beinahe unaufhörlich von Muriel Decatur. Ihre Familie gehöre zu den alteingesessenen Familien von Phoenix, sagte er. Ihr Vater habe eine Fabrik besessen und mit Immobiliengeschäften ein Vermögen gemacht. Sie habe Millionen geerbt.

»Hier scheint jeder sein Geld mit Immobiliengeschäften verdient zu haben«, stellte ich fest.

»Ja, wenn man zur richtigen Zeit hier war«, stimmte Ed zu, »war es beinahe unmöglich, nicht daran zu verdienen. Es war genauso wie in Los Angeles oder Houston oder Vegas. Man brauchte nur ein Grundstück zu besitzen, ganz gleich wo, und man verdiente daran. Das machte aus den Leuten hier einen Haufen Optimisten.«

»Das ist merkwürdig«, bemerkte ich. »Genau dieses Gefühl habe ich immer, wenn ich in den Westen komme. Daß hier draußen ein Haufen Optimisten lebt.«

»In letzter Zeit hat sich das geändert. Viele haben Geld verloren. Aber es gab eine Zeit, da dachten die Leute, die Preise würden bis ins Unendliche steigen.« Er seufzte schwer. »Mein alter Vater hatte schon recht. Er hat immer gesagt: ›Die Bäume wachsen nicht in den Himmel‹.«

Am Parkplatz des Camelback Inns setzte Ed mich ab. Er würde sich später bei mir melden, sagte er. Ich sah mich nach meinem Wagen um und fand ihn nicht. Dann fiel mir ein, daß ich ja nicht meinen Wagen suchte, sondern den Brians. Ich brauchte wirklich dringend eine Mütze Schlaf.

Zehn Minuten später war ich im Motel zurück. Tom lag völlig entspannt auf meinem Bett und schnarchte leicht. Brian saß in einem Sessel, vor sich den Jahresabschluß der Mutual Claims.

»Irgendwas passiert?« fragte ich.

»Das Mädchen wollte das Zimmer saubermachen«, antwortete er. »Ich habe ihr gesagt, sie soll später wiederkommen.«

Ich nickte und schlug vor, wir sollten die Verbindungstür zwischen seinem und meinem Zimmer öffnen. Wir mußten die Tür erst von beiden Seiten aufsperren. Brians Zimmer war schon sauber gemacht.

»Ich werde mir ein Weilchen Ihr Bett ausleihen«, sagte ich zu ihm. »Aber erst rufe ich im Büro an.«

Ich brachte Mark auf den letzten Stand der Ereignisse. Dann bat ich ihn, mich mit Irving zu verbinden.

»Irv«, sagte ich, »schicken Sie gleich heute nachmittag einen Brief an sämtliche Kunden, die wir in unseren Büchern führen. Schreiben Sie, daß wir, ganz gleich, was wir in der Vergangenheit empfohlen haben, der Meinung sind, daß Mutual Claims Papiere schnellstens abgestoßen werden sollen. Formulieren Sie das mit soviel Nachdruck wie möglich.«

»Aber, Brock, das haben wir den Leuten doch schon vor langer Zeit empfohlen.«

»Ich möchte, daß wir noch einmal mit allem Nachdruck darauf hinweisen.«

»Sie wissen irgendwas?«

»Noch nicht.«

»Was soll ich dann für Gründe nennen?«

»Erfinden Sie welche.«

»Das könnte aber zu gerichtlichen Klagen gegen uns führen.«

»Das würde mich gar nicht stören. Und schicken Sie die Briefe per Expreß raus.« Ich wollte auflegen, aber dann fiel mir noch etwas ein. »Vielleicht könnten Sie sich zur Abwechslung auch als Detektiv betätigen. Ich möchte eine Liste der Telefongespräche, die Ray Petacque am letzten Wochenende von seinem Hotel in New York aus geführt hat.« Ich gab ihm den Namen des Hotels an, dann legte ich auf.

Ich streckte mich auf dem Bett aus. Und schlief sofort ein.

26

Ich war in einem großen Haus. Ich suchte Steve Schroeder. Ich wußte, daß er da war, aber ich konnte ihn nicht finden. Ich ging durch einen langen Korridor. Jemand packte mich. Ich wehrte mich, aber es half nichts. Ich konnte mich nicht losreißen.

Ich schlug die Augen auf. Brian schüttelte mich.

»Wie spät ist es?« fragte ich mit verschlafener Stimme.

»Viertel vor drei«, antwortete Brian mit gesenkter Stimme. »Mr. Petacques Vater ist hier.«

Ich setzte mich auf. »Wo?«
»An der Tür.«
Ich sprang vom Bett und eilte zur offenen Verbindungstür. Ich spähte um die Ecke. Die Tür zum Korridor, mit einer Kette gesichert, stand nur einen Spalt offen. Ich warf einen Blick auf Tom, er schlief immer noch. Einen Moment lang wußte ich nicht, was ich tun sollte. Dann drückte ich geräuschlos die Verbindungstür zu, zog meine Krawatte gerade, fuhr mir mit den Fingern durch das Haar und ging von Brians Zimmer aus in den Korridor hinaus.
General Petacque sah mich. Er schien verwirrt.
»Man sagte mir, Sie wären da drinnen«, bemerkte er.
»Das bin ich nicht. Ich bin hier.«
»Ich möchte mit Ihnen sprechen.«
Langsam kam er auf mich zu, schwer auf seinen Stock gestützt. Ich begleitete ihn in Brians Zimmer. Er sah sich um.
»Wo ist mein Sohn?«
Ich breitete die Hände aus.
»Auf der Polizei sagte man mir, er wäre bei Ihnen.«
Ich zuckte die Achseln. Ich fragte mich, ob ich das Recht hatte, die beiden voneinander getrennt zu halten. Tom hatte mich nicht darum gebeten; er hatte seinen Vater nicht einmal erwähnt. Aber ich war der Meinung, daß er diesem zusätzlichen Streß jetzt noch nicht gewachsen war, deshalb wappnete ich mich für eine schwierige Konfrontation.
Aber die Konfrontation entwickelte sich gar nicht. Der General blickte hinüber zu einem Sessel und ließ sich langsam hineinsinken. Er schien Schmerzen zu haben. Nicht nur körperliche Schmerzen.
»Sie sind selbstverständlich überzeugt davon, das Richtige zu tun«, sagte er.
Ich hätte niemals geglaubt, daß General Armand Petacque so starkes Mitleid in mir wecken könnte.
»Sie können ihn ja später sprechen«, versetzte ich. »Aber er hat Schlimmes durchgemacht, und er ist nicht er selbst.«
Er blickte zu der Tür hinüber, die die beiden Zimmer trennte. Er schien zu ahnen, daß dort drüben Tom war. Ich sagte jedoch nichts, und er machte keinen Versuch, aus seinem Sessel aufzustehen.
»Tom war nie sehr tapfer«, stellte er fest.
Mein Mitleid verflog. »Ist Ihnen noch nie der Gedanke gekommen«, bemerkte ich, »daß Sie ihm gegenüber vielleicht nicht fair

sind? Haben Sie noch nie bemerkt, daß es ihm immer gelungen ist, seine Probleme, ganz gleich welcher Art, zu überwinden? Herrgott, General, er ist einer der besten Wertpapierspezialisten in der ganzen Branche.«

»Ich war nie der Auffassung, daß es ein Zeichen besonderer Charakterstärke ist, ein guter Wertpapierspezialist zu sein. Aber ja, ich bin mir bewußt, daß Tomas sich niemals ganz hat unterkriegen lassen.« Er rutschte ein wenig tiefer in seinen Sessel und zuckte zusammen. »Arthritis. Es ist keine Freude, alt zu sein. Tomas stand seiner Mutter, als sie noch lebte, näher als mir.«

Und Ed Avery auch, dachte ich. Aber du warst derjenige, welchem er es immer recht machen wollte.

»Sie könnten eine Frage für mich klären«, sagte ich. »Ich wäre Ihnen dankbar für eine aufrichtige Antwort.«

»Ich bin nicht bekannt dafür, daß ich lüge, Mr. Potter.«

»Sind Sie mir gestern morgen von Ed Averys Haus aus hierher gefolgt?«

»Ja.«

»Und haben Sie Steve Schroeder gesagt, wo ich wohne?«

»Ja.«

»Warum?«

»Ich dachte, Sie wüßten vielleicht, wo Tom wäre. Sie wollten es mir ja nicht sagen, aber ich meinte, Sie würden es vielleicht Steve sagen.«

»Wissen Sie, daß er mich gestern nachmittag überwachen ließ?«

»Nein«, erwiderte der General nach einem Moment der Stille. »Das wußte ich nicht.«

»Mir scheint, Sie waren beide ungeheuer erpicht darauf, Tom zu finden.«

Er blickte wieder zur geschlossenen Tür hinüber.

»Ich habe heute morgen einen Sohn begraben«, erklärte er. »Ich brauche den anderen.«

Einen Moment lang glaubte ich, er würde zusammenbrechen. Furchen erschienen in seinem Gesicht, die vorher nicht dagewesen waren. Seine Lippen öffneten sich. Er atmete keuchend wie ein Asthmatiker. Aber dann umfaßte er den Griff seines Stocks fester und schien sich damit wieder in die Gewalt zu bekommen.

»Er muß den Namen seines Bruders reinwaschen.«

Mir ging ein Licht auf. Es war Schroeder gelungen, in dem alten Mann die gleichen Zweifel an Rays Redlichkeit zu wecken, die er in mir zu wecken versucht hatte.

»Ich glaube kaum«, versetzte ich, »daß das notwendig ist. Ray hat sich nichts zuschulden kommen lassen. Seine einzige Schuld – wenn man von Schuld überhaupt sprechen kann – bestand darin, daß er sich nicht für den Gang der Geschäfte interessiert hatte.«

Flüchtig hellte das Gesicht des Generals sich auf, doch dann verdunkelte es sich wieder.

»Ich wünschte, ich könnte das glauben, Mr. Potter. Aber ich kenne meine Kinder. Tom war immer der ängstliche, und Raymond konnte nie die Wahrheit sagen. Raymond hätte es bei der Armee viel weiter bringen müssen. Er hätte es weiter bringen *können.* Aber er war schwach. Das erkannte ich. Und andere auch. Und diese Schwäche bremste ihn. Uneingeschränktes Vertrauen konnte ich immer nur zu meiner Tochter haben.«

Tom war also nicht der einzige gewesen, der mit dem alten Herrn Schwierigkeiten gehabt hatte.

»Ich wiederhole«, sagte ich, »meiner Ansicht nach hat Ray sich nichts weiter zuschulden kommen lassen, als daß er sich nicht dafür interessierte, was bei Mutual Claims vorging.«

»Um Mutual Claims handelt es sich gar nicht. Es geht um die Hotels.«

»Hotels?«

»Die Bestechungsgelder.«

»Was für Bestechungsgelder?«

Der General überlegte. Er kam zu dem Schluß, daß er weit genug gegangen war. Ich sah es in seinen Augen.

»Ich will Sie nicht drängen, mich jetzt mit meinem Sohn sprechen zu lassen, aber ich bitte Sie darum, daß Sie ihm ausrichten, er möchte sich mit mir in Verbindung setzen, sobald es ihm möglich ist. Es ist äußerst wichtig. Sagen Sie ihm, daß ich im Arizona Biltmore wohne.«

Mühsam stand er aus seinem Sessel auf.

»Was sind das für Bestechungsgelder?«

»Das ist eine Familiensache, Mr. Potter.«

»Das stimmt nun wirklich nicht, General. Das ist eine Sache von Price, Potter und Petacque. Tom wird mich sowieso informieren, warum tun Sie es nicht gleich selbst?«

Er richtete sich kerzengerade auf.

»Ich ziehe es vor zu glauben, daß mein Sohn, ganz gleich, was für Schwächen er hat, immer noch stark genug ist, seine Probleme zu lösen, ohne sich auf Sie stützen zu müssen.«

»Verdammt nochmal, General, Tom hat mit der Polizei genug

um die Ohren. Er hat die Männer gesehen, die Ray umgebracht haben. Ich bin derjenige, welcher sich mit den Fragen befaßt, die mit Mutual Claims zu tun haben; ich wäre sowieso derjenige. Das ist nun mal mein Ressort.«

Der General machte sich auf den Weg zur Tür. Ich trat vor ihn hin und versperrte ihm den Weg.

»Bitte gehen Sie weg«, sagte er. »Und richten Sie meinem Sohn aus, daß ich erwarte, ihn heute im Laufe des Tages zu sehen.«

»Nein«, versetzte ich.

Der General schlug mir mit seinem Stock auf den Knöchel. Mit Wucht.

»Au!« rief ich und kniete nieder, um die Stelle zu reiben, die er getroffen hatte.

Er humpelte um mich herum und verließ das Zimmer.

27

Ich öffnete die Verbindungstür und hinkte in mein eigenes Zimmer. Der Knöchel tat wirklich weh.

»Ist was?« erkundigte sich Brian beunruhigt.

»Nein. Dieser gemeine alte Kerl hat mir eine mit seinem Stock versetzt.«

Ich ließ mich in einen Sessel fallen und rollte meinen Socken hinunter. Die ersten Anzeichen einer Schwellung waren schon zu sehen.

»Soll ich Eis holen?«

»Nein. Das ist gleich wieder gut.«

Ich zog den Socken wieder hoch und warf einen Blick auf Tom. Er schlief immer noch.

»Ich habe gelauscht«, gestand Brian.

»Haben Sie was gehört?«

»Nicht alles. Aber das meiste.«

»Er ist ein ekelhafter alter Kerl, aber er ist eben alt. Und ich glaube ihm, daß er ehrlich ist.«

»Er erwähnte etwas von Hotels.«

»Ja. Ich habe keine Ahnung, wovon er redete.«

»Aber ich vielleicht.« Er griff zum Jahresbericht von Mutual Claims und reichte ihn mir. »Da.«

Ich hatte den Bericht mehrmals gelesen. Er war ausgezeichnet zusammengestellt. Neben einer klaren Schilderung der geschäftlichen Tätigkeit des Unternehmens im vergangenen Jahr enthielt er Farbfotos einiger bekannter Krankenhäuser, für die das Unternehmen tätig war, und leicht verständliche graphische Darstellungen der geschäftlichen Entwicklung. Die Kurven auf den graphischen Darstellungen zeigten ständig steigende Gewinne an. Die Vorhersagen für die künftige Entwicklung waren optimistisch.

»Ich weiß, was drin steht«, sagte ich zu Brian.

»Schauen Sie sich den Abschluß an.«

Ich sah ihn mir an.

»Was tun die Leute mit ihren Gewinnen«, fuhr Brian fort. »Sie brauchen sie nicht wie ein Versorgungs- oder Herstellungsbetrieb wieder in die Firma hineinzustecken. Ein Teil der Gewinne wird als Dividende ausgezahlt, aber der Rest . . . Verstehen Sie, was ich meine?«

Mir war klar, worauf er hinauswollte. Die indirekten Kosten bei Mutual Claims waren niedrig, die Erweiterungs- und Ausrüstungsinvestitionen begrenzt. Deshalb arbeitete das Unternehmen ja so gewinnbringend.

»Kapitalerträge«, sagte ich.

»Das steht in der Gewinn- und Verlustrechnung, aber die ist nur ein Teil des Gesamtbildes. Der andere Teil ist die Bilanz. Die Stelle mit der Überschrift ›Investitionen‹. Es wird nicht spezifiziert, welcher Art diese Investitionen sind. Aber sie werden mit achtundzwanzig Millionen Dollar veranschlagt.«

»Und Sie glauben, daß das Geld teilweise in Hotels steckt?«

»Es könnte doch sein.«

»Möglich ist es. General Petacque sagte auch etwas von Bestechungsgeldern.«

»Nein!« rief Tom sehr deutlich.

Erschreckt sah ich zu ihm hinüber. Er schlief immer noch. Offensichtlich träumte er.

»Nein, nein, nein!« rief er wieder. Dann drehte er sich auf die andere Seite und wurde wieder still.

»Die größte Investition des Unternehmens«, meinte ich, »ist das Mutual Claims Gebäude.« Auf dem Umschlag des Berichts war ein Foto des Baues. »Das ist ein Heidengeld wert.«

»Ich weiß, ich war ja dort. Aber es ist nicht achtundzwanzig Millionen Dollar wert.«

»Richtig. Nicht einmal die Hälfte davon. Aber jetzt will ich Ihnen erst einmal erzählen, was ich gestern abend von Tom gehört habe.«

Ich berichtete ihm ausführlich von Ray Petacques Besuch in Toms Wohnung und Toms Erlebnissen in Phoenix.

Er hörte aufmerksam zu. Als ich geendet hatte, sah er mich eine Weile nachdenklich an.

»Sie glauben also nicht, daß Mutual Claims den Krankenhäusern Honorare für Rechnungen abgenommen hat, die nie geschrieben wurden?« fragte er schließlich.

»Vielleicht hin und wieder«, antwortete ich. »Aber ich glaube nicht, daß es sehr weit ging. Meiner Ansicht nach ist Lee Kelly ganz anderen Unregelmäßigkeiten auf die Spur gekommen und mußte deshalb getötet werden.« Ich schwieg einen Moment. »Die meisten Krankenhäuser arbeiten auf dem geschäftlichen Sektor nicht sehr effizient, Brian. Sie wurden ja nicht als Geschäftsbetriebe aufgezogen. Sie wurden eingerichtet, um kranken Menschen zu helfen. Und darauf liegt der Akzent. Außerdem haben in einem Krankenhaus die Ärzte das Sagen. Ausschüsse von Ärzten treffen die meisten wichtigen Entscheidungen, die ein Krankenhaus angehen – und Ärzte sind nicht gerade bekannt dafür, daß sie gute Geschäftsleute sind. Von Ökonomie kann im Durchschnittskrankenhaus keine Rede sein. Außerdem sind die Krankenhäuser in den vergangenen Jahrzehnten immer von öffentlicher und privater Hand unterstützt worden, so daß sie es gar nicht nötig hatten, wirtschaftlich zu arbeiten. Das ändert sich jetzt. Das Geld ist knapper geworden. Spenden und Subventionen sind jetzt nicht mehr so leicht verfügbar. Dennoch haben es die Krankenhäuser längst nicht so schwer wie die meisten Geschäftsbetriebe.«

»Mit anderen Worten, sie sind fahrlässig.«

»Auf vielen Gebieten. Noch kein Mensch hat davon gehört, daß Krankenhäuser tausende ihrer Angestellten entlassen oder ihre Preise senken, wie das zum Beispiel in der Automobilindustrie oder anderen Industriezweigen von Zeit zu Zeit unumgänglich ist. Aber trotz allem, behaupte ich, sind sie nicht so fahrlässig und ineffizient, daß sie nicht wissen, wieviele Patienten sie ambulant behandeln, welcher Art die Behandlungen sind, oder wie hoch ihre Außenstände sind. Mutual Claims könnte nicht Dienstleistungen in Rechnung stellen, die nicht erbracht wurden, ohne daß das auffiele. Das ginge allenfalls bei einigen wenigen Krankenhäusern, wo die Organisation tatsächlich chaotisch ist. Lee Kelly wurde getötet, weil er auf betrügerische Geschäfte großen Umfanges stieß. Er wußte es nicht. Er starb wahrscheinlich in dem Glauben, er hätte nichts weiter aufgedeckt als die Unfähigkeit irgendeines Angestellten. Aber ich glaube nicht daran, daß es Unfähigkeit war, und Tom glaubte es sicher auch nicht, wenn ich auch noch nicht mit ihm gesprochen habe. Nicht einmal Ray glaubte es meiner Meinung nach, so unerfahren er in geschäftlichen Dingen war.«

Brian kniff die Augen zusammen.

»Ja, aber – was dann?«

Ich holte tief Atem.

»Ich glaube, daß Mutual Claims zweierlei Bücher führte.« Ich nahm den Jahresbericht und warf ihn auf den Tisch. »Ich glaube, daß dieser Bericht eine Fälschung ist, daß wahrscheinlich alle Berichte Fälschungen waren, daß wir damals die Effektenemission auf der Grundlage gefälschter Zahlen übernommen haben, daß wir es mit einer Schwindelfirma zu tun haben, und daß der Schwindel nur dank des stetigen Wachstums nicht längst aufgeflogen ist. Und unsere Firma, ich im besonderen, hat sich damit zumindest der Fahrlässigkeit, wenn nicht eines schlimmeren Vergehens schuldig gemacht. Ich war ja derjenige, welcher alles überprüfen sollte.«

»Du lieber Gott!«

»Ich habe mich reinlegen lassen. Die Tatsache, daß unsere Kunden mit den Aktien Geld verdient haben, ändert nichts. Ich habe mich täuschen lassen. Und wenn es zu Ermittlungen über die Geschäfte von Mutual Claims kommen sollte, so werden sich diese ganz gewiß auch auf Price, Potter und Petacque ausdehnen. Tom und Mark sind immer noch Aktionäre von Mutual Claims. Es wird so aussehen, als hätten wir den Kauf von Mutual Claims Papieren aus rein persönlichem Interesse empfohlen. Und wenn nicht das, so werden wir doch zumindest als ausgemachte Narren dastehen – die wir ja auch waren. Ich glaube, Schroeder hat mich das wissen lassen wollen. Eigentlich wollte er es Tom unter die Nase reiben, aber als er Tom nicht finden konnte, hoffte er, mich darauf aufmerksam machen zu können. Es sollte eine Warnung sein, daß wir, falls Nachteiliges über ihn ans Licht kommen sollte, in den Skandal mit hineingerissen werden würden.«

»Mein Gott, Brock, was wollen Sie denn jetzt tun?«

»Genau das, was ich sowieso tun würde: Ich werde den Schwindel bei Mutual Claims auffliegen lassen. Nur so kann ich meinen Namen und den unserer Firma vielleicht reinwaschen. Es wird die Fehler, die wir begangen haben, nicht ungeschehen machen; aber es wird helfen. Wenigstens kann dann keiner behaupten, wir hätten nichts getan, als wir Unrat witterten.«

»Aber wie wollen Sie das schaffen?«

»Das ist das Problem. Ich werde die Sache natürlich der Staatsanwaltschaft hier in Phoenix oder vielleicht sogar dem Justizministerium in Washington vorlegen müssen. Ich muß den Fall außerdem vor die Börsenaufsichtsbehörde bringen. Aber solange ich keine Beweise habe, brauche ich damit gar nicht anzufangen. Bei diesen Behörden tauchen ständig alle möglichen Verrückten mit den wildesten Beschuldigungen auf. Wenn ich keine konkreten Beweise vorlegen kann, wird man mich allenfalls mit einer Routineuntersuchung abspeisen. Und die reicht nicht aus, um den Schwindel aufzudecken.«

»Kann ich nicht irgendwie helfen?«

»Ich weiß noch nicht. Ich habe mir noch nicht alles genau überlegt. Wir könnten natürlich eines tun: Wir könnten sämtliche Krankenhäuser, für die Mutual Claims tätig ist, überprüfen. Alle vierhundert. Dann hätten wir Zahlen, auf die wir uns verlassen können. Aber dazu haben wir gar nicht das Personal, und wer sagt uns, daß die Krankenhäuser uns diese Angaben überhaupt machen würden. Im Moment kann ich nur eines tun: Druck ausüben. Ich habe schon damit angefangen. Wenn unsere Kunden den Brief bekommen, den Irving heute hinausschickt, dann wird Schroeder einiges zu erklären haben. Und außerdem werde ich mich einmal mit Frank Jackley unterhalten. Nur um ihn wissen zu lassen, daß er nicht ausgeschlossen ist.« Ich griff mir an den Knöchel. »Verdammt, der Fuß tut immer noch weh.«

»Ich hole Eis.«

»Lassen Sie es, schaun Sie lieber nach, ob Sie im Telefonbuch Frank Jackleys Adresse finden können.«

Brian sah nach. Er schrieb die Adresse auf einen Zettel, den er mir gab. Ich wollte ihn eben einstecken, als es an der Tür klopfte.

»Sehen Sie nach, wer es ist«, sagte ich zu Brian. »Legen Sie aber die Kette vor.«

Die Sicherheitskette jedoch war überflüssig. Unsere Besucher waren Detective Harlow und Detective Eames. Sie wollten Tom abholen, um ihn auf dem Revier nochmal zu vernehmen.

28

El Camino Chiquita. Der Name der Straße sagte mir gar nichts. Dem jungen Mann am Empfang sagte er auch nichts. Daraufhin kaufte ich mir im Tabakskiosk einen Stadtplan.

El Camino Chiquita befand sich im Planquadrat P – 11. Nach einigem Suchen entdeckte ich die Straße, eine Wellenlinie am Südende des Arizona Biltmore Golfplatzes. Ich war überrascht, obwohl es eigentlich gar nicht verwunderlich war: Frank Jackley war ein Nachbar von Steve Schroeder. Schroeders Haus, daran erinnerte ich mich, lag direkt am Golfplatz. Das Villenviertel hieß Biltmore Estates, und bloße Millionäre konnten es sich nicht leisten, dort zu leben.

Es war Viertel vor sechs, als ich von der 24. Straße in die Privatstraße einbog, die zum Arizona Biltmore Hotel führte. Vor mir radelten zwei junge Mädchen mit Tennisschlägern in den Körben an ihren Lenkern, und ich folgte ihnen in die noch stillere Straße, wo die Villen standen.

Ich wußte Schroeders Adresse nicht, aber ich erkannte das Haus, als ich es sah. Schroeder hatte mich zwei Jahre zuvor einmal zum Abendessen in seine Villa eingeladen. Da hatte er sie gerade erst der Witwe eines Zeitschriftenverlegers abgekauft und war sehr stolz auf seine Neuerwerbung. Das Haus hatte sechzehn Zimmer, und die in dem Boden eingelassene Wanne im Bad war so groß wie ein Kinderschwimmbecken. Aber die Köchin hatte gerade an jenem Tag gekündigt, und eines der Mädchen hatte das Abendessen zubereitet. Es hatte entsetzlich geschmeckt. Ich hatte den Abend bedrückend gefunden – nicht wegen des Essens, sondern weil ich mir nicht vorstellen konnte, wie ein Junggeselle wie Schroeder mutterseelenallein in diesem Riesenhaus leben konnte.

Ich fragte mich, ob Schroeder immer noch so stolz auf das Haus war. Ob er es je wirklich gemocht hatte. Ob er eine Freundin gefunden hatte, die das Haus mit ihm teilte. Während der ganzen Zeit, in der ich ihn kannte, war von einer Frau in seinem Leben nie die Rede gewesen. Er war ein absoluter Einzelgänger. Der Käsehändlerssohn aus Green Bay, Wisconsin, lebte seine Träume aus. Aber wie eng diese Träume waren!

Doch Träume sind Träume, und was tut einer, der sieht, daß sein Traum bedroht ist? Tötet er?

Jackleys Haus war kleiner. Doch der Wagen, der in der Einfahrt stand, war ein Rolls Royce. Ein silberner dazu.

Ich stellte meinen Wagen hinter dem Rolls ab, stieg aus und ging unter einigen Orangenbäumen hindurch, die unter dem Gewicht der Früchte, die an ihnen wuchsen, zusammenzubrechen drohten. Dann drückte ich auf den Klingelknopf neben der Tür.

Die Tür wurde von einem vierzehn- bis sechzehnjährigen Jungen geöffnet. Er trug weiße Tennisshorts und ein T-Shirt.. Offensichtlich hatte er jemand anderen erwartet; er starrte mich verdutzt an.

»Ist Mr. Jackley zu Hause?« fragte ich.

Er rief über seine Schulter: »Pa, das ist für dich.« Als keine Antwort kam, rief er noch einmal lauter.

»Du brauchst nicht so zu schreien«, kam eine Stimme aus einem anderen Zimmer. »Ich bin nicht taub.«

Einen Augenblick später erschien Frank Jackley, ein hochgewachsener dunkler Mann, der sehr knochig wirkte. Alles mögliche spielte sich in seinem Gesicht ab, als er mich sah, aber schließlich brachte er ein Lächeln zustande.

»Na, das ist aber eine Überraschung.«

»Ich war zufällig hier in der Gegend«, erklärte ich, »und da dachte ich, ich könnte wohl auf einen Sprung reinschauen.«

Ähnlich wie zuvor sein Sohn rief er über seine Schulter nach rückwärts: »Maggie, wir haben Besuch.«

Seine Frau gesellte sich zu uns. Sie war klein, eine rundliche Frau, braungebrannt. Ich konnte mich nicht erinnern, sie kennengelernt zu haben. Und ich war ihr offenbar auch fremd. Mit einem kleinen Lächeln blickte sie fragend zu ihrem Mann auf.

»Brockton Potter«, sagte er. »Du erinnerst dich, ich habe verschiedentlich von ihm gesprochen.«

»Natürlich«, erwiderte sie automatisch.

Sie gab mir die Hand. Ihr Händedruck war fest und energisch. Auch sie trug Tenniskleidung.

Der Sohn spähte über mich hinweg nach draußen. »Da kommen sie«, verkündete er.

Ich drehte mich um. Die beiden Mädchen mit den Fahrrädern kamen die Auffahrt herauf.

Jackleys Frau erklärte, daß sie mit den jungen Leuten eine Partie Tennis spielen wolle, und daß sie dann alle gemeinsam ein kaltes Abendessen einnehmen würden. Sie hoffte, ich würde bleiben. Ich sagte, das würde ich gern tun, aber es ginge nicht. Niemand schien recht zu wissen, was er mit mir anfangen sollte; ratlos standen wir im Vorsaal herum, bis ich Jackley sagte, daß ich statt des kalten

Abendessens gern einen Drink nehmen würde.

»Natürlich, natürlich«, meinte er und führte mich ins Wohnzimmer, das Blick auf einen offensichtlich neuen Tennisplatz und den Golfplatz jenseits davon bot.

Während er mit Flaschen und Gläsern hantierte, sah ich seine Frau, den Sohn und die beiden Mädchen aus dem anderen Flügel des Hauses kommen und auf dem Platz Aufstellung nehmen. Jackley versicherte mir zweimal, was für eine nette Überraschung es sei, mich zu sehen; aber der Ausdruck auf seinem Gesicht paßte nicht zu seinen Worten. Eine Überraschung mochte es sein, aber eine nette Überraschung bestimmt nicht.

»Sie sind zur Beerdigung hergekommen, nehme ich an«, bemerkte er.

»Unter anderem«, erwiderte ich.

Er hatte mir eben mein Glas geben wollen. Jetzt zog er seine Hand zurück, als hätte er es sich anders überlegt; dann merkte er, was er tat, und hielt mir das Glas wieder hin.

»Geschäft zweifellos«, sagte er.

Ich nickte.

Er machte es sich in einem tiefen Sessel bequem und streckte seine langen Beine aus.

»Eine schreckliche Geschichte«, meinte er. »Sie waren zwei großartige Menschen.«

Draußen jagten die vier Spieler dem Ball nach.

»Ja, schrecklich«, bestätigte ich.

»Ich habe Tom heute morgen bei der Beerdigung gar nicht gesehen«, stellte Jackley vorsichtig fest.

»Er ist nicht ganz auf dem Damm.«

»Nichts Ernstes, hoffentlich.«

»Nichts, das nicht durch die Klärung der Morde kuriert werden kann, meiner Meinung nach.« Ich legte eine Pause ein. »Hat die Polizei Sie eigentlich vernommen?«

»Nein.« Er hielt seine Augen auf mich gerichtet. Es lag keine Spur von Vertrauen in ihnen. »Ich glaube auch nicht, daß die es tun werden. Ich kann im Grunde nichts zu der Geschichte sagen.«

»Außer es besteht ein Zusammenhang zwischen der Ermordung von Ray und Blanche und dem Mord an Lee Kelly.«

Er fragte mich nicht, woher ich von Kelly wußte. Er sagte einfach: »Halten Sie das für möglich?« Aber seine Stimme wurde so leise dabei, daß ich ihn kaum verstehen konnte.

Ich zuckte die Achseln.

»Wer weiß?« versetzte ich.

Jackley hüllte sich in Schweigen. Er schien mich nicht gehört zu haben.

»Ich mache mir Sorgen um Mutual Claims«, fuhr ich fort. »Es sind da Gerüchte im Umlauf, die mich beunruhigen. Bei jedem anderen Unternehmen ließe mich sowas kalt. Aber wenn es um Mutual Claims geht – nun, da fühle ich mich einfach verantwortlich. Sie werden verstehen können, warum.«

Er sagte immer noch nichts.

»Was ich damit sagen will, Frank, ist, daß ich Ihre Zahlen immer gewissermaßen fraglos akzeptiert habe. Ich habe zwar hier oder dort eine Stichprobe gemacht, mich bei verschiedenen Krankenhäusern erkundigt und mit Leuten von Mutual Claims gesprochen; aber was konnten die mir schon sagen? In den Krankenhäusern erklärte man mir, ja, man habe einen Vertrag mit Mutual Claims unterschrieben und die Zusammenarbeit klappe gut. Und die Leute bei Mutual Claims konnten mir lediglich erzählen, daß so und soviele Krankenhäuser unter Vertrag stehen, damit basta. Aber jetzt frage ich mich, ob ich da nicht ein wenig zu oberflächlich war, ob es nicht andere Aspekte gibt, die ich hätte überprüfen sollen. Es wäre mir arg, wenn das stimmte. Dann müßte ich mir sagen, daß ich nachlässig war.«

Ich trank einen Schluck Whiskey. Jackley schwieg beharrlich. Ich wartete. Er sagte keinen Ton. Wieder hob ich mein Glas und trank.

»Warum rücken Sie nicht mit der Sprache heraus?« fragte Jackley schließlich.

»Wie meinen Sie das?«

»Nun, Ihnen spukt doch offenbar etwas im Kopf herum. Sie scheinen mir auf etwas Bestimmtes anzuspielen. Warum sagen Sie es nicht unverblümt?«

»Ich spiele auf gar nichts an, Frank. Ich mache mir Sorgen, das ist alles. Wenn nämlich bei Mutual Claims etwas nicht stimmt, dann würde das auf mich zurückfallen. Und auf Sie auch. Schließlich hat Ihre Firma ja von Anfang an die Bücher von Mutual Claims geprüft. Wenn sich herausstellen sollte, daß nicht alles so ist, wie es zu sein scheint, dann könnten Sie in eine recht prekäre Lage geraten.«

»Ich finde es schade, daß dieses Gespräch so läuft, Brock. Ich dachte immer, wir wären Freunde. Es wäre mir peinlich, wenn ich Sie daran erinnern müßte, daß Sie im Augenblick Gast in meinem

Hause sind.«

»Natürlich. Und Ihr Whiskey ist ausgezeichnet. Aber gerade, weil wir Freunde sind, oder zumindest, weil wir einander schon ziemlich lange kennen, finde ich, daß ich mit Ihnen über meine Sorgen sprechen sollte. Verstehen Sie das nicht? Mit Steve kann ich nicht gut darüber reden. Und ich hoffe, Sie werden es auch nicht tun. Es wäre mir lieb, wenn dieses Gespräch unter uns bleiben würde. Fest steht, daß ich mir Sorgen mache.«

»Ich weiß nicht, was Sie von mir erwarten. Ich glaube aber, daß Sie sich da auf ziemlich gefährliches Gelände begeben.«

»Das hoffe ich nicht. Ich hoffe, es wird sich herausstellen, daß alles in bester Ordnung ist.« Ich trank einen letzten Schluck aus meinem Glas und stand auf. »Ich muß jetzt gehen. Vielleicht komme ich in ein, zwei Tagen bei Ihnen im Büro vorbei. Inzwischen wäre ich Ihnen verbunden, wenn Sie unser Gespräch vertraulich behandeln würden.«

Jackley stand ebenfalls auf. »Selbstverständlich.«

Er brachte mich zur Tür. Wir schüttelten einander die Hand. Ich sagte ihm, er hätte ein wunderschönes Haus. Er dankte mir und schloß die Tür.

Anstatt zu meinem Wagen zu gehen, wanderte ich um das Haus herum zum Tennisplatz. Ich wartete, bis das Spiel unterbrochen war, dann trat ich zu Mrs. Jackley, um ihr auf Wiedersehen zu sagen.

»Wollen Sie wirklich nicht zum Abendessen bleiben?« fragte sie.

»Ich kann nicht«, versicherte ich ihr. »Aber trotzdem vielen Dank.«

Sie wandte sich wieder dem Spiel zu. Auf dem Rückweg zu meinem Wagen pirschte ich mich so nahe an die Fenster des Wohnzimmers heran, daß ich sehen konnte, was drinnen vorging.

Jackley war am Telefon.

29

»Mr. Price hat angerufen«, berichtete Brian. »Gleich, nachdem Sie gegangen waren. Sie möchten ihn zu Hause anrufen. – Na, was hat Jackley zu erzählen?«

»Jackley hat einen neuen Tennisplatz«, berichtete ich. »Tennisplätze sind heutzutage nicht billig. Ein guter kostet zehn- bis zwölftausend Dollar. Und das war ein sehr guter Tennisplatz.«

»Und?«

»Er hat außerdem ein sehr hübsches, kleines Häuschen. Dürfte ungefähr eine Viertelmillion wert sein. Und einen prächtigen Rolls Royce. Ich würde sagen, Jackley genießt sein Leben.«

»Ja, aber was hat er denn eigentlich gesagt?«

»Nichts.«

Brian zog die Mundwinkel herunter.

»Nein, das stimmt nicht ganz«, korrigierte ich mich. »Er erinnerte mich daran, daß ich in seinem Haus Gast wäre. Man kann ihn nicht gerade als redselig bezeichnen. Aber noch ehe ich abgefahren war, hing er am Telefon, und Sie können sich wohl denken, mit wem er gesprochen hat.«

Brian nickte. »Und was tun wir jetzt?«

»Nichts. Jedenfalls vorläufig. Wir warten ab, bis die Leute den Brief bekommen haben, den Irv rausschickt. Etwas von Tom gehört?«

Brian schüttelte den Kopf.

»Ich möchte eigentlich gern mehr über diese Hotels wissen.«

»Ich auch. Aber warten wir ab. Morgen ist auch noch ein Tag.«

Ich ging zum Telefon und wählte. Mark mußte mit dem Apparat auf dem Schoß dagesessen und auf meinen Anruf gewartet haben. Er meldete sich, noch ehe das erste Läuten verklungen war.

»Ich wollte dir nur sagen«, erklärte er, »daß Daisy auf dem Weg nach Phoenix ist.«

»Nein!«

»Kompliziert das die Dinge für dich?«

»Nein, es macht wahrscheinlich keinen Unterschied. Aber was ist denn geschehen?«

»Ich habe sie angerufen, nachdem ich mit dir gesprochen hatte. Ich erzählte ihr, daß du Tom gefunden hast und daß es ihm gut geht. Ich sagte ihr ausdrücklich, daß sie sich keine Sorgen zu machen braucht. Sie schien sehr erleichtert. Ich fragte sie, ob sie Lust hätte, mit mir zum Abendessen zu gehen, und schlug vor, sie in Great Neck abzuholen. Sie sagte, ja, das würde sie freuen. Ich fuhr gleich vom Büro aus raus, und als ich ankam, teilte mir ihre Schwester mit, sie sei nach Phoenix geflogen. Der Junge ist noch bei der Schwester, aber Daisy – sie ist inzwischen wahrscheinlich schon in Phoenix.«

»Um welche Zeit ist sie abgefahren?«

»Ich glaube, gegen drei Uhr – unsere Zeit.«

Ich sah auf meine Uhr. Zwanzig Minuten vor acht. Zwanzig Minuten vor zehn in New York.

»Sie wird jetzt wahrscheinlich gerade landen. Hast du eine Ahnung, wo sie übernachten wollte?«

»Das hat sie ihrer Schwester nicht gesagt. Sie wußte es wahrscheinlich selbst noch nicht.«

Mir war höchst unbehaglich.

»Was hat sie veranlaßt, plötzlich nach Phoenix zu fliegen? Hat ihre Schwester dir das gesagt?«

»Sie bekam einen Anruf von diesem Freund von Tom. Ich glaube, er hieß Avery. Kennst du ihn?«

»Ja.«

»Er sagte, Tom brauche sie. Tom wolle, daß sie nach Phoenix käme.«

Das Unbehagen wurde größer. »Geh nicht weg«, sagte ich. »Ich rufe gleich zurück.« Damit legte ich auf.

Ich wählte Eds Nummer. Niemand meldete sich. Ich wählte noch einmal, für den Fall, daß ich mich zuvor verwählt hatte. Immer noch meldete sich niemand.

»Etwas nicht in Ordnung?« fragte Brian. »Sie sehen so aufgeregt aus.«

»Hängen Sie sich ans andere Telefon«, sagte ich. »Rufen Sie den Flughafen an. Ich möchte wissen, um welche Zeit Maschinen aus New York ankommen. Von sämtlichen Fluggesellschaften.«

Brian ging ins andere Zimmer. Ich rief Mark an.

»Ich habe eben versucht, Avery zu erreichen«, berichtete ich. »Er ist nicht zu Hause. Es kann sein, daß er am Flughafen ist, um Daisy abzuholen. Ich habe keine Ahnung, warum er sie herkommen ließ. Ich verstehe das nicht.«

»Bist du beunruhigt?«

»Ja, ein bißchen. Aber ich bin froh, daß du mir Bescheid gegeben hast.«

»Ist Tom bei dir?«

»Er war hier. Aber sie haben ihn heute nachmittag wieder aufs Revier geholt, um ihn noch einmal zu verhören.«

»Wie geht es ihm?«

»Er ist erschöpft. Aber er hat jetzt ein paar Stunden geschlafen. Ich glaube, er wird bald wieder auf dem Damm sein, Mark. Ich habe jedoch das Gefühl, wir sitzen bis über beide Ohren in der Patsche.«

»Das dachte ich mir schon. Ich habe den Brief gesehen, den Irving heute nachmittag rausgeschickt hat. Ich bin fast die Wände hochgegangen. Er sagte, du hättest ihm Anweisung gegeben, den Brief zu schreiben.«

»Das stimmt.« Ich erklärte ihm, was ich argwöhnte und was ich zu tun gedachte. »Aber es gibt noch ein anderes Problem«, fügte ich hinzu. »Die Mutual Claims Anteile von dir und Tom.«

»Ich habe den ganzen Nachmittag mit meinem Gewissen gerungen. Wenn wir jetzt verkaufen, könnte man behaupten, wir hätten uns Informationen zunutze gemacht, die sonst keinem Menschen bekannt waren. Wenn wir die Papiere behalten, müssen wir damit rechnen, daß wir einen Haufen Geld verlieren. Bis jetzt habe ich noch gar nichts getan.«

»Es wird vielleicht notwendig sein, den Verlust hinzunehmen, Mark. Okay?«

»Ich glaube, da stimme ich dir zu.«

Durch die offene Verbindungstür konnte ich Brian sehen. Er hatte den Hörer des Telefons aufgelegt und kam wieder in mein Zimmer zurück. »Aber eines kannst du noch tun, Mark. Ruf Daisys Schwester an. Frag sie, wer außer uns wußte, daß Daisy in Great Neck war. Vielleicht hat Daisy es jemandem erzählt.«

»Du machst dir Sorgen um sie, nicht wahr?«

»Ich weiß selbst nicht, warum. Aber du hast recht.«

»Ich will mal sehen, was ich feststellen kann. Bist du jetzt eine Weile in deinem Zimmer?«

»Höchstwahrscheinlich. Wenn nicht, dann sag Brian Bescheid.«

Wir legten auf. Brian reichte mir ein Verzeichnis mit Flugnummern und Ankunftszeiten.

»Das sind die Direktflüge von New York«, sagte er dazu. »Aber es gibt unzählige Möglichkeiten, auf anderem Weg herzukommen, wenn man keinen Direktflug erwischt. Man kann über Chicago fliegen, über St. Louis, Detroit, Cansas City, Dallas, Washington, alle möglichen Städte. Warum schütteln Sie den Kopf?«

»Es ist hoffnungslos. Mrs. Petacque ist heute nachmittag aus New York abgeflogen. Sie hat wahrscheinlich einen der Direktflüge genommen. Sie ist vermutlich schon hier. Ich hatte eigentlich vor, zum Flughafen hinauszufahren und dort auf sie zu warten, aber ich glaube, dazu ist es zu spät.«

»Ja, wahrscheinlich.«

»Ed Avery hat sie angerufen und sie gebeten, hierher zu kommen. Er weiß wahrscheinlich, mit welchem Flug sie eintrifft, aber er ist nicht zu Hause.«

»Es würde mich interessieren, warum er das getan hat.«

»Mich auch.« Wir schwiegen uns an. Ich wartete auf den Anruf von Mark. Das Telefon läutete nicht. Aber draußen klopfte es.

»Wer ist da?« rief ich.

»Tom.«

Ich ließ ihn herein. Er war allein. In der Hand hatte er ein Blatt Papier.

»Besser habe ich's nicht zustande gebracht«, sagte er müde, während er mir das Blatt Papier reichte.

Ich nahm es. Es war eine Polizeizeichnung. Das Gesicht eines Mannes. Eines Mexikaners offenbar.

»Wer ist das?« fragte ich.

»Der Mann, der Ray und Blanche getötet hat.«

Brian blickte mir über die Schulter auf das Bild.

»Wie heißt er?« fragte ich.

»Das weiß kein Mensch«, antwortete Tom.

30

Ich zog Brian ein Stück zur Seite. »Ist es . . .?«

»Ich glaube nicht. Aber sie könnten Freunde sein.«

Ich ging wieder zu Tom. Er hatte sich aufs Bett gesetzt. Die Hände zwischen den Knien gefaltet, starrte er geistesabwesend auf den Teppich. Die Stunden im Polizeirevier hatten ihm nicht gut getan. Er drohte, wieder in die Depressionen hineinzugleiten. Und genau das konnten wir gar nicht gebrauchen.

»Was war?« fragte ich scharf. »Was wollten sie?«

Er schüttelte den Kopf. »Ich mußte ihnen alles noch einmal von vorn erzählen. Dann haben sie den Zeichner geholt. Ich habe mein Bestes getan. Tut mir leid.«

»Wie genau ist das Bild?«

»Ziemlich genau, glaube ich. Ich habe mein Bestes getan. Ich habe allen einen Haufen Schwierigkeiten gemacht. Ich hätte direkt zur Polizei gehen sollen. Es war ein Fehler. Es tut mir leid.« Er seufzte tief. »Ich bin entsetzlich müde. Hast du noch welche von den Pillen?«

»Nein. Die Tabletten waren von Ed, weißt du das nicht mehr? Und wenn du müde bist, dann brauchst du keine Tabletten; dann schläfst du sowieso. Aber du brauchst jetzt erstmal einen Drink und ein gutes Essen. Du hast den ganzen Tag nichts gegessen.«

»Ich bin nicht hungrig.«

Es galt, Prioritäten zu setzen. Da war Daisy. Da war Ed. Da war der Anruf von Mark. Aber in erster Linie ging es jetzt um Tom. Ich konnte nicht zulassen, daß er noch tiefer in die Depression hineinschlitterte.

»Paß auf, wir machen folgendes: Ich erwarte einen Anruf von Mark. Brian bleibt hier und nimmt ihn an. Du und ich, wir gehen jetzt was essen.«

»Ich bin nicht hungrig.«

»Du kannst mir aber wenigstens Gesellschaft leisten.« Ich wandte mich an Brian: »Warten Sie hier. Bestellen Sie sich etwas beim Etagenkellner und lassen Sie noch ein Bett in mein Zimmer stellen. Das Trader Vic's ist nicht weit von hier. Da geh ich mit Tom hin. Sie können mich dort erreichen, wenn's etwas Wichtiges gibt.«

Brian nickte.

»Ich möchte nichts essen«, erklärte Tom. »Ich habe keinen Hunger.«

Ich zog ihn vom Bett hoch. Beharrlich erklärte er, er wolle nicht ausgehen, er sei müde, es täte ihm leid, daß er allen so viel Mühe gemacht habe, daß er nicht rasiert sei, daß er nicht wisse, wo seine Zahnbürste liege, daß ich ihn dauernd zwänge, Dinge zu tun, die er gar nicht tun wolle. Aber ich lotste ihn bis zur Tür. Und die Treppe hinunter. Und in den Wagen. Und zu dem Restaurant hinüber. Er hätte es wirklich dringend nötig gehabt, sich zu rasieren. Und er sah aus, als hätte er in seinen Kleidern geschlafen. Er torkelte wie ein Betrunkener. Aber nachdem wir ein paar Minuten in dem Restaurant gesessen hatten, begann er langsam, sich wiederzufinden, wie ich das gehofft hatte. Es war nicht etwa so, daß er besonders viel trank an diesem Abend. Oder daß er mehr als ein paar Bissen von der Ente aß, die ich bestellt hatte. Oder daß er plötzlich lebhaft und energischer wurde. Aber er schien langsam mit sich selbst ins reine zu kommen. Sogar in der schummrigen Beleuchtung des Restaurants konnte ich sehen, daß seine Augen heller wurden.

Themen, die in ihm Ängste ausgelöst hätten, vermied ich. Ich sagte nichts von Daisys Abreise nach Phoenix, nichts von der Beerdigung. Ich sagte ihm nicht einmal, daß sein Vater da gewesen war und nach ihm gefragt hatte. Ich tat aber auch nicht so, als befänden wir uns auf einer Vergnügungsreise in Arizona. Ich berichtete ihm von meinem Besuch bei Jackley und von dem Brief, den Irving auf meine Anweisung hin an alle Kunden geschickt hatte. Er begriff, daß es mir darum ging, unseren guten Namen zu retten und gleichzeitig Schroeder unter Druck zu setzen, und er war mit meinem Vorgehen einverstanden.

»Hast du den gleichen Verdacht wie ich?« fragte er. »Daß die Zahlen, die Schroeder vorgelegt hat, aufgebläht sind?«

Die Frage bewies mir, wie sehr er bei der Sache war, und ich fühlte mich weiter ermutigt.

»Genau den Verdacht habe ich«, bestätigte ich. »Ich glaube, er hat aufgeblähte Zahlen aus dem Servicegeschäft angegeben, um Verluste aus den Investitionen zu vertuschen.«

»Das Schwein.«

Ich wechselte das Thema. »Um noch einmal auf das Bild zu kommen, das du mir gezeigt hast – auf der Polizei hat man keine Ahnung, wer der Mann sein könnte?«

»Noch nicht.«

»Aber du sagtest doch, es wären zwei Männer gewesen.«

»Das stimmt. Doch ich habe nur einen von ihnen deutlich gesehen – den, der sich umdrehte und auf mich schoß. Mein Gott, Brock, es war grauenhaft. Er ließ Ray einfach fallen – ich konnte es beinahe hören, wie sein Kopf auf den Beton aufschlug. Ich – müssen wir darüber sprechen?«

»Dadurch, daß du nicht darüber sprichst, wird es auch nicht besser, Tom.«

»Nein, da hast du wahrscheinlich recht. Also gut. Du kennst ja das Haus? Von der Garage führt eine Tür direkt ins Haus. Ich sah, wie die Tür aufging. Ich sah, wie ein Mann in die Garage kam. Er hielt Ray unter den Schultern. Sie trugen ihn Kopf voran. Dann sah ich den anderen Mann, der ihn an den Beinen trug, aber in diesem Augenblick wurde der erste offenbar auf meine Scheinwerfer aufmerksam. Er ließ Ray fallen, riß seine Waffe heraus und zielte auf mich. Das ist der, den ich genauer gesehen habe. Und den zeigt auch das Bild. Oh Gott, ich wünschte, ich wäre zu Hause. Wenn wir wieder im Hotel sind, rufe ich Daisy an. Aber mach dir keine Sorgen, ich bleibe so lange in Phoenix, bis diese Sache geklärt ist. Ich möchte dir helfen.«

»Daisy geht es gut. Mark hat heute nachmittag mit ihr gesprochen. Sie war bei ihrer Schwester. Du hilfst uns sowieso schon. Du hast eine ganze Menge geholfen.«

»Die Polizei ist der Meinung, daß der Mann ein Mexikaner ist.

Eames sagte mir, daß es in Phoenix von Mexikanern wimmelt. Viele davon sind illegale Einwanderer. Sie kommen dauernd schwarz über die Grenze. Man hat nicht einmal eine Ahnung, wieviele illegale Einwanderer sich eigentlich in den Staaten befinden. Es können fünf Millionen sein, es können aber auch zehn Millionen sein. Immer wieder werden welche gefaßt und nach Mexiko zurückgeschickt, aber sie kommen gleich wieder rüber. Wenn sie hier arbeiten wollen, brauchen sie eine Arbeitsgenehmigung; die Geschäfte mit gefälschten Arbeitsgenehmigungen blühen. Hier kostet so ein Fetzen ungefähr zweihundertfünfzig Dollar, in Mexiko kann man ihn für siebzig Dollar bekommen. Es gibt Leute, die ein Geschäft daraus machen, Mexikaner ins Land zu schmuggeln. Soundsoviel pro Kopf. Das Schlimme ist, sagt Harlow, daß die Leute hier ihnen Arbeit geben, auch wenn sie keine Arbeitserlaubnis haben, weil sie für weniger als den Mindestlohn zu arbeiten bereit sind. Wenn man das unterbinden könnte, dann wäre das Problem schon halb gelöst.

Jedenfalls wird es schwierig werden, diesen Burschen zu identifizieren, wenn er den Behörden nicht schon bekannt ist. Ein Bild allein reicht nicht. Sie haben gar nicht von allen illegalen Einwanderern Bilder. Aber jeder, der schon einmal mit den Behörden in Konflikt gekommen ist – da besteht eine Chance. Da liegen dann Fotografien vor. Und Fingerabdrücke. Für jeden, der schon einmal deportiert worden ist, oder in ein Verbrechen verwickelt war, gibt es eine Strafakte.

An das FBI kann die hiesige Polizei sich nur wenden, wenn sie einen Namen oder Fingerabdrücke hat. Ein Bild allein tut's nicht. Und das ist alles, was sie im Moment haben – das ist alles, was ich ihnen geben konnte.«

»Wurden denn im Haus oder an dem Wagen keine Fingerabdrücke gesichtet?«

»Das hat man mir nicht gesagt. Und ich kann mich nicht erinnern, ob der Kerl Handschuhe trug oder nicht. Immerhin will Eames das Bild den Leuten von der Einwanderungsbehörde zeigen. Vielleicht läßt sich da etwas machen. Auf der Einwanderungsbehörde haben sie die ganze Zeit mit illegalen Einwanderern zu tun. Die Beamten dort sind darauf geschult, sich Gesichter einzuprägen. Es ist erstaunlich, sagte Harlow, was für ein Personengedächtnis manche von ihnen haben. Aber wenn es von diesem Burschen keine Akte gibt, oder wenn sich niemand an ihn erinnert, dann sieht die Sache anders aus; dann besteht nicht viel Hoffnung.

Gott, bin ich müde, Brock. Vielleicht hilft es, wenn ich noch einen trinke.«

»Schaden würde es jedenfalls nicht.«

Er winkte einem Kellner. »Noch einen Mai Tai.«

Der Kellner ging.

Tom starrte auf die Tischdecke. »Es war falsch, daß ich mich zwei Tage lang in dem Kloster versteckt habe. Das sehe ich jetzt ein. Ich hätte mich direkt an die Polizei wenden sollen. Aber ich war – weißt du, Brock, es ist gräßlich, wenn es einem so geht, wie mir. Jahrelang geht das so – man sollte doch meinen, daß ich irgendwann mal drüber wegkommen werde.«

»Ich glaube, das ist mehr eine Anfälligkeit. Aber die meiste Zeit bist du doch völlig in Ordnung, Tom. Du bist so okay, das die meisten Leute alles dafür geben würden, so sein zu können, wie du.«

»Aber ich habe immer Angst. Ich habe immer Angst, daß es wiederkommt. Und es ist wiedergekommen. Ich fühle mich beschissen.«

»Aber du redest nicht beschissen. Du redest sehr vernünftig.«

»Aber mir geht's trotzdem dreckig, ich habe das Gefühl, daß ich alle im Stich gelassen habe. Ich hätte direkt zur Polizei gehen sollen. Vielleicht hätten sie dann diese Kerle schon erwischt.«

»Diese Burschen kümmern mich gar nicht so sehr. Mich kümmert es mehr, wer die beiden angeheuert hat, und warum.«

»Aber mich kümmern die beiden, Brock. Sie haben meinen Bruder und meine Schwägerin umgebracht.«

Der Kellner kam mit dem Drink. Und ich sah plötzlich Brian an der Tür stehen.

»Entschuldige mich einen Moment«, sagte ich und stand rasch auf. Ich eilte zu Brian hinüber. »Was gibt's?«

Er war erregt. »Mark hat angerufen. Er hatte Mühe, Daisys Schwester zu erreichen. Sie war nicht da. Sie weiß nicht, ob Daisy jemandem davon erzählt hat, daß sie nach Phoenix wolle. Aber sie sagte, daß Daisy mit Toms Vater gesprochen hat. Er rief an, um nachzufragen, ob sie da wäre, und sie dachte, es wäre besser, ihm zu sagen, daß sie käme. Er wußte es also.«

»Und weiß der Himmel, wem er es erzählt hat.«

»Ja. Aber das ist nicht das Schlimmste, das ist nicht der Grund, weshalb ich herübergekommen bin. Dieser Bekannte von Ihnen, dieser Ed Avery war vor ein paar Minuten da. Er wollte wissen, wie es Tom ginge, sagte er. Ich wußte nicht, ob ich ihn nach Mrs. Petacque fragen sollte oder nicht, aber ich tat es trotzdem.

Und Brock, er sagt, er hätte sie nie angerufen und ihr gesagt, daß Tom sie hierhaben wolle.«

31

Es gelang mir, die Mahlzeit hinter mich zu bringen, ohne Besorgnis zu zeigen. Dann fuhr ich Tom ins Motel zurück. Ich redete es ihm aus, Daisy anzurufen. Ich hielt ihm vor Augen, daß es in New York beinahe Mitternacht war; er würde das ganze Haus wecken.

Er ging zu Bett und schlief bald. Ich bat Brian, bei ihm zu bleiben, bis ich wieder zurück wäre. Dann setzte ich mich in meinen Wagen und fuhr zu Ed.

Ed war so beunruhigt wie ich.

»Was ist das für eine Geschichte, daß ich Daisy angerufen und sie gebeten haben soll, nach Phoenix zu kommen?« fragte er.

»Genau das möchte ich auch wissen«, versetzte ich. »Ihre Schwester sagt, Sie hätten angerufen.«

»Das stimmt nicht.«

»Dann muß jemand Ihren Namen mißbraucht haben.«

»Nun ist genau das eingetreten, was ich befürchtet habe: man bedient sich ihrer, um an Tom heranzukommen.« Er zündete sich einen seiner Zigarillos an und begann, im Zimmer auf und ab zu wandern. »Sie hätte nicht zu ihrer Schwester fahren sollen. Das war nicht der richtige Ort. Sie hätte sich irgendwo verstecken sollen, wo keiner sie vermutete.«

»Hätte sie denn nicht Ihre Stimme erkannt?«

»Wahrscheinlich nicht. Ich habe sie seit diesem Einweihungsfest nicht mehr gesehen. Mit Tom war ich natürlich des öfteren zusammen und habe auch mit ihm telefoniert. Aber mit Daisy – nein, so gut kennt sie meine Stimme nicht.«

»Wo waren Sie gegen acht?«

»Im ›Quilted Bear‹.« Er runzelte die Stirn. »Warum?«

»Ich versuchte, Sie zu erreichen. Was ist das ›Quilted Bear‹?«

»Ein Restaurant. Dort esse ich manchmal, wenn ich keine Lust habe, zu kochen.« Er machte eine kurze Pause. »Weiß Tom schon Bescheid?«

»Bis jetzt habe ich ihm nichts gesagt, aber ich weiß nicht, wie lange ich es ihm noch verheimlichen kann.«

»Daisy hätte mich doch angerufen, sobald sie gelandet war.«

»Oder mich. Mark hatte ihr gesagt, daß ich Tom gefunden

habe.« Ich überlegte einen Moment. »Aber vielleicht auch nicht. Vielleicht hat er ihr nicht gesagt, wo ich wohne.«

»Was wollen Sie jetzt tun?«

»Zur Polizei gehen.«

»Halten Sie das für klug? Es kann doch sein, daß alles in bester Ordnung ist.«

»Ich lasse es nicht auf ein Risiko ankommen.«

»Aber wenn Sie zur Polizei gehen, dann kommt die ganze Sache in die Zeitung. Und dann erfährt Tom bestimmt davon.«

»Vielleicht auch nicht.«

»Verdammt«, sagte er. Ich ging. Aber ich fuhr nicht zum Polizeirevier, sondern zum Arizona Biltmore.

Im Foyer war wenig los. Ein paar Leute saßen noch herum, aber die Mehrzahl der Gäste hatte sich bereits zurückgezogen. Ich suchte das Haustelefon und bat die Telefonistin, mich mit General Petacque zu verbinden. Sie läutete an. Eine Frau meldete sich.

»Daisy?« fragte ich rasch.

»Nein«, antwortete die Frau. »Hier spricht Mrs. Lang.«

Die Enttäuschung traf mich wie ein Schlag. Clarissa Lang. Toms Schwester.

»Hier ist Brockton Potter. Ich würde gern hinaufkommen, wenn das möglich ist. Es ist wichtig.«

Im Hintergrund hörte ich eine Stimme. Ich hörte, wie die Frau sagte: »Brockton Potter. Er möchte heraufkommen.«

Die Frau sprach wieder ins Telefon: »Es tut mir leid, Mr. Potter. Mein Vater ist bereits zu Bett gegangen, und ich wollte mich eben auch zurückziehen.«

»Sagen Sie Ihrem Vater, daß ich ihn wegen Entführung Ihrer Schwägerin festnehmen lassen werde.«

»Wie bitte?«

Ich wiederholte meine Drohung. Einen Augenblick blieb es still. Sie hielt die Sprechmuschel offenbar zu, denn ich konnte nichts hören. Dann kam ihr Vater an den Apparat.

»Ich habe mit Ihnen nichts mehr zu besprechen. Was soll dieses Gerede von einer Entführung?«

»Es besteht Anlaß zu glauben, daß Daisy entführt worden ist, und daß Sie in die Sache verwickelt sind. Sie können sich darüber entweder mit mir oder mit der Polizei unterhalten. Ganz wie Sie wollen.«

Es folgte eine längere Pause.

»Vielleicht kommen Sie besser doch herauf.« Er gab mir die

Nummer seines Zimmers an.

Die Tür war offen, und Clarissa Lang stand in einem Morgenrock auf der Schwelle. Ich hatte sie nie kennengelernt, aber ihre Ähnlichkeit mit Tom war frappierend. Nur wirkte das schmale Gesicht mit dem kantigen Kinn bei ihm besser als bei ihr.

»Kommen Sie herein«, forderte sie mich auf.

Ich trat in den Salon der Suite. General Petacque saß auf dem Sofa, seinen Stock zwischen den Beinen. Auch er trug einen Morgenrock.

»Was ist das für eine Geschichte von einer Entführung?« fragte er wieder.

Ich setzte mich nicht. Ich suchte mir einen Standort außerhalb der Reichweite des Stockes und sagte: »Haben Sie heute nachmittag mit Daisy telefoniert?«

»Beantworten Sie meine Frage.«

»Erst beantworten *Sie meine* Frage. Haben Sie mit ihr telefoniert?«

»Das geht Sie nichts an.«

»Dann gehe ich davon aus, daß Sie mit ihr gesprochen haben. Woher wußten Sie, wo sie sich aufhielt?«

Der General gab nach. »Ja, ich habe mit ihr gesprochen. Ich habe seit Dienstag versucht, sie ausfindig zu machen. Der Gedanke, daß sie bei ihrer Schwester sein könnte, ist mir überhaupt nicht gekommen. Ich habe wiederholt in ihrer Wohnung in New York angerufen. Das Mädchen sagte mir immer das gleiche, nämlich, daß die ganze Familie verreist sei, sie wüßte nicht, wohin. Clarissa schlug schließlich vor, ich sollte es einmal bei Daisys Schwester versuchen.«

»Warum haben Sie sie angerufen?«

»Mister Potter«, warf Clarissa dann scharf ein, »es besteht keine Notwendigkeit, in diesem Ton mit meinem Vater zu sprechen.«

Ich ignorierte sie. Der General ebenfalls.

»Ich fand«, bemerkte er, »daß ihr Platz hier ist an meiner Seite, im Kreis der Familie.«

»Haben Sie ihr das gesagt?«

Der General zögerte. »Ich wollte es ihr sagen. Aber dann tat ich es doch nicht. Als ich sie fragte, warum sie bei ihrer Schwester sei, erklärte sie, Tom habe ihr das geraten. Er habe gesagt, sie sei in Gefahr. Ich verstand das nicht, aber ich – nein, ich habe ihr nicht gesagt, daß sie hierher kommen soll. Was meinte Tom damit, als er sagte, sie sei in Gefahr?«

»Genau das. Und er hatte recht. Haben Sie Steve Schroeder erzählt, daß Sie mit Daisy gesprochen hatten?«

Er antwortete nicht gleich.

»Haben Sie es ihm erzählt?«

»Er fuhr nach der Beerdigung mit uns ins Hotel. Er war hier, als ich telefonierte.«

Ich hatte nicht vorgehabt, mich zu setzen, aber plötzlich saß ich doch. Ich ließ mich in den nächststehenden Sessel fallen.

»Sie Narr!«

»Mister Potter!« rief seine Tochter ärgerlich.

»Sie arroganter, dickköpfiger Idiot!«

Das Gesicht des Generals lief rot an. Dann kam plötzlich Unsicherheit über ihn. Er schien erschrocken.

»Was ist geschehen?« fragte er mit schwankender Stimme.

»Heute nachmittag hat jemand Daisy bei ihrer Schwester angerufen und sich für Ed Avery ausgegeben. Er sagte, Tom wünsche, daß sie nach Phoenix käme. Sie ist sofort abgereist – und seitdem hat kein Mensch mehr von ihr gehört.«

Auch Clarissa Lang mußte sich jetzt setzen. Sie tat es so plötzlich wie vorher ich. Sie sank auf das Sofa neben ihren Vater.

»Oh nein!«

Der General drückte die Hand auf den Mund und strich sich dann über das Gesicht.

»Jemand, der sich für Ed Avery ausgab?« fragte er heiser.

»Ja. Nur hat Ed nie mit Daisy telefoniert.«

»Doch, er muß es gewesen sein. Dieser Mann war nie vertrauenswürdig. Ich kenne ihn besser als die meisten. Ich –«

»Steve Schroeder möchte Tom zum Schweigen bringen. Er möchte mich zum Schweigen bringen. Er schreckt vor nichts zurück.«

»Sie irren sich. Er – ihm geht es nur darum, Raymonds Ruf zu schützen. Raymond –«

»Ray war unschuldig.«

»Nein. Nein, das war er nicht.«

Er senkte den Kopf. Sein Atem ging in kurzen, keuchenden Stößen. Seine Tochter legte den Arm um seine Schultern.

»Wenn Sie von dem Mord an Lee Kelly sprechen«, sagte ich, »so kann ich Ihnen sagen, daß Ray damit nichts zu tun hatte.«

Der General hob den Kopf. In seinen Augen standen Tränen.

»Sie wissen davon?«

»Ja, aber woher wissen *Sie* davon?«

»Raymond hat es mir erzählt. Er kam nach Sarasota. Ich – ich habe ihm geraten, mit Tomas zu sprechen. Ich – ich wußte nicht, daß Tom der Situation nicht gewachsen sein würde. Meine Söhne – ich habe mich bemüht, das Richtige zu tun, sie richtig zu erziehen. Ich –«

»Ray hatte mit dem Mord an Kelly überhaupt nichts zu tun. Seine Schuldgefühle waren völlig unangebracht.«

»Aber was ist mit den Hotels. Er war doch derjenige, welcher Steve empfohlen hat, sie zu kaufen. Er hat sich von den früheren Eigentümern, die versuchten, die Hotels abzustoßen, bestechen lassen.«

»Was für Hotels?«

»Das eine ist hier in Phoenix, das Arroyo. Dann das in Jamaika, das Royal Montego. Und schließlich noch das Starfish Beach in St. Thomas.«

»Hat Ray Ihnen das selbst erzählt?«

»Nein. Steve hat es mir erzählt. Er hat sie zur falschen Zeit gekauft. Es war ein Fehler, sie zu kaufen. Das Arroyo ist zu abgelegen. Und die Karibik ist nicht mehr so gefragt, wie vor ein paar Jahren.«

»Ich bezweifle stark, daß Ray mit diesen Käufen etwas zu tun hatte. Meiner Ansicht nach hat Schroeder diese Hotels auf eigene Faust gekauft. Er ist ganz gierig auf Paradestücke. Er versteht nur von einem Gebiet etwas – die EDV –, aber er möchte gern in allem ein Genie sein. Weiß der Himmel, was er außer diesen Hotels noch für finanzielle Dummheiten gemacht hat. Wahrscheinlich hat er den Erlös aus dem Verkauf seiner Mutual Claims Papiere in Immobilien gesteckt. Und hat sich dabei die Finger verbrannt. Um für seine Aktien Höchstpreise zu bekommen, hat er die Gewinne der Firma mit überhöhten Zahlen angegeben.«

Der General starrte mich an. »Sie glauben nicht, daß Raymond Bestechungsgelder angenommen hat?«

Das war das einzige, was ihn zu interessieren schien. Was Schroeder vielleicht getan hatte, zählte für ihn nicht.

»Ich bezweifle es. Aber wichtig ist im Augenblick nur Daisy.«

»Weshalb sollte Steve ihr etwas tun wollen?«

»Um Tom daran zu hindern, daß er ihn als Betrüger entlarvt. Um mich daran zu hindern, ihn als Betrüger zu entlarven.«

»Er würde doch einer Frau nichts zu Leide tun.«

»Daß ich nicht lache!«

»Er würde einer Frau nichts antun«, wiederholte der General.

»Jemand, der sich in die Enge getrieben sieht, schreckt vor nichts zurück«, erklärte ich. »Und ich glaube, Steve Schroeder hat das Gefühl, in die Enge getrieben zu sein.« Ich stand auf. »Und wenn Daisy etwas geschieht, dann sind Sie mit verantwortlich. Gute Nacht, General.«

32

Die Fahrt vom Arizona Biltmore zu dem kleinen Backsteinbau in der First Street in Mesa war lang. Unterwegs versuchte ich, mich selbst davon zu überzeugen, daß meine Befürchtungen grundlos waren. Daisy konnte es sich anders überlegt haben. Sie konnte in die New Yorker Wohnung zurückgekehrt sein. Vielleicht war sie auch zu ihrer Schwester zurückgefahren. Vielleicht schlief sie auch sicher und wohlbehalten in einem Hotel in Phoenix.

Ich versuchte es. Aber es gelang mir nicht. Tatsächlich wurden meine Ängste immer stärker, Schroeder war beim General gewesen, als dieser telefoniert hatte. Schroeder war wahrscheinlich derjenige gewesen, welcher ihn gedrängt hatte, Daisy anzurufen, es so lange bei den verschiedensten Leuten zu versuchen, bis sie schließlich gefunden war. Dann hatte entweder Schroeder selbst oder jemand in seinem Auftrag bei ihr angerufen und sich für Ed ausgegeben. Mit dem Versprechen, sie am Flughafen abzuholen. Sie war vielleicht erstaunt gewesen, nicht Ed, sondern Schroeder am Flughafen zu sehen, aber sie war zweifellos ohne Befürchtungen mit ihm gefahren; sie kannte ihn ja.

Es war zehn nach eins, als ich das Polizeirevier in Mesa betrat. Es war, als wäre ich nie weggewesen. Dieselben Beamten hatten Nachtdienst. Sie wollten wissen, ob sie mir behilflich sein könnten. Ich sagte ihnen, ich müßte unbedingt Harlow oder Eames sprechen. Man teilte mir mit, daß keiner der beiden im Dienst sei.

»Ich muß sie aber sprechen«, blieb ich hartnäckig. »Es geht um den Fall Petacque.«

Es gab keinen Widerspruch und kein Zögern. Einer der Beamten griff zum Telefon und wählte. Er sprach mit Harlow.

»Er ist in ein paar Minuten hier«, meldete er.

Ich wartete. Ich trank eine Cola, und ich rauchte zwei Zigaretten.

Harlow hatte offenbar auch Eames mobilisiert, denn die beiden trafen zur gleichen Zeit ein. Sie führten mich in ein kleines Büro.

»Also«, begann Eames energisch, »worum geht es?«

»Ich glaube, man hat die Frau von Tom Petacque entführt«, sagte ich.

Eames ließ sich langsam auf den Stuhl hinter seinem Schreibtisch nieder. Harlow blieb stehen. Beide starrten sie mich an.

»Was?« fragte Harlow.

»Tom hat seine Frau vor drei Tagen angerufen. Er wollte sie warnen. Er meinte, sie könnte in Gefahr sein. Er überredete sie, mit Jerry – das ist der Sohn von den beiden – New York zu verlassen. Sie fuhr zu ihrer Schwester hinaus, die auf Long Island lebt. Heute wurde sie von jemandem angerufen, der sich als Ed Avery ausgab und behauptete, Tom wünsche, daß sie nach Phoenix käme. Sie ist sofort abgereist. Und seitdem hat niemand mehr von ihr gehört. Ich glaube, daß sie hier in Phoenix entführt wurde.«

»Was soll das für eine Gefahr gewesen sein?« fragte Harlow.

»Wie kommen Sie darauf, daß sie entführt worden sein könnte?« fragte Eames.

»Haben Sie uns vielleicht etwas verschwiegen?« fragte Harlow.

»Ja«, antwortete ich. »Eine ganze Menge.«

Die beiden sahen mich an. In ihren Augen war Zorn. Aber sie sagten nichts.

Ich hatte mir genau überlegt, was ich sagen wollte. Jetzt legte ich los: »Die Ermordung von Ray und Blanche Petacque steht im Zusammenhang mit einem anderen Mord, der um die Weihnachtszeit herum hier in Phoenix verübt wurde. Da wurde ein Mann namens Lee Kelly getötet. Sie haben den Fall wahrscheinlich nicht bearbeitet, aber Sie wissen vielleicht davon. Es handelte sich um einen jungen Angestellten, den Buchprüfer von Jackley, Smith. Ich bin überzeugt davon, daß er getötet wurde, weil er in den Büchern der Mutual Claims Company auf Unregelmäßigkeiten stieß, die auf betrügerische Machenschaften schließen ließen. Er berichtete Ray Petacque, dieser wiederum berichtete Steve Schroeder. Kelly wurde getötet, damit nichts an die Oberfläche drang. Aber Ray Petacque ließ nicht locker. Er wollte die Wahrheit ergründen. Er besprach die Sache mit seinem Bruder. Sein Bruder kam hierher, um ihm zu helfen, aber da war es schon zu spät. Ray und seine Frau wurden aus den gleichen Gründen getötet, wie Kelly, das heißt, zumindest Ray wurde aus diesen Gründen getötet – seine Frau wurde wahrscheinlich nur deshalb erschossen, weil sie zufällig auch im Haus war. Ich bin hier, um die Geschäfte von Mutual Claims etwas näher unter die Lupe zu nehmen. Schroeder will das nicht. Meiner Ansicht nach hat er Toms Frau entführt, um damit ein Druckmittel gegen mich in der Hand zu haben.«

»Wollen Sie behaupten, daß die Petacques nicht von diesen Männern getötet wurden, die Petacques Bruder beobachtet hatten?« fragte Harlow.

»Nein, das will ich nicht behaupten. Aber ich bin der Auffassung, daß diese Leute von Steve Schroeder gedungen wurden.«

»Wer ist Steve Schroeder?« fragte Harlow.

»Er ist der Aufsichtsratsvorsitzende und Generaldirektor der Mutual Claims Company.«

»Das ist das Gebäude in der Central Avenue?« fragte Eames.

»Ja.«

»Und Sie behaupten, daß der Aufsichtsratsvorsitzende dieser Firma zwei Mörder gedungen hat, um die Petacques erschießen zu lassen?«

»Genau.«

»Und daß er diese Frau aus New York entführt hat?«

»Ja.«

In Harlows Augen schwelte immer noch der Zorn. Und Eames wirkte ganz einfach höchst skeptisch.

»Und was für Beweise haben Sie für Ihre Anschuldigungen?« fragte er.

»Keine«, antwortete ich. »Aber ich weiß, daß ich recht habe. Schroeder hat mich sogar überwachen lassen.«

Ich berichtete von dem braunen Wagen und nannte ihnen das Kennzeichen.

»Warum haben Sie uns das nicht alles gestern schon erzählt?« wollte Harlow wissen. »Warum hat Mister Petacque nichts davon gesagt?«

»Weil wir alle keine Beweise hatten.«

»Mit anderen Worten, es handelt sich lediglich um eine Theorie.«

»Es ist mehr als eine Theorie. Ich bin überzeugt, daß ich recht habe. Aber ich habe keine Beweise.«

»Und wie steht es mit der Entführung?«

»Auch dafür habe ich keine Beweise. Aber Sie müssen etwas unternehmen.«

»Reden wir erst einmal mit dem Lieutenant«, sagte Harlow zu Eames.

Sie gingen aus dem Büro.

Sie blieben keine zehn Minuten weg, aber mir war, als verginge die Zeit überhaupt nicht. Während ich da in dem kleinen, spärlich eingerichteten Büro saß, wurde mir klar, daß meine Behauptungen, von deren Richtigkeit ich so felsenfest überzeugt war, ihnen als völlig sinnlose, unbegründete Beschuldigungen eines Verrückten erscheinen mußten. Sie wußten ja nicht einmal, wer Steve Schroeder war. Sie konnten sich nicht vorstellen, wieviel für ihn auf dem Spiel stand.

Mir wurde außerdem klar, daß die Beweise, die ich brauchte, beinahe unmöglich zu beschaffen waren, wenn nicht jemand bei Mutual Claims oder Jackley, Smith mit mir zusammenarbeitete.

Sie kamen zurück.

»Geben Sie uns eine Beschreibung von Mrs. Petacque«, sagte Harlow.

Ich beschrieb ihnen Daisy, so genau ich konnte. Dann ließen sie mich wieder allein. Irgend etwas tat sich. Ich spürte, daß etwas in der Luft lag. Ein Beamter in Uniform öffnete die Tür und warf einen Blick auf mich, scheinbar nur aus Neugier, dann zog er sich wieder zurück und schloß die Tür hinter sich.

Jetzt wurden Meldungen durchgegeben, stellte ich mir vor. Vielleicht zum Polizeipräsidium. Vielleicht zum FBI. Oder an die Polizei in New York. Ich hatte etwas erreicht. Die Fahndung nach Daisy war angelaufen. Aber das Gefühl der Hoffnungslosigkeit kehrte zurück. Ohne Beweise . . .

Die beiden Beamten kehrten mit einem dritten Mann zurück. Sie stellten ihn mir als den Lieutenant vor, der das Revier unter sich hatte. Ich mußte ihm meine Geschichte wiederholen.

»Warum haben Sie das alles den Beamten nicht schon gestern erzählt?« fragte auch er, als ich geendet hatte.

Seine Stimme war sachlich, sein Gesicht blieb ausdruckslos.

»Weil ich keine Beweise hatte. Aber was werden Sie jetzt tun, nachdem ich es Ihnen erzählt habe?«

»Wir werden Mister Schroeder verhören.«

»Und was, glauben Sie, das er Ihnen erzählen wird?«

»Die Wahrheit, hoffen wir.«

Ich seufzte. »Er wird Ihnen sagen, daß er keine Ahnung hat, was Sie da reden; daß ich verrückt bin und hinter Gitter gehöre; daß die Geschäfte seines Unternehmens absolut reell sind und er das auch beweisen kann.«

»Wenn er es beweisen kann . . .«

»Ich weiß, ich weiß. Da liegt ja der Hase im Pfeffer. Aber ich habe recht. Und Daisy ist verschwunden.«

»Das ist nur eine Vermutung Ihrerseits. Aber wir haben das Nötige veranlaßt. Wenn sie in Phoenix angekommen ist, dann finden wir sie. Und was die beiden Männer angeht, die Mister Petacque im Haus seines Bruders gesehen hat, so tun wir alles Menschenmögliche, um festzustellen, wer sie sind. Morgen vormittag setzt sich Detective Harlow mit einem Beamten von der Einwanderungsbehörde zusammen.«

»Morgen vormittag«, wiederholte ich stumpf.

»*Heute* morgen, besser gesagt. In ein paar Stunden.«

Ich nickte. Ich blickte von einem zum anderen. Das, was ich sehen wollte, sah ich auf keinem der Gesichter. Plötzlich war ich sehr müde.

»Nun«, meinte ich, »ich habe Ihnen alles gesagt, was ich weiß. Kann ich jetzt gehen?«

Sie hatten nichts dagegen.

»Ich nehme an, Sie sind jederzeit erreichbar«, bemerkte der Lieutenant.

»Jederzeit«, erwiderte ich.

Dann fuhr ich zum Motel zurück. Tom lag schlafend in meinem Bett. Daneben hatte man ein Feldbett aufgeschlagen. Brian war im anderen Zimmer.

»Hat man Mrs. Petacque gefunden?« fragte er.

»Nein«, antwortete ich. »Die Fahndung ist eben erst angelaufen.«

Ich streckte mich auf dem Feldbett aus, und trotz allem dauerte es nicht lange, ehe ich eingeschlafen war.

33

Es war acht Uhr, als ich erwachte. Ich hatte vergessen, die Vorhänge an der Schiebetür zum Balkon zuzuziehen, und die Sonne strahlte mir direkt ins Gesicht. Einen Moment lang war ich verwirrt. Ich dachte, ich sei in New York, und konnte nicht verstehen, was los war; morgens schien die Sonne nie in mein Schlafzimmer. Dann hatte ich das Gefühl, daß meine Füße ungewöhnlich schwer waren, und ich merkte, daß ich meine Schuhe anhatte. Ja, ich war völlig bekleidet. Da fiel mir ein, wo ich war, und die Erinnerungen an den vergangenen Abend fielen über mich her.

Das Gefühl der Hoffnungslosigkeit kehrte wieder. Es war beinahe Verzweiflung. Ich drehte mich um.

Tom saß aufrecht im Bett. »Hallo«, sagte er.

Sollte ich mit ihm über Daisy sprechen? Früher oder später würden die Zeitungen und das Fernsehen doch ihr Verschwinden melden. Ich entschied mich dagegen. Ich wollte noch eine Weile warten.

»Hallo«, erwiderte ich.

»Du hast in deinen Kleidern geschlafen«, stellte er fest.

»Und du mußt dich rasieren«, meinte ich.

Ich stand auf und ging zur offenen Verbindungstür hinüber. Brian hing halb angezogen in einem Sessel und aß eine Orange.

»Haben Sie –?« begann er.

Ich legte meinen Finger an die Lippen.

Er nickte. »Wollen Sie eine Orange?«

Ohne auf eine Antwort zu warten, ging er auf den Balkon hinaus, beugte sich über das Geländer und pflückte von dem Baum darunter zwei Orangen. Er mußte sich abmühen, sie zu erreichen, und er wäre beinahe hinuntergefallen, aber schließlich ergatterte er zwei sehr schöne Exemplare. Er gab sie mir. Ich warf eine zu Tom hinüber und begann die andere zu schälen. Saft spritzte mir ins Gesicht. Brian kam in unser Zimmer herüber. Niemand sprach etwas. Wir kämpften verbissen mit den Orangen.

Mein Gefühl der Hoffnungslosigkeit ließ nicht nach.

Tom wischte sich Saft vom Kinn.

»Ich muß mich wirklich dringend rasieren«, bemerkte er, »aber ich weiß nicht, wo meine Sachen sind.«

»Wahrscheinlich noch im Kloster«, meinte ich.

»Nein«, erklärte Brian. »Sie sind noch in Eds Wagen.«

»Sind Sie sicher?« fragte Tom.

»Ziemlich sicher«, antwortete Brian.

Als wir später zum Frühstück hinuntergingen, wollte Tom eine Zeitung kaufen. Ich versuchte, ihn daran zu hindern, aber es gelang mir nicht. Doch über Daisy stand nichts drin.

Tom bestellte gebratenen Schinkenspeck, aber was er bekam, war nicht einmal richtig angebraten. Brian erklärte, die Butter schmecke wie Margarine. Ich starrte auf eine alte Frau, die mit zitternder Hand ihre Kaffeetasse zum Mund führte; es machte mich nervös, ihr zuzusehen; dennoch konnte ich den Blick nicht abwenden.

Tom aß mit Todesverachtung seinen Schinkenspeck. Und dazu zwei Spiegeleier auf Toast. Außerdem lächelte er. Zweimal.

Einmal begann er zu sprechen, zögerte, sprach dann doch.

»Wie steht Mutual Claims?« wollte er wissen.

Brian hatte die Zeitung. »Unverändert. Hundertachtunddreißig.«

Weiter ging unser Gespräch über die Dinge, die wirklich zählten, nicht.

Nach dem Frühstück verkündete Tom, er wolle Daisy anrufen. Ich versuchte, ihm das auszureden. Er blieb hartnäckig. Ich hätte beinahe den Kopf verloren. Aber als er die Nummer in Great Neck wählte, meldete sich niemand.

Ich beschrieb Brian den Weg zum nächsten Einkaufszentrum und schlug vor, er solle mit Tom hinfahren, damit dieser sich die Sachen besorgen könne, die er brauche.

Als sie weg waren, wollte ich im Büro anrufen, dann fiel mir ein, daß Samstag war. Ich versuchte also, Mark zu Hause zu erreichen. Als ich ihm sagte, daß wir von Daisy immer noch nichts gehört hätten, war er drauf und dran, in die nächste Maschine nach Phoenix zu springen. Ich brauchte fünf Minuten, um ihn davon abzubringen.

Dann rief ich Irving an und fragte ihn, ob er inzwischen eine Aufstellung der Telefongespräche hätte, die Ray Petacque von New York aus geführt hatte.

»Sense«, versetzte er.

»Was heißt Sense?«

»Ich habe Rothland zu dem Hotel geschickt. Aber sie haben sich geweigert, ihm irgendwelche Auskünfte zu geben.«

»Brian hätten sie sie bestimmt gegeben«, rief ich ärgerlich.

Im allgemeinen mache ich derartige Bemerkungen nicht, und im allgemeinen schreie ich Irving auch nicht an.

Er wußte nicht, was er davon halten sollte.

»Aber, Brock –«

»Ich will keine Entschuldigungen hören. Ich möchte wissen, mit wem Ray Petacque von New York aus telefoniert hat, und wenn du diese Informationen nicht beschaffen kannst, dann schicke ich Brian nach New York zurück. Ist das klar? Meinetwegen kannst du jemanden bestechen oder den Präsidenten der Telefongesellschaft anrufen. Es ist mir gleich, was du tust. Aber ich will die Auskunft haben, und ich möchte sie bald haben.«

Damit knallte ich den Hörer auf die Gabel. Kaum hatte ich das getan, da läutete das Telefon.

Es war Ed. Er sei die ganze Nacht aufgewesen, sagte er, vor lauter Sorge um Daisy. Ob ich etwas Neues wüßte?

Ich verneinte.
»Wie geht es Tom?«
»Im Augenblick wesentlich besser. Ich habe ihm von Daisy nichts gesagt.«
»Kann ich ihn sprechen?«
»Er ist nicht hier. Brian ist mit ihm zum Einkaufen gefahren. Er kann sich nicht erinnern, wo seine Sachen sind.«
»In meinem Wagen. Früher oder später müssen Sie ihm das mit Daisy sagen.«
»Ich weiß. Aber ich möchte lieber noch warten.«
Mehr hatte er mir nicht zu sagen.
Und kaum war das Gespräch mit ihm beendet, da rief General Petacque an. Auch er hatte eine schlechte Nacht verbracht, weil er sich Sorgen um Daisy machte. Auch er wollte wissen, wo Tom sei. Ich sagte ihm, daß die Polizei nach Daisy fahnde, und daß Tom nichts davon wüßte, daß sie verschwunden sei. Der General schien über Nacht ein anderer Mensch geworden zu sein. Von der früheren Arroganz war nichts geblieben. Es konnte keinen Zweifel daran geben, daß er tief erschüttert war.
»Haben Sie mit Schroeder gesprochen?« fragte ich.
»Nein. Ich – ich wüßte gar nicht, was ich ihm sagen sollte.«
Ich ließ es dabei bewenden. Nachdem ich aufgelegt hatte, ging ich auf den Balkon hinaus. Die Sonne war warm. Ich streckte mich auf dem Liegestuhl aus, der in der Ecke stand. Jetzt muß bald etwas geschehen, dachte ich. Es muß etwas passieren.
Aber nichts geschah. Überhaupt nichts.
Nach einer Weile ging ich ins Zimmer zurück, um mir die Zeitung zu holen, die Brian auf dem Bett liegengelassen hatte. Ich setzte mich wieder in die Sonne und blätterte sie durch. Das Kaufhaus Goldwater bot einen Sonderposten Kittelschürzen an. Ein Tanker war vor Venezuela auf Grund gelaufen, und Öl ergoß sich in riesigen Mengen in den Atlantischen Ozean. Ein zweiundzwanzigjähriger Automechaniker war wegen Notzucht an einer Minderjährigen verurteilt worden. Die Baumschule Montgomery verkaufte Wacholdersträucher zum Schleuderpreis von achtundachtzig Cent pro Stück.
Tom und Brian blieben lange aus. Ich begann mir Sorgen zu machen. Es war fast Mittag, als sie vollbeladen zurückkamen.
»Ihr wart aber lange weg«, sagte ich.
»Wir haben einen Umweg gemacht«, erklärte Tom. »Ich habe Lee Kellys Witwe kennengelernt.«

Brian erläuterte, daß er Tom auf der Fahrt zum Einkaufszentrum ausführlich von unserem Besuch bei ihr und von dem Mann erzählt hatte, der angeblich den Mörder Kellys gesehen hatte. Tom hatte darauf bestanden, zu der jungen Frau hinauszufahren und sich den Namen des Mannes geben zu lassen.

»Wir sind gerade noch rechtzeitig gekommen«, sagte er. »Die Packer trugen gerade die letzten Kartons hinaus. Ihre Maschine fliegt in zwei Stunden.« Er machte eine Pause. »Es war traurig. Sie hat geweint.«

»Und hat sie euch den Namen des Mannes gegeben?« fragte ich.

»Trask«, nickte Tom. »Wir sind gleich zu ihm gegangen. Ich hatte das Bild in meiner Tasche.«

»War er da?«

»Ja. Er ist achtundsiebzig Jahre alt. Ich habe ihm das Bild gezeigt. Mit Bestimmtheit konnte er gar nichts sagen. Er hat den Mann nur ganz flüchtig gesehen.«

»Aber es war mehr ›ja‹ als ›nein‹«, fügte Brian hinzu.

Tom sah mich an. Und er schien enttäuscht.

»Ich hätte nicht gedacht, daß du noch hier bist.«

»Was dachtest du denn, wo ich sein würde?«

»Bei Schroeder oder sowas.«

»Ich glaube, Schroeder hatte heute morgen viel zu tun. Mit den Polizeibeamten, die dich vernommen haben.«

Er zog die Brauen hoch.

»Ich habe gestern abend mit ihnen gesprochen. Ich habe sie auf ihn aufmerksam gemacht«, sagte ich.

»Warum? Sie kriegen doch nichts aus ihm heraus.«

»Weil ich fand, es wäre Zeit dazu.«

Er war verärgert. Ich war verärgert, weil ich irgendwie das Gefühl hatte, daß er recht hatte; daß ich wirklich etwas unternehmen sollte, anstatt hier untätig herumzusitzen.

Tom begann, seine Einkäufe auszupacken. Dann fragte er: »Weißt du zufällig, wo mein Vater und Clarissa sind. Ich finde, ich sollte jetzt mal mit ihnen reden.«

»Das würde ich an deiner Stelle nicht tun«, erwiderte ich. »Ich habe mit deinem Vater gesprochen. Es geht ihm gut. Vielleicht morgen.«

»Wo ist er?«

»Im Arizona Biltmore.«

»Vielleicht hast du recht. Morgen. Er ist wahrscheinlich verärgert über mich.« Er schüttelte ein wenig bitter den Kopf. »So war es immer«, fügte er hinzu. »Er war immer über mich verärgert. Und über Ray auch. Nur Clarissa konnte ihm alles recht machen.«

Das Warten, die Untätigkeit gingen weiter. Bis halb eins, als plötzlich alles geschah.

34

Wir saßen beim Mittagessen, als ein Page an der Tür erschien und aus vollem Halse rief: »Mr. Brockton Potter! Mr. Brockton Potter! Telefon!«

Ich sprang auf und rannte zu ihm hin. »Das bin ich.«

»Ein Ferngespräch.«

»Sagen Sie der Telefonistin, daß sie das Gespräch auf mein Zimmer legen soll«, sagte ich kurz und lief los.

Mark war am Apparat. Er war erregt. Er hatte soeben mit Daisys Schwester gesprochen. Ein Beamter vom FBI war bei ihr gewesen. Sie hatte völlig den Kopf verloren. Sie bestand darauf, sofort nach Phoenix zu fliegen. Mark war es nicht gelungen, ihr das auszureden.

»Sie wollte wissen, wo Tom ist«, fügte er hinzu. »Ich konnte ihr nicht sagen, daß ich es nicht wüßte. Ich sagte, er wäre bei dir.«

»Ich wollte, das hättest du nicht getan.«

»Was hätte ich denn tun sollen, Brock?«

»Nun, jetzt ist es nicht mehr zu ändern. Haben die New Yorker Zeitungen etwas über Daisy gebracht?«

»Noch nicht, und bei euch?«

»Auch noch nicht.«

»Ich wollte dich nur warnen. Das ist alles«, schloß Mark.

Ich dankte ihm und legte auf. Jetzt würde ich Tom die Nachricht von Daisys Verschwinden doch beibringen müssen, und ich wußte nicht, wie.

Ich war noch am Überlegen, als das Telefon wieder zu läuten begann. Diesmal war Daisys Schwester am Apparat. Sie wollte Tom sprechen. Mark hatte nicht übertrieben. Sie war völlig außer sich. Ich log. Ich sagte, Tom sei im Augenblick nicht erreichbar, er sei bei der Polizei. Dann gab ich mir größte Mühe, sie zu beruhigen. Nach einer Weile gelang es mir auch. Ich erklärte ihr, daß alle hier ihr Äußerstes täten, um Daisy zu finden, daß so viele Leute mit dem Fall befaßt seien, daß sie ganz sicher innerhalb der nächsten

Stunden gefunden werden würde. Ich machte ihr klar, daß jemand bei Jerry bleiben müßte. Ich versprach ihr, sie auf dem laufenden zu halten.

Schließlich gelang es mir, sie zu überreden, in Great Neck zu bleiben.

Ich wollte wieder ins Restaurant hinunter, aber noch ehe ich an der Tür war, läutete das Telefon abermals.

»Du lieber Himmel«, sagte ich laut.

»Ich versuche seit zehn Minuten, Sie zu erreichen«, erklärte Ed gereizt, »aber Ihr Anschluß ist dauernd belegt. Mit wem haben Sie denn gesprochen.«

»Mit New York.«

»Ich wollte Ihnen nur sagen, daß eben zwei Männer vom FBI bei mir waren. Sie sind gerade wieder gegangen. Sie kamen mit einer gerichtlichen Verfügung, die ihnen gestattet, an meinem Telefon irgendeine Vorrichtung zum Abhören anzubringen, für den Fall, daß die Entführer sich melden sollten oder sowas. Ich glaube, sie haben vor, das gleiche bei Ihrem Telefon zu tun.«

»Okay.«

»Außerdem wollten sie Bilder von Daisy haben. Ich besitze keine. Und sie werden Ihnen alle möglichen Fragen stellen.«

»Okay.«

Es klopfte an meiner Tür.

»Ich hatte sie eigentlich schon früher erwartet«, fuhr Ed fort, »aber sie hatten einige Mühe, einen Richter zu finden, der ihnen die Verfügung unterschrieb.«

»Ich muß Schluß machen«, sagte ich. »Jetzt kommt gerade jemand.«

Ich legte auf und schloß rasch die Verbindungstür zu Brians Zimmer. Nur für den Fall, daß wir wieder einmal zwei getrennte Zimmer brauchen sollten.

Aber nicht die Leute vom FBI hatten geklopft, sondern Brian und Tom.

»Wir haben angefangen, uns Sorgen zu machen«, erklärte Tom.

»Es war Mark«, erwiderte ich. »Nichts Wichtiges. Geht doch hinunter und eßt fertig.«

»Wir sind bereits fertig.«

Ich mußte Tom loswerden, ehe die Beamten vom FBI eintrafen.

»Aber ich bin noch nicht fertig. Komm doch mit runter und leiste mir Gesellschaft.«

Doch wir kamen nicht einmal bis zur Tür. Als es diesmal klopfte, waren es tatsächlich zwei Beamte vom FBI.

Mir blieb nichts anderes übrig, als sie hereinzulassen.

»Mr. Petacque?« fragte mich einer von ihnen.

»Nein«, antwortete ich mit Beklommenheit. »Ich bin Brockton Potter. Das ist Mr. Petacque.«

Sie traten zu Tom. »Mein Name ist Rockland. Das ist Agent Cassiday«, sagte der eine der beiden Männer. »Wir kommen vom Federal Bureau of Investigation. Wir hätten Ihnen gern einige Fragen gestellt.«

»Selbstverständlich«, erwiderte Tom. »Ich habe den Leuten bei der Polizei alles gesagt, woran ich mich erinnere. Aber wenn es eine Hilfe ist . . .«

»Das hoffen wir. Und wenn Sie ein paar Fotos haben . . .«

»Fotos?«

»Von Ihrer Frau.«

»Von meiner Frau?«

»Von der Frau, die als vermißt gemeldet ist.«

»Ich verstehe nicht. Meine Frau . . .«

»Er weiß nichts davon«, erklärte ich. Ich wandte mich an Tom: »Tom, es ist ziemlich schlimm. Daisy ist verschwunden.«

»Nein«, flüsterte er. Dann schrie er es heraus: »Nein!« Die Pupillen seiner Augen weiteten sich. Seine Stimme wurde noch lauter: »Nein! Nein! Nein!« Er stieß einen der beiden Beamten zur Seite. »Ich muß sie finden!«

Er rannte zur Tür.

Brian trat ihm in den Weg. »Mr. Petacque –«

Tom wirbelte herum und schlug zu. Seine Faust traf Brian am Kinn. Taumelnd fiel Brian gegen die Wand.

Ich stürzte mich auf Tom und packte ihn von hinten. Wir hatten etwa die gleiche Statur, aber er hatte plötzlich die Kraft eines Riesen. Er schleuderte mich mit einer solchen Wucht von sich weg, daß auch ich gegen die Wand flog. Mit einem unartikulierten Laut, der wie ein Schluchzen klang, griff er zum Türknauf. Ich fand mein Gleichgewicht und packte ihn wieder. Brian kam mir zu Hilfe. Tom kämpfte wie ein Wahnsinniger gegen uns beide. Schluchzend trat er mit den Füßen nach uns, drosch mit den Fäusten auf uns ein und schrie immer wieder, wir sollten ihm aus dem Weg gehen.

Auch die FBI-Beamten stürzten sich jetzt ins Getümmel. Und dennoch gelang es Tom, die Tür zu öffnen. Er riß uns alle vier in den Korridor hinaus.

»Laßt mich los!« schrie er immer wieder. »Laßt mich los!«

Einem der FBI-Beamten gelang es, ihn in den Schwitzkasten zu nehmen und ins Zimmer zurückzuziehen; aber er riß sich wieder los. Er begann zu fluchen. Ein Strom von Obszönitäten sprudelte aus seinem Mund. Wieder gelang es ihm, die Tür zu erreichen. Brian packte einen seiner Fußknöchel. Er zog sein Bein aus der Umklammerung und trat Brian ins Gesicht.

Ich drängte mich zwischen ihn und die Tür. Er schlug mir die Faust in den Magen. Ich krümmte mich und fiel, um Atem ringend, auf die Knie. Er wollte an mir vorbei, doch da schlug ihm einer der FBI-Beamten kräftig ins Gesicht, und er taumelte. Brian griff wieder ein. Ich kam wieder zu Atem. Wir drückten ihn an die Wand.

»Wir brauchen Unterstützung«, keuchte einer der FBI-Beamten, und der andere ging zum Telefon.

Zehn Minuten später hatte man Tom Handschellen angelegt. Aber selbst da wehrte er sich noch. Vier Polizeibeamte waren nötig, ihn die Treppe hinunterzubringen und in einen Streifenwagen zu befördern. Man brachte ihn ins Arizona State Hospital. Zur psychiatrischen Untersuchung.

35

Brian hatte Nasenbluten. Einer der FBI-Beamten – Cassiday – hatte einen Riß im Jackett. Ich hatte Schmerzen am ganzen Körper.

»Im Grund ist es meine Schuld«, sagte ich. »Ich hätte es ihm vorher sagen sollen.«

Keiner widersprach mir.

»Wie lange muß er in der Klinik bleiben?« fragte ich.

»Meiner Ansicht nach«, meinte Rockland trocken, »sollten sie ihn gleich für immer dort behalten. Benimmt er sich häufiger so?«

Ich schüttelte den Kopf.

»Nie . . . aber schließlich handelt es sich ja um seine Frau.«

»Ja, natürlich.« Er räusperte sich. »Dann ist es wohl das Beste, wenn Sie uns jetzt einmal erzählen, was *Sie* wissen.«

Ich berichtete. Von Rays Besuch in New York. Von Toms Erlebnis in Rays Haus. Von seinem Anruf bei Daisy. Von dem braunen Wagen, der mich beschattet hatte. Von meinem Verdacht gegen Schroeder.

Die meisten Tatsachen schienen ihnen bekannt zu sein. Sie hörten zu, ohne Fragen zu stellen. Als ich geendet hatte, rückten sie selbst mit einigen Informationen heraus. Die Polizei hatte festgestellt, daß ein Wagen mit dem Kennzeichen, das ich angegeben hatte, auf einen gewissen Felipe Valdez zugelassen war. Der Mann hatte bereits am Montag gemeldet, daß ihm sein Wagen, den er vor seinem Haus in der Third Street abgestellt hatte, gestohlen worden war. Aber der Wagen von Valdez war nicht braun. Es war möglich, daß zwei Wagen gestohlen worden waren und daß man die Nummernschilder ausgetauscht hatte. Oder, daß das braune Fahrzeug tatsächlich einem der Männer gehörte, die mit ihm gefahren waren, und daß man den Wagen von Valdez irgendwo abgestellt hatte. Jedenfalls war damit zu rechnen, daß das Nummernschild, seit ich den Wagen das letztemal gesehen hatte, längst durch ein anderes ersetzt worden war.

»Was ist mit dem Bild, das der Polizeizeichner nach Toms Angaben angefertigt hat?« erkundigte ich mich. »Einer der Polizeibeamten wollte es den Leuten von der Einwanderungsbehörde zeigen.«

»Darüber sind wir nicht informiert«, erklärte Cassiday.

»Das fällt in ein anderes Ressort«, fügte Rockland hinzu.

Ihre Antworten kamen zu prompt. Ich glaubte ihnen nicht.

»Wir bearbeiten nur den Entführungsfall«, erklärte Rockland. »Wenn es überhaupt einer ist. Wir wissen immer noch nicht, ob Mrs. Petacque nicht vielleicht aus freien Stücken untergetaucht ist.«

Auch das glaubte ich nicht. Daisys Verschwinden und die beiden Morde standen in direktem Zusammenhang, und die FBI-Beamten wußten das auch.

»Haben Sie feststellen können, ob sie New York überhaupt verlassen hat?« fragte ich.

»Ja«, bekannte Rockland etwas widerwillig. »Wir haben ihren Namen auf einer Passagierliste gefunden. Sie ist auch hier angekommen. Aber was dann geschah, das wissen wir nicht. Wir haben aber hier eine gerichtliche Verfügung –«

»Was ist mit Schroeder?«

Ihre Gesichter wurden ausdruckslos. Es war still.

»Wir selbst haben nicht mit ihm gesprochen«, sagte Cassiday schließlich. »Man hat uns die Sache erst heute morgen übertragen.«

»Hat sonst jemand mit ihm gesprochen?«

»Das wissen wir nicht. Kommen wir noch einmal auf diese gerichtliche Verfügung.«

Cassiday erklärte mir, daß meine Telefongespräche abgehört werden würden.

Ich glaubte nicht, daß sie damit etwas erreichen würden. Dennoch sagte ich: »Bitte, jederzeit.«

»Was ist mit meinem Telefon?« wollte Brian wissen.

»Von Ihnen wußten wir gar nichts«, bekannte Rockland.

»Ihr Apparat wird kaltgestellt«, sagte Cassiday.

»Entschuldigen Sie«, warf ich ein, »aber ich brauche einen Drink. Kann ich Sie beide zu einem Glas einladen?«

Sie sagten nein. Ich erklärte, daß mir ziemlich mulmig sei; ob es ihnen etwas ausmache, wenn ich kurz in die Bar ginge? Cassiday versetzte, sie wären noch nicht fertig mit mir. Ich sah auf meine Uhr. Zwanzig Minuten vor drei. In New York, zwanzig Minuten vor fünf. Ich wollte ja nur auf einen Sprung hinunter, sagte ich; inzwischen könnten sie sich das Telefon vornehmen, wenn sie das wollten. Na schön, dann könne ich gehen, meinte Cassiday.

Ich sprintete aus dem Zimmer, ehe sie es sich wieder anders überlegen konnten.

Im Korridor zwischen dem Foyer und dem Restaurant waren öffentliche Telefonzellen. Ich ging in eine hinein und wählte das Fernamt. Ich erklärte der Telefonistin, ich wünsche ein Gespräch mit New York mit Voranmeldung für eine Rechtsanwältin namens Evelyn Natwick.

Ich hatte Glück. Evelyn Natwick war zu Hause.

»Ich habe einen Fall für Sie«, teilte ich ihr mit.

»Heute ist Samstag«, versetzte sie.

»Das ist eine ganz dringende Sache. Wirklich«, versicherte ich. »Wegen Ihres Honorars brauchen Sie sich keine Sorgen zu machen. Ganz gleich, wie hoch es ist, ich zahle es. Aber ich brauche jemanden, der noch heute nachmittag etwas tut. Ich bin in Scottsdale in Arizona. Vor ein paar Tagen wurden hier Freunde von mir ermordet.«

»Um Gottes willen!«

»Bitte hören Sie mir genau zu, Evelyn.«

Ich berichtete ihr von dem Bild, das der Polizeizeichner nach Toms Angaben angefertigt hatte. Ich sagte, daß die Polizeibeamten versuchten, den Mann bei der Einwanderungsbehörde in Phoenix identifizieren zu lassen. Ich wollte wissen, ob es gelungen war, die Identität des Mannes zu ermitteln, und was für Schritte man unternehmen konnte, wenn das nicht der Fall war.

»Die Leute bei der Einwanderungsbehörde sind nicht gerade meine Freunde, Brock. Die meiste Zeit streite ich mich mit ihnen herum.«

»Aber Sie haben doch Kontakte. Wenn nicht in New York, dann in Washington. Wie Sie es schaffen, ist mir gleich, Evelyn – aber ich muß es wissen.«

»Das ist unmöglich, Brock. Heute ist *Samstag.*«

»Nichts ist unmöglich, Evelyn.«

Nach einem kurzen Schweigen sagte sie: »Ich könnte versuchen einen Kollegen in Phoenix zu Hause zu erreichen. Mit zwei oder drei Anwälten in Phoenix habe ich schon in solchen Sachen zu tun gehabt. Was wollen Sie eigentlich genau wissen?«

Ich erklärte es ihr im einzelnen.

»Ich werde mein Bestes tun«, versprach sie. »Wo kann ich Sie wieder erreichen?«

»Gar nicht. Das FBI hört meine Gespräche ab. Ich muß Sie anrufen. Bitte bleiben Sie in Ihrer Wohnung, bis Sie von mir hören, Evelyn. Hatten Sie für heute abend etwas vor?«

»Ja, aber das macht nichts. Geschäfte gehen vor.«

»Das ist nett von Ihnen. Vielen Dank. Es kann Stunden dauern, ehe ich wieder Gelegenheit finde, zu telefonieren. Aber warten Sie bitte.«

Ich legte auf. Dann ging ich tatsächlich in die Bar. Ich bestellte mir einen doppelten Whiskey. Und trank ihn in drei großen Schlucken.

36

Die FBI-Beamten hatten es nicht eilig. Nachdem sie das Telefon angezapft hatten, wollten sie meine Geschichte noch einmal hören. Diesmal stellten sie Fragen. Es lag auf der Hand, daß sie hofften, Ungereimtheiten zu entdecken. Sie entdeckten keine. Und doch klang der Bericht jetzt, beim zweitenmal, gar nicht mehr so gut; selbst ich fand ihn nicht mehr überzeugend.

Ed, Tom, ich selbst – wir hatten alle irrational gehandelt. Unter Streß, so schien es mir, verhält sich jeder irrational, und das sagte ich auch. Aber allein die Tatsache, daß ich es aussprechen mußte, weckte Zweifel. Bei Tom fanden die Beamten es noch verständlich, daß er den Kopf verloren hatte. Selbst Eds Handlungen waren erklärlich. Er hatte sich um einen tiefverstörten Menschen kümmern müssen und hatte getan, was ihm im Augenblick richtig erschienen war. Mein eigenes Verhalten war es, das Rockland und Cassiday unbegreiflich fanden. Warum hatte ich die Sache nicht unverzüglich den Behörden übergeben? Warum hatte ich nicht gemeldet, daß ich beschattet wurde? Was hatte ich vertuschen wollen?

Ich hätte überhaupt nichts vertuschen wollen, erklärte ich. Ich hätte lediglich versucht, zwei Dinge zu gleicher Zeit zu erledigen – Tom zu finden und festzustellen, was bei Mutual Claims nicht stimmte. Und ich hätte beides auf meine Art schaffen wollen.

Cassiday und Rockland blieben skeptisch. Wenn ich fair sein will, muß ich allerdings zugeben, daß das nicht verwunderlich war. Zu der Zeit, als Ray und Blanche ermordet worden waren, hatte Schroeder sich in New York aufgehalten. Für den Zeitpunkt der Ermordung Kellys konnte er wahrscheinlich ein ebenso gutes Alibi vorweisen. Ich hatte keinen Beweis dafür, daß bei Mutual Claims etwas nicht in Ordnung war. Niemand hatte einen Beweis dafür, daß Daisy entführt worden war; sie war ganz einfach in Phoenix aus einem Flugzeug ausgestiegen und seither nicht wieder gesehen worden.

Schließlich begnügten sie sich damit zu sagen, es wäre das beste, jetzt Schritt für Schritt vorzugehen. Falls Mrs. Petacque wirklich entführt worden sein sollte, käme es in erster Linie darauf an, sie zu finden. Dann wollte man sich ihre Geschichte anhören. Sie fügten hinzu, daß ein Mord auf Bestellung schwierig nachzuweisen wäre, wenn es nicht gelang, den tatsächlichen Mörder zu finden und von ihm zu erfahren, wer ihn gedungen hatte.

Es war nach sechs, als sie gingen. Sie bemerkten noch, daß jemand von ihrer Dienststelle sich mit mir in Verbindung setzen würde. Falls jemand mich Daisys wegen anrufen sollte, würden sie das Gespräch sofort auf Band aufnehmen und feststellen, woher es kam.

»Und wenn man nun auf andere Weise an mich herantritt?« fragte ich.

»Dann geben Sie uns sofort Bescheid«, erwiderte Rockland. Er gab mir eine Telefonnummer an und erklärte, dort wäre jederzeit jemand zu erreichen.

Ich trat auf den Balkon hinaus und wartete, bis sie abgefahren waren. Dann eilte ich zu den öffentlichen Fernsprechern hinunter und rief Evelyn Natwick an.

Sie hatte Neuigkeiten für mich. Mehr als ich zu hoffen gewagt hatte.

37

Der Mann, den die Polizeizeichnung zeigte, war identifiziert worden. Eindeutig und mit Triumph. Er hieß Juan Manuel Barrios.

Barrios war zweimal als illegaler Einwanderer nach Mexiko abgeschoben worden. Der dritte Versuch, ihn zu deportieren, war mißlungen. Barrios hatte auf den Beamten der Einwanderungsbehörde, der ihn abholen wollte, geschossen und war geflohen. Der Beamte war nicht gestorben; er war nur zum Krüppel geworden.

Bei der Einwanderungsbehörde in Phoenix gab es nicht einen einzigen Angestellten, der nicht über den Fall Barrios Bescheid wußte. Es gab nicht einen einzigen Ermittlungsbeamten, der nicht hoffte, daß Barrios ihm eines Tages in die Arme laufen würde. Nur würde Barrios dann nicht abgeschoben werden. Man würde ihm den Prozeß machen und ihn ins Zuchthaus schicken.

Auf Grund der Schießerei ging der Fall Barrios nicht nur die Einwanderungsbehörde etwas an. Auch das FBI interessierte sich für die Sache; bei den früheren Deportationen waren Fotos von ihm gemacht worden, und seine Fingerabdrücke lagen bei den Akten der Zentrale des FBI in Washington. Und natürlich interessierte sich auch die Polizei von Phoenix für den Mann.

Detective Harlow hätte gar nicht erst zur Einwanderungsbehörde zu gehen brauchen, wenn jemand auf dem Revier den Namen mit dem Gesicht in Verbindung gebracht hätte; aber das war nicht der Fall gewesen. Sobald Harlow jedoch den Namen des Mannes erfahren hatte, erinnerte er sich des Falles.

Selbst Harvey Magill, der Anwalt in Phoenix, von dem Evelyn ihre Informationen hatte, war über den Fall Barrios unterrichtet. Er kannte den Ermittlungsbeamten, der angeschossen worden war, und hoffte, daß man Barrios bald fassen würde. Mehrere Ermittlungsbeamte, so hatte er erfahren, hatten sich bereit erklärt, auf ihr freies Wochenende zu verzichten, um die Fahndung aufzunehmen.

Ich könne davon ausgehen, erklärte Evelyn, daß sämtliche zuständigen Behörden sich an der Fahndung nach Juan Manuel Barrios beteiligen würden.

»Wie lange ist es her, daß er diesen Ermittlungsbeamten angeschossen hat?« fragte ich.

»Zehn Monate.«

»Sie suchen ihn also seit zehn Monaten, und es ist ihnen nicht gelungen, ihn zu finden.«

»Sie wußten nicht, daß er sich immer noch in Arizona aufhielt. Sie dachten, er wäre in einen anderen Teil des Landes ausgewichen. Auf jeden Fall glaube ich das. Sie haben keine Ahnung, Brock, mit was für Schwierigkeiten die Einwanderungsbehörden zu kämpfen haben. Wir liegen uns zwar dauernd in den Haaren, aber ich verstehe, wie groß ihre Probleme sind. Es gibt in diesem Land buchstäblich Millionen illegaler Einwanderer, die ganz ungestört kommen und gehen, sich mal hier einen Job suchen und mal dort. Heute sind sie in Arizona, morgen in Idaho, übermorgen vielleicht in New Jersey, und plötzlich verschwinden sie ganz von der Bildfläche.«

»Ich habe das alles schon gehört, doch unser Problem löst das nicht.«

»So ist es aber. Was ihr spezielles Problem angeht, so weiß ich nicht, wie es zu lösen ist. Aber eines kann ich Ihnen sagen: Die Einwanderungsbehörden haben Barrios vielleicht noch nicht gefunden, doch sie haben eine umfangreiche Akte über ihn, und das ist sicher eine Hilfe.«

»Konnten Sie erfahren, was die Akte enthält?«

»Nur teilweise. Derartige Informationen gibt die Behörde an Leute wie Harvey nicht heraus. Aber ein paar Dinge sind allgemein bekannt. Sie standen damals in der Zeitung, sagte mir Harvey. Als Barrios das erstemal gefaßt wurde, arbeitete er als Orangenpflükker. Beim zweitenmal war er auf dem Bau. Mitten in Phoenix. Beim drittenmal, als er diesen Mann anschoß, arbeitete er wieder auf dem Bau. Die Einwanderungsbehörde weiß zweifellos eine ganze Menge darüber, wo er gearbeitet hat, wo er lebte, wer seine Freunde waren. Und sie weiß natürlich auch über seine Familie und seine Vorgeschichte in Mexiko Bescheid.«

Wenn sie ihn trotz all dieser Informationen bisher nicht hatten aufspüren können, würden sie ihn dann jetzt finden? Ich war skeptisch. Doch Evelyn betraf das nicht. Sie hatte getan, worum ich sie gebeten hatte, und hatte es gut gemacht.

»Ich kann Ihnen nicht sagen, wie dankbar ich Ihnen für Ihre Hilfe bin«, erklärte ich. »Wenn ich wieder in New York bin, führe ich Sie ins beste Restaurant in der ganzen Stadt. Ihre Rechnung können Sie inzwischen an mein Büro schicken.«

»Das Essen nehme ich an, aber die Rechnung können Sie vergessen.«

»Seien Sie nicht dumm, Evelyn.«

»Nein. Es gibt Zeiten, da macht mir mein Gewissen schwer genug zu schaffen. Diese Sache geht auf mich. Und viel Glück.«

Wir legten auf, und ich blieb noch einen Augenblick nachdenklich stehen. Juan Manuel Barrios, dachte ich, ein Mann, der nichts zu verlieren hat.

Offenbar besaß Steve Schroeder nicht nur ein Talent dafür, Programme für Computer zu entwerfen. Er verstand es auch, für die Aufträge, die er erledigt sehen wollte, genau die richtigen Leute zu engagieren.

38

Brian lehnte stirnrunzelnd am Schreibtisch. Er sagte: »Mr. Silvers hat angerufen.« Dann kam er zu mir herüber. Er wies auf das Telefon. »Nimmt das Ding da alles auf, was wir sagen?« flüsterte er mir ins Ohr.

»Ich weiß nicht«, flüsterte ich zurück.

Ich hatte nicht daran gedacht, die FBI-Beamten zu fragen, ob die Vorrichtung, die sie an unserem Telefon angebracht hatten, lediglich Telefongespräche aufnahm, oder alle Geräusche im Zimmer.

Brian führte mich auf den Balkon hinaus und schloß die Schiebetür hinter uns.

»Ich hatte Angst, er würde etwas sagen, was Sie die Leute vom FBI nicht wissen lassen wollten, und ich versuchte, ihn nicht zu Wort kommen zu lassen. Ich sagte, Sie würden bei ihm zurückrufen. Darauf erklärte er, das könnten Sie nicht, er befinde sich in einer Telefonzelle am Flughafen in Winston-Salem in North Carolina, und seine Maschine flöge gleich ab; er sei auf der Rückreise nach New York.«

»Winston-Salem?«

»Er sagte, er hätte einige Telefonnummern für Sie. Er hätte sich ganz schön abstrampeln müssen, um sie zu bekommen. Erst mußte er feststellen, wer der Eigentümer des Hotels war, da es nicht zu einer Kette gehört. Dann stellte sich heraus, daß der Eigentümer in Winston-Salem wohnt und nicht bereit war, Mr. Silvers zu helfen. Daraufhin beschloß Mr. Silvers, persönlich nach Winston-Salem zu fahren und mit dem Mann zu sprechen.«

Ich lächelte. »Der Bursche hat Unternehmungsgeist.«

»Auf jeden Fall habe ich alles aufgeschrieben.«

Er reichte mir einen Zettel. Ray hatte drei Ferngespräche geführt. Alle mit Phoenix. Zweimal hatte er mit derselben Nummer telefoniert, das drittemal mit einer anderen.

Ich ging in mein Zimmer und schlug das Telefonbuch auf. Was ich fand, überraschte mich nicht. Die Nummer, die zweimal aufgeführt war, war Rays Privatnummer; die andere war die von Schroeder.

Wir gingen wieder auf den Balkon hinaus. Ich erklärte Brian, was ich davon hielt.

»Ray war unklug. Er versuchte, Schroeder unter Druck zu setzen. Er hat den Mann unterschätzt.«

»Sie meinen, er hat Schroeder gesagt, was er in New York tat?«

Ich nickte. »Wahrscheinlich hat er ihm sogar gedroht.«

»Das war wirklich dumm.«

»Sicher. Aber in gewisser Weise verständlich. Er wird an Tom gezweifelt haben. Er wird nicht sicher gewesen sein, daß Tom bei Schroeder mehr ausrichten konnte, als er selbst. Und er war naiv genug zu glauben, daß Schroeder, wenn er ihm drohte, den Schwindel auffliegen zu lassen, klein beigeben und alles gestehen würde.«

»Aber er wußte doch, daß Schroeder Kelly hatte umbringen lassen – wegen geringerem.«

»Er wußte es nicht; er hegte lediglich den starken Verdacht. Außerdem wird er wohl überzeugt gewesen sein, daß er persönlich nichts zu befürchten hatte, daß Schroeder es niemals wagen würde, ihm so etwas anzutun. Deswegen sage ich ja, daß er den Mann unterschätzt hat.«

»Er hat Schroeder keine Wahl gelassen.«

»Das würde ich nicht sagen. Es gibt immer eine Wahl. Aber er hat Schroeder arg in die Enge getrieben, und Schroeder beschloß, sich freizukämpfen, indem er Barrios anheuerte, um von ihm Ray töten zu lassen, und indem er nach New York reiste, um an Rays Integrität Zweifel zu säen und um gleichzeitig Tom – oder, wie es sich dann ergab, mich – zu warnen, daß jeder Versuch, Mutual Claims als Schwindelfirma zu entlarven, für Price, Potter und Petacque schlimme Folgen haben würde.«

»Barrios?«

Ich berichtete ihm von meinem Telefongespräch mit Evelyn Natwick.

Er starrte hinüber zum Camelback Mountain, wo in den Häusern die ersten Lichter aufflammten.

»Auf dem Bau hat er gearbeitet«, meinte er nach einer Weile nachdenklich. »Das paßt. Schroeder hat ja offenbar sein ganzes

Geld in Immobilien gesteckt. Wahrscheinlich ist er jeden Tag rausgegangen, um die Projekte, die er bauen ließ, höchstpersönlich zu inspizieren. Da hat er sicherlich auch einige der Arbeiter kennengelernt.«

»Und natürlich hat er Firmen verpflichtet, die billige Arbeitskräfte anwarben.«

»Haben Sie vor, das FBI zu unterrichten?«

»Wovon?«

»Von dem Telefongespräch, das Mr. Petacques Bruder mit Schroeder geführt hat.«

»Davon wissen die doch schon. Sie haben ja Irvings Gespräch mit Ihnen mitgehört. Aber die Tatsache, daß er Schroeder angerufen hat, beweist noch gar nichts, jedenfalls dem FBI nichts. Und über Barrios sind sie bestens informiert. Sie wissen schon seit heute morgen, daß er der Mann ist, den Tom gesehen hat.« Ich schwieg einen Augenblick. »Nein, ich bin überzeugt, das FBI und alle anderen Behörden, die zuständig sind, tun, was in ihrer Macht steht. Aber ich mache mir Sorgen um Tom. Er gehört nicht in diese Klinik. Er ist doch nicht geisteskrank.«

»Aber dort ist er sicher.«

»Ja. Nur tut ihm dieser Aufenthalt bestimmt nicht gut. Ich werde seinen New Yorker Arzt anrufen und ihm sagen, ob er nicht etwas tun kann, Tom da herauszuholen.«

Wir kehrten ins Zimmer zurück, und ich ging zum Telefon. Dr. Balter hatte seine Praxis schon geschlossen, informierte mich der Auftragsdienst; er wäre aber zu Hause zu erreichen. Man gab mir seine Privatnummer, und ich versuchte es. Balter selbst meldete sich.

»Guter Gott!« rief er, nachdem ich ihm berichtet hatte, was geschehen war.

»Können Sie nicht hierherkommen?« fragte ich.

»Nein, das geht wirklich nicht. Leider. Ich bin völlig ausgebucht, und zwei meiner Patienten machen gerade schwere Krisen durch. Aber ich werde mich mit einem Kollegen in Phoenix in Verbindung setzen.«

Ich stellte mir vor, wie er dasaß, den Telefonhörer in der einen Hand, die Zigarre in der anderen. Ich stellte mir außerdem einen Mann mit Kopfhörer vor, der aufmerksam unser Gespräch mithörte. Und ein Tonbandgerät, mit leise summenden Spulen, das jedes Wort aufnahm.

Balter versprach mir, daß er das Problem sofort anpacken

würde. Er meinte, es würde ihm keine Schwierigkeiten bereiten, in Phoenix einen zuverlässigen Arzt ausfindig zu machen, aber er meinte auch, selbst wenn der Kollege sofort etwas unternähme, würde ich mich wahrscheinlich mindestens einen Tag gedulden müssen. Er wollte mich auf dem laufenden halten.

Das Bild des Tonbandgerätes, der sich langsam drehenden Spulen blieb mir im Gedächtnis haften, nachdem das Gespräch längst beendet war. Die Gefahr einer solchen Vorrichtung. Die Macht. Was man damit alles anfangen konnte.

»Brian«, sagte ich, »gleich morgen früh fahren Sie los und kaufen uns ein Tonbandgerät. Das kleinste und beste, das Sie finden können. Eines, das aufnimmt und zurückspielt.«

Brian runzelte die Stirn. Dann lächelte er. Dann nickte er.

Es war meiner Schätzung nach zwanzig bis zweiundzwanzig Stunden her, seitdem Daisys Maschine gelandet war. Es konnte nicht mehr lange dauern, ehe etwas geschah. Aber ich hatte jetzt nicht mehr das Gefühl, daß ich etwas unternehmen müßte. Ich wußte, daß die Untätigkeit, das Warten, unabänderlicher Bestandteil des Spieles waren. Man mußte es ertragen. Irgendwann würde es vorbei sein. Dessen war ich sicher.

Draußen erloschen die letzten Sonnenstrahlen. Brian schaltete eine Lampe ein.

Eine Bevölkerungsexplosion. Unaufhaltsam steigende Grundstückspreise. Gewinne, die wieder angelegt werden mußten. Der Glaube, daß der Boom endlos anhalten würde, daß man gar nicht verlieren konnte. Optimismus. Falscher Optimismus.

Bäume wachsen nicht in den Himmel. Weil jemand das nicht hatte wahrhaben wollen, waren drei Menschen tot.

Das Telefon läutete. Ich meldete mich. Ed Avery wollte wissen, ob ich etwas von Daisy gehört hätte. Ich verneinte. Er war enttäuscht.

Ich kehrte zu meinem Sessel zurück. Wie lange noch? Brian schaltete noch eine Lampe ein. Wir warteten weiter.

Dann geschah es. Das Telefon läutete wieder. Und diesmal war es der Anruf, den ich erwartet hatte. Nur kam er nicht von Steve Schroeder, sondern von Frank Jackley.

39

Er drückte sich äußerst vorsichtig aus. Als wüßte er, daß das Gespräch abgehört wurde. Er tat, als wäre ich ein alter Freund von ihm.

»Maggie und Chuck sind weggegangen«, sagte er. »Ich bin allein. Warum kommen Sie nicht auf einen Drink vorbei?«

»Ist etwas passiert?« fragte ich.

Er fiel nicht darauf herein. Er sagte lediglich: »Meine Hausbar bietet alles, was das Herz begehrt.«

Ich mußte annehmen, und wir wußten es beide.

»Na schön«, sagte ich.

Er legte auf.

»Das war Jackley«, berichtete ich Brian. »Ich soll zu ihm hinauskommen.«

»Und Sie fahren?« fragte Brian.

»Ich konnte doch nicht ablehnen.«

»Ich komme mit.«

Ich zuckte die Achseln. Wir gingen aus dem Zimmer. Sobald wir im Korridor waren, sagte ich: »Sie fahren nicht mit. Ich bin nicht in Gefahr. Diese Leute brauchen mich schließlich. Außerdem habe ich einen wichtigen Auftrag für Sie. Haben Sie Talent zum Einbrechen?«

Er riß die Augen auf.

»Ich möchte, daß Sie heute nacht noch in Ray Petacques Haus einbrechen. Nehmen Sie nichts mit außer einem Schlüssel zur Haustür oder zur Hintertür, wenn Sie einen finden können. Wenn nicht, dann lassen Sie eine der Türen offen. Ich möchte morgen in das Haus hinein. Wenn Sie nicht eine der Türen offenlassen können, dann öffnen Sie ein Fenster. Glauben Sie, das können Sie schaffen?«

Brian grinste und nickte. Ich gab ihm die Adresse, und wir gingen zu unseren Autos hinunter.

Der Rolls stand nicht in der Auffahrt, und die Front des Hauses war dunkel. Ich ging nach hinten in den Garten. Das Wohnzimmer war erleuchtet. Jackley saß mit dem Rücken zum Fenster. Er war allein. Ich kehrte wieder nach vorn zurück und klingelte. Einen Augenblick später öffnete sich die Tür.

»Hier bin ich«, sagte ich.

Anstatt mich aufzufordern, hereinzukommen, trat er nach draußen.

»Eigentlich«, erklärte er, »wollte gar nicht ich Sie sprechen. Steve möchte Sie sehen.«

»Das dachte ich mir«, erwiderte ich.

»Ich bringe Sie hinüber.«

»Das ist nicht nötig. Ich finde das Haus schon.«

»Wie Sie meinen.« Er ging wieder ins Haus und schloß die Tür.

Ich ging durch den Vorgarten zur Straße. Es hatte geklappt, wie sie es geplant hatten. Niemand war mir gefolgt. Ich ließ meinen Wagen stehen und ging zu Fuß.

In Schroeders Haus brannten mehrere Lichter. Ich holte einmal tief Atem, dann griff ich zu dem schweren Türklopfer aus Messing. Mit dumpfem Dröhnen schlug er gegen das Holz.

Schroeder hatte kein Grußwort für mich. Er nickte mir nur zu und trat zur Seite, um mich hereinzulassen. Drinnen war alles, wie ich es in Erinnerung hatte. Ein riesiges Foyer mit einem blauweiß gefliesten Boden und mehreren Torbögen, die mit blauweißen Kacheln eingefaßt waren. Auf einem langen Eichentisch stand eine chinesische Vase voll künstlicher Blumen. Schroeder hatte nichts verändert.

Ich steuerte auf das Wohnzimmer zu, aber Schroeder sagte: »Kommen Sie hier herüber«, und führte mich am Wohnzimmer vorbei durch einen der kleineren Torbögen. Ich folgte ihm durch einen Korridor, der das Foyer mit dem hinteren Teil des Hauses verband. Er öffnete eine Glastür und schritt über eine breite Terrasse. Ich trottete brav hinterher.

Der Swimming-pool erstrahlte im Glanze der Unterwasserbeleuchtung. Die Scheinwerfer jedoch, die, wie ich mich erinnerte, die Dattelpalmen im Hintergrund des Parks illuminierten, hatte er entweder entfernen lassen oder nicht eingeschaltet, denn der Rest des Gartens war ziemlich dunkel.

»Wohin gehen wir?« fragte ich.

»Zum Golfplatz.«

Ich zögerte. Der Golfplatz war um diese Zeit menschenleer. Dann ging ich trotzdem weiter. Er würde es nicht wagen, dachte ich.

Eine hohe Hecke trennte sein Grundstück vom Golfplatz. Im Gänsemarsch folgten wir ihrem Verlauf, bis wir zu einer Lücke kamen.

»Geben Sie acht auf die Zweige«, sagte er, während er die Büsche auseinanderbog.

Der Garten war wenigstens spärlich erleuchtet gewesen; auf dem

Golfplatz aber war es stockfinster. Schroeder verlangsamte den Schritt, als fühlte er sich selbst ein wenig unsicher. Aber er sagte nichts. Ich blieb dicht hinter ihm und stellte keine Fragen. Wir marschierten ungefähr fünfzig Meter weit und stiegen eine leichte Anhöhe hinauf. Der Grund auf der einen Seite der Anhöhe leuchtete heller. Eine Sandgrube. Oben auf dem Hügel stieß Schroeder plötzlich einen Fluch aus und machte einen Schritt nach rückwärts. Er prallte mit mir zusammen. Im selben Moment sprühten mir Wassertropfen ins Gesicht. Wir befanden uns am Rand eines Grüns, wo ein Rasensprenger lief.

»Okay«, sagte er. »Das reicht. Jetzt sage ich Ihnen, was Sie tun werden.«

»Und was werde ich tun?« Ich konnte ihn kaum sehen.

»Sie werden ein paar Aktien kaufen.« Seine Stimme klang müde, wie die eines Mannes, der das Ende seiner Nervenkraft fast erreicht hat.

»Ach ja?«

»Genau.« Er seufzte. »Ihretwegen habe ich heute einen Haufen Schwierigkeiten gehabt.«

»Tatsächlich?«

»Zwei Stunden beim FBI, eineinhalb Stunden mit zwei Polizeibeamten.«

Und das, dachte ich, war die Erklärung dafür, weshalb wir auf dem Golfplatz standen und nicht im Haus waren. Schroeder war nicht bereit, ein Risiko einzugehen. Im Haus hätte man ja möglicherweise unser Gespräch abhören können.

»Ich bin überzeugt, Sie sind schuld daran, daß die Kerle zu mir gekommen sind.«

»Allen Ernstes?«

»Und deshalb werden Sie Aktien kaufen.«

»Und was für Aktien werde ich kaufen?«

»Mutual Claims. Und nicht nur Sie. Ihre Partner werden auch welche kaufen. Jeder von Ihnen kauft zehntausend Stück. Auf Ihre eigenen Namen. Über eine Maklerfirma in Los Angeles.«

»Und dann?«

»Und dann werden Sie einen Brief rausschicken, in dem Sie nie dagewesene Gewinne für Mutual Claims prophezeien.«

»Und das wird den Preis natürlich hochtreiben.«

»Ganz recht. Jeder von Ihnen wird eine hübsche Summe dabei verdienen.«

»Nur habe ich leider gerade einen Brief rausgeschickt, in dem ich den sofortigen Verkauf aller Aktien empfehle ... es wird so aussehen, als hätten wir den Preis absichtlich heruntergedrückt, damit wir dann billig kaufen und auf Kosten unserer Kunden diesen hübschen kleinen Gewinn machen können. Wenn uns unsere Kunden danach nicht aufs Dach steigen, wird es auf jeden Fall die Börsenaufsichtsbehörde tun. Wir könnten dafür sogar ins Gefängnis wandern.«

»Das ist Ihr Problem.«

»Ich hätte damit meine ganze Glaubwürdigkeit verloren.«

»Möglich.«

»Und kein Mensch würde den Beschuldigungen, die ich gegen Sie oder Mutual Claims vorbrächte, auch nur den geringsten Glauben schenken.«

»Genau.«

»Und wenn ich mich nun weigere?«

Schroeder ließ sich Zeit mit seiner Antwort. Ein Windstoß fegte über den Golfplatz. Ein feiner Sprühregen aus dem Sprinkler schlug mir ins Gesicht.

»Das FBI«, meinte er schließlich, »ist der Meinung, daß ich etwas über Toms Frau weiß. Sie ist offenbar verschwunden.«

Ich sagte nichts.

»Ich habe den Leuten erklärt, wie lächerlich es ist, anzunehmen, daß ich darüber etwas weiß. Sie schienen mir zu glauben. Aber offenbar ist sie wirklich verschwunden. Stimmt das?«

»Ja«, antwortete ich. »Sie ist verschwunden.«

»Es wäre mir schrecklich, wenn ihr etwas zustoßen würde. Aber das könnte geschehen, wenn Sie sich weigern.«

»Was für eine Gewähr habe ich dafür, daß Daisy freigelassen wird, wenn ich tue, was Sie wollen?«

»Wir müssen alle einmal ein Risiko eingehen.«

Wenn er selbst Daisy am Flughafen abgeholt hatte, dann konnte er es sich gar nicht leisten, sie auf freien Fuß zu setzen. Niemals. Und ich war ziemlich sicher, daß er selbst am Flughafen gewesen war. Niemals wäre sie zu jemandem ins Auto gestiegen, den sie nicht kannte.

»Nun«, sagte ich, »ich habe auch eine Trumpfkarte in der Hand, von der Sie wahrscheinlich nichts wissen. Ich habe eine Bandaufnahme des Telefongespräches, das Ray Petacque von seinem Hotel in New York aus mit Ihnen führte. Und auch eines von einem Gespräch, das zwischen ihm und Tom am vergangenen Samstagabend in Toms Wohnung stattfand. Aus diesen beiden Gesprächen ergibt sich ziemlich deutlich, daß Lee Kelly auf Ihre Anweisung getötet wurde. Und ich glaube, ein guter Staatsanwalt könnte aufgrund dieser Gespräche überzeugend darlegen, daß Sie Anlaß hatten, Barrios zu beauftragen, auch Ray umzubringen. Bisher habe ich der Polizei von diesen Bandaufnahmen nichts gesagt, aber wenn Daisy nicht auf freien Fuß gesetzt wird, dann bleibt mir keine Wahl.«

Lange war er still. Insgeheim betete ich. Das Schweigen zog sich in die Länge. Und dann wurde mein Gebet erhört.

»Warum hätte Ray die Gespräche aufnehmen sollen?« fragte Schroeder.

»Um etwas gegen Sie in der Hand zu haben und sich selbst reinzuwaschen . . . Und ich weiß, wo die Bänder sind.«

»Was haben Sie im Sinn?« wollte Schroeder wissen.

»Eine ganz einfache Abmachung. Sie bringen Daisy wohlbehalten zu mir, und ich übergebe Ihnen dafür die Bänder. Ich verspreche Ihnen außerdem, alle Ermittlungen über die Geschäfte von Mutual Claims einzustellen. Wir lassen einfach der Natur ihren Lauf.«

»Woher soll ich wissen, daß es von den Bändern keine Kopien gibt? Woher soll ich wissen, daß Sie Ihr Wort halten werden?«

»Sie haben es eben selbst gesagt, Steve. Wir müssen alle einmal ein Risiko auf uns nehmen.«

Wir trafen die Abmachungen für den Austausch.

Es war elf Uhr, als ich ins Motel zurückkam. Brian war nicht da.

40

Aber das rote Lämpchen am Telefon blinkte. Ich wählte die Zentrale. Dr. Balter hatte angerufen und gebeten, ich sollte zurückrufen.

Ich tat es. Er berichtete mir, daß ihm ein Doktor George Champion empfohlen worden war. Er hatte bereits mit Champion gesprochen, der sich bereiterklärt hatte, mit einem Kollegen am Arizona State Hospital Verbindung aufzunehmen und Tom am folgenden Tag zu besuchen.

»Gibt es etwas Neues von seiner Frau?« erkundigte sich Balter.

»Nichts endgültiges«, antwortete ich.

Er bat mich, ihn auf dem laufenden zu halten. Dann legte er auf.

Brian kam erst um Viertel vor zwölf zurück. Er sah staubig und zerzaust aus. In seinem Hosenbund steckte eine Taschenlampe. Ich schob ihn sofort wieder hinaus in den Korridor und schloß die Tür.

»Haben Sie es geschafft?«

»Ja. Aber ich habe eine Stunde gebraucht, um das Haus zu finden. Und auf dem Rückweg habe ich mich wieder verfahren. Wie ist es bei Ihnen gegangen?«

»Kommen Sie, genehmigen wir uns einen Drink.«

»Könnten wir nicht statt dessen etwas essen?«

Wir gingen zu seinem Wagen hinunter und fuhren herum, bis wir ein Autorestaurant fanden, das offen war. Brian erzählte mir, daß er sich zunächst in einem Discountladen mit spätem Ladenschluß eine Taschenlampe und einen Meißel besorgt hatte. Da er jedoch das, was er am dringendsten gebraucht hatte – einen Glasschneider – nicht bekommen hatte, hatte er ein Fenster einschlagen müssen. Das hatte solchen Krach gemacht, daß er voller Schrecken zu seinem Wagen zurückgerannt und davongefahren war. Aber offenbar hatte niemand den Lärm gehört, denn als er sehr vorsichtig eine halbe Stunde später zurückgekommen war, hatte sich nirgends am Haus was gerührt. Er hatte das eingeschlagene Fenster geöffnet, war ins Haus eingestiegen, hatte eine Tür aufgesperrt, die von der Sonnenterrasse auf die Glasveranda führte, und hatte sich schleunigst wieder aus dem Staub gemacht.

Ich berichtete ihm von meiner Zusammenkunft mit Schroeder. Brian war baff, daß Schroeder auf meinen Bluff mit den Bändern hereingefallen war.

»Ich weiß nicht, ob er mir glaubte oder nicht«, sagte ich. »Es ist möglich, daß er ahnt, daß ich bluffe. Aber er kann es sich nicht leisten, ein Risiko einzugehen. Er gibt sich zwar eiskalt, aber meiner Ansicht nach sitzt er auf Kohlen. Er weiß nicht, was er glauben soll und was nicht. Er ist von der Polizei und vom FBI verhört worden, er hat mich am Hals – er kann das nicht alles auf einmal bewältigen. Schon die Tatsache, daß er Daisy hier herausgelockt hat, zeigt, daß er aus dem letzten Loch pfeift, daß er bereit ist, alles zu wagen. Jetzt bleibt ihm beinahe nichts anderes mehr übrig, als sie zu töten, wenn er verhindern will, daß sie ihn identifiziert.«

»Dann . . .?«

»Ich bin auch bereit, alles zu wagen, Brian.«

Er trank seinen Milk Shake aus und stellte den leeren Becher auf das Tablett.

»Und was wollen Sie ihm statt der Bänder geben?«

»Wenn ich Glück habe, dann brauche ich ihm überhaupt nichts zu geben. Aber wenn Sie morgen das Gerät kaufen, nehmen Sie auf jeden Fall zwei leere Bänder mit.«

»Aber wieso haben Sie sich ausgerechnet das Haus von Petacque als Treffpunkt ausgesucht?«

»Es ist doch logisch, daß Ray die Bänder in seinem Haus aufbewahrt hätte. Und daß er Tom gesagt hätte, wo sie zu finden sind, und daß Tom es mir gesagt hätte.«

»Aber wenn jemandem das zerbrochene Fenster auffällt, dann wird das Haus vielleicht von der Polizei überwacht.«

»Das Haus wird sowieso von der Polizei überwacht werden. Sie glauben doch nicht, daß ich da auf eigene Faust vorgehe?«

Er sah mich an. »Und was erhoffen Sie sich davon?«

»Brian«, erklärte ich, »es gibt vielleicht keine Bänder von Rays Gesprächen mit Schroeder und Tom, aber das, was morgen zwischen mir und Schroeder gesprochen werden wird, das wird auf Band aufgenommen werden. Und damit werde ich ihn festnageln. Der Einfall kam mir, als das FBI dieses Abhörgerät an meinem Telefon im Motel anbrachte.«

»Und wenn er nun nicht redet?«

»Reden werde meistens ich. Aber er wird reagieren. Er braucht gar nicht viel zu sagen. Ein paar Worte sollten genügen. Und ich glaube, ich werde ihn dazu bringen, diese Worte zu sagen. Das ist der zweite Grund, weshalb ich Rays Haus ausgewählt habe. Schroeder wird da weniger als anderswo befürchten, belauscht zu werden.«

»Und was tut die Polizei?« wollte Brian wissen.

»Die greift ein, wenn ich das Zeichen gebe.«

Die Kellnerin kam und nahm das Tablett, das an der Tür eingehakt war, weg. Ich bezahlte. Wir blieben noch eine Weile sitzen. Wir waren die einzigen Gäste.

»Das wird morgen folgendermaßen laufen«, sagte ich. »Sonntags sind genug Geschäfte geöffnet. Zuerst besorgen wir uns ein Tonbandgerät, dann fahren wir hinüber zu Rays Haus. Dort installiere ich das Tonbandgerät. Ich glaube, eine Schreibtischschublade wäre am besten. Sie fahren weg. Wenn Schroeder kommt, sieht er keine Autos. Ich werde ganz allein im Haus sein. Was dann geschieht, hängt von mir ab. Aber ich glaube, ich kann das Kind schon schaukeln. Wenn ich ihn dann soweit habe, daß er zugibt, daß bei Mutual Claims zweierlei Bücher geführt werden, gebe ich das Signal, und die Polizei greift ein – die Polizei und das FBI.«

Brian war nicht überzeugt.

»Sie verlassen sich darauf, daß alles sich so abspielt, wie Sie es sich vorstellen. Was passiert, wenn es nicht so ist? Was passiert, wenn Schroeder mit Barrios kommt, oder mit Barrios und dem anderen Kerl? Was passiert, wenn Sie ihn nicht in das Zimmer hineinlotsen können, in dem das Tonbandgerät steht? Oder wenn das Signal nicht bei der Polizei ankommt?«

Das waren alles durchaus echte Möglichkeiten, und ich wußte es. Dennoch war ich verärgert.

»Haben Sie einen besseren Einfall?« fragte ich scharf. »Kommen Sie, fahren wir ins Motel zurück. Ich möchte mit Cassiday und Rockland sprechen. Die müssen schließlich auch ihre Vorbereitungen treffen.«

»Und wenn denen nun Ihr Einfall nicht gefällt? Wenn sie die Sache lieber selbst in die Hand nehmen wollen?«

»Reden wir doch nicht über ungelegte Eier. Fahren wir endlich, verdammt nochmal!«

Brian ließ den Motor an, und wir fuhren ab. Es war nach ein Uhr, und die Straßen waren fast leer. Meine Gedanken rasten jetzt. Die Einwände, die Brian vorgebracht hatte, konnte man nicht einfach in den Wind schlagen. Es gab auch noch eine Reihe anderer Einwände, und ich betrachtete sie von allen Seiten, obwohl ich wußte, daß das sinnlos war. Am Ende nämlich hing doch eine Menge vom Glück ab.

Das Motiv. Das war der Schlüssel zu allem. Tag und Nacht konnte die Polizei Schroeder die Hölle heiß machen; aber wenn sie ihm nicht nachweisen konnte, daß er Grund gehabt hatte, Lee Kelly töten zu lassen, würde er schließlich doch ungeschoren davonkommen. Denn die Ermordung des Ehepaares Petacque war die direkte Folge des Mordes an Kelly. Genauso verhielt es sich mit Daisys Entführung.

Es war so einfach im Grunde. Ein paar Worte, mehr brauchte ich nicht.

Er hatte Angst, und Leute, die Angst haben, machen Fehler. Schroeders Schwächen waren Eitelkeit und Selbsttäuschung. Ich wollte versuchen, daraus Kapital zu schlagen . . . Sie haben gewonnen, Schroeder. Ich weiß alles, aber ich kann es nicht gegen Sie verwenden. Stimmts, Schroeder?

Schroeder würde Jackley beschuldigen. Und das versteckte Tonbandgerät würde seine Worte aufnehmen.

Wir näherten uns dem Hotel. Brian nahm Tempo weg und steuerte den Wagen auf den Parkplatz. Zum erstenmal, seit wir vom Restaurant weggefahren waren, sprach er.

»Ich hoffe, Sie behalten recht«, sagte er.

»Ich auch«, erwiderte ich.

Er stellte den Wagen unter unserem Balkon ab. Wir stiegen aus.

»Wollen Sie die Leute vom FBI jetzt anrufen?« fragte er.

»Ja«, erwiderte ich.

Wir schritten an der Hecke aus hohen Büschen entlang zu der kurzen Arkade, von der eine Treppe in den ersten Stock führte. Brian war vor mir.

Plötzlich schloß sich ein Arm um meinen Hals, und die Mündung einer Schußwaffe bohrte sich in meinen Rücken.

»Sie mitkommen«, sagte eine Stimme.

41

Brian hörte es. Er wirbelte herum. Er breitete die Arme aus und beugte die Knie, als wolle er springen. Und in dieser Haltung erstarrte er. Ein zweiter Mann nämlich drängte sich an mir vorbei und richtete einen Revolver auf Brian.

»Sie auch«, sagte er.

Der Arm schloß sich fester um meinen Hals. Ich trat einen Schritt zurück. Dann noch einen Schritt. Der Revolverlauf blieb gegen meinen Rücken gedrückt.

Mit der freien Hand bedeutete der andere Mann Brian zu folgen. Brian blieb einen Moment erstarrt in seinem Ansatz zum Sprung, blickte unverwandt auf den Revolver, der auf ihn gerichtet war, dann entspannte er sich und nickte kaum merklich. Wir traten aus der Arkade und steuerten auf den Parkplatz zu.

Der Mann hinter mir pfiff einmal. Ein Automotor heulte auf. Ein Wagen glitt rückwärts aus einer Parklücke heraus und hielt vor uns an. Zwei Männer saßen darin, der eine am Steuer, der andere im Fond. Der Fahrer neigte sich weit zur Seite und öffnete die vordere Tür. Der andere Mann drückte die hintere Tür auf.

Die Umklammerung um meinen Hals löste sich, und der Revolver schob mich zum Fond des Wagens hin. Ich stieg ein. Der Mann, der mich in den Schwitzkasten genommen hatte, stieg nach mir ein, den Revolver immer noch auf meinen Kopf gerichtet, und schloß die Tür, ohne einen Moment den Blick von mir zu wenden. Brian stieg vorn ein.

Die vordere Tür wurde zugeschlagen. Der Wagen setzte sich in Bewegung. Eingeklemmt saß ich zwischen den beiden Männern auf dem Rücksitz. Die Hand des Mannes, der den Revolver gegen meine Wange drückte, war sehr ruhig. Ich starrte geradeaus. Mir war sehr kalt. Dennoch spürte ich, wie mir der Schweiß ausbrach.

Der Mann, der rechts von Brian saß, drückte Brian seine Waffe unter das Ohr. Die beiden, die uns überfallen hatten, tauschten nicht ein einziges Wort, aber sie schienen auch ohne zu sprechen zu wissen, was sie zu tun hatten. Sie wechselten nicht einmal einen Blick. Es war unverkennbar, daß sie schon früher zusammengearbeitet hatten.

Der Fahrer steuerte den Wagen auf die Indian School Road hinaus und bog in westlicher Richtung ab; an der 68. Straße fuhren wir nordwärts weiter. Etwa hundert Meter vor uns leuchteten die Rücklichter eines anderen Wagens, der ebenfalls in nördlicher Richtung fuhr. Sonst war nicht ein einziges Fahrzeug auf der Straße. Und dann bog auch dieses Auto in eine Seitenstraße ab und verschwand.

Abgesehen vom Rauschen der Reifen war es völlig still. Die Häuser, die die Straße säumten, waren dunkel. Der Fahrer hielt gleichbleibendes Tempo.

Mein Hirn fraß sich an einem einzigen Gedanken fest: Wir werden sterben; sie bringen uns in die Wüste hinaus und töten uns.

Der Fahrer nahm Geschwindigkeit weg und bog nach links ab. Ich erkannte die Camelback Road. Wir fuhren ein paar hundert Meter, dann ging es rechts ab in eine kleinere Straße. Ich sah ein Straßenschild: Ilvergordon Road. Wir fuhren weiter in nördlicher Richtung auf Camelback Mountain zu, der Wüste entgegen.

Links. Dann rechts. Ich verlor die Orientierung nicht. Wir fuhren abwechselnd nördlich und westlich. Aber ich hatte keine Ahnung, wo wir waren. Die Gegend war mir völlig fremd.

Ich starrte auf Brians Hinterkopf und empfand plötzlich eine tiefe Traurigkeit. Er war so jung, so erpicht darauf, sich zu bewähren. Und es wäre ihm auch gelungen. Er hätte eine gute Karriere gemacht. Jetzt aber würde das Versprechen niemals erfüllt werden.

Auch Daisy würde sterben. Weil Schroeder sie nicht mehr brauchte, und weil sie, wie die anderen, eine Gefahr war.

Die Polizei und das FBI würden ihn in die Zange nehmen. Vielleicht würden sie ihn sogar ein paar Tage einsperren, bis seine Anwälte ihn wieder herauspaukten. Niemals aber würden sie ihm nachweisen können, daß er sechs Menschen auf dem Gewissen hatte.

Ohne den Kopf zu drehen, versuchte ich, den Mann zu sehen, der mir den Revolver gegen die Wange drückte. Aber das ging nicht. Dennoch war ich ziemlich sicher, daß entweder er oder der Mann vorn Barrios war.

Tom hatte in Rays Haus nur zwei Männer gesehen, aber es waren wahrscheinlich vier gewesen. Und zwei von ihnen waren am Tag nach meiner Ankunft beauftragt worden, mich zu beschatten. Ich hätte gern gewußt, ob Brian einen der vier erkannte. Möglich war es.

Schroeder scherte sich nicht um die Bänder. Wahrscheinlich hatte er erraten, daß ich bluffte.

Wäre es besser gewesen, wenn ich mich bereit erklärt hätte, die Aktien zu kaufen? Vielleicht. Das war mein großer Fehler: Ich hatte versucht, ihn aufs Kreuz zu legen. Männer wie Schroeder legt man nicht aufs Kreuz.

Es sei denn, er hoffte immer noch, an die Bänder heranzukommen.

Wir kamen an einem Schild vorüber, das ich erkannte. ›Paradise Valley Country Club‹. Dort war ich schon einmal gewesen. Mit Ray Petacque. Wir waren knapp eine Meile von seinem Haus entfernt.

Aber das änderte nichts. Töten würden sie uns auf jeden Fall. Und ich räusperte mich. Der Revolverlauf bohrte sich tiefer in meine Wange. Es tat weh. Ich neigte den Kopf ein wenig zur Seite.

Das Auto fuhr langsamer, hielt dann vor zwei Torpfosten an. Auf einem der Pfosten stand, ›Paradise Valley Country Estades‹.

Schroeder wollte die Bänder doch haben.

Der Fahrer steuerte den Wagen zwischen den Pfosten hindurch und dann die Windungen des Moonlight Way hinauf. Keiner sagte ein Wort, aber ich wußte, daß wir uns in einer Straße befanden, die uns allen bekannt war. Und gleich darauf hielten wir vor einem Haus an, das uns allen gleichermaßen bekannt war.

»Sie kommen«, sagte der Mann zu meiner Rechten.

Er nahm den Revolver in die Linke und öffnete mit der anderen Hand die Tür. Die Innenbeleuchtung des Wagens flammte auf. Ich sah das Gesicht des Killers. Juan Manuel Barrios.

Er hielt den Revolver weiterhin auf mich gerichtet, während er vorsichtig aus dem Wagen stieg. Ich folgte ihm. Der Fahrer sagte ein paar Worte auf spanisch. Barrios zögerte, dann antwortete er.

Auch seine Erwiderung war spanisch. Der kurze Wortwechsel bezog sich offenbar auf Brian, denn nachdem Barrios gesprochen hatte, öffnete sich die vordere Tür, und Brians Bewacher stieg aus. Er bedeutete Brian, ihm zu folgen.

Barrios drückte den Lauf des Revolvers gegen meinen Hals und sagte: »Gehen.«

Ich setzte mich in Bewegung, und er folgte dichtauf. Nach uns kamen Brian und der andere Mann. Kein Mond war am Himmel, aber die Sterne schienen hell. Das Haus am Ende der Auffahrt hob sich scharf umrissen aus der Dunkelheit.

Ich hörte, wie die Wagentüren zugeschlagen wurden, wie der Wagen abfuhr. Ich wollte mich umdrehen, aber Barrios stieß mir die Waffe ins Genick und schob mich vorwärts. Ich ging weiter die Auffahrt hinauf. Als wir die Haustür erreicht hatten, griff er an mir vorbei und drehte den Knauf.

Ich trat ins Foyer. Es war völlig finster im Haus. Der Revolver zwang mich, vorwärts zu gehen. Hinter uns schloß jemand leise die Tür. Ich machte zwei unsichere Schritte und wurde plötzlich von einem Lichtstrahl geblendet, der direkt auf meine Augen gerichtet war.

»Gut«, bemerkte Schroeder.

»Der andere war bei ihm«, erklärte Barrios.

»Wer ist Ihr Freund?« fragte Schroeder mich.

»Brian Barth«, erwiderte ich mit zusammengekniffenen Augen. Ich konnte nichts sehen. »Hören Sie auf mich zu blenden.«

Schroeder senkte die Taschenlampe. »Wo sind die Bänder?« fragte er.

Ich konnte sein Gesicht noch immer nicht erkennen.

»In meinem Motelzimmer«, antwortete ich. »Ich wollte sie morgen hierherbringen.«

»Habt ihr das Zimmer durchsucht?« fragte er Barrios.

»Ja«, behauptete Barrios. »Marco und ich. Keine Bänder.«

»Potter«, sagte Schroeder sehr langsam mit einem drohenden Unterton in der Stimme, »ich möchte die Bänder haben.«

»Wo ist Daisy?« konterte ich.

»Ich möchte die Bänder haben«, wiederholte er so drohend wie zuvor.

»Es gibt keine Bänder«, sagte ich.

Der Lichtstrahl begann plötzlich zu schwanken und zu zucken; gleichzeitig traf ein harter Gegenstand mit aller Wucht meinen Nasenrücken. Der Schmerz war mörderisch. Ich schrie auf und schlug die Hände vor mein Gesicht. Meine Knie schlotterten. Ich torkelte. Barrios packte mich und hielt mich fest. Schroeder holte wieder mit der Taschenlampe aus. Diesmal traf sie mich auf der Stirn. Ich stöhnte und taumelte gegen Barrios.

»Wo sind die Bänder?« fragte Schroeder.

Ich wollte sagen, daß keine Bänder existierten, aber der Schmerz war so heftig, daß ich keinen Ton hervorbringen konnte. Ich war überzeugt, daß meine Nase gebrochen war, und ich konnte feuchtes Blut an meinen Händen spüren. Keine Bänder, dachte ich, keine Bänder, keine Bänder. Aber die Worte wollten nicht heraus.

»Im Bad«, sagte Brian.

»Holen Sie sie!« befahl Schroeder. »Geh mit ihm, Marco!«

»Ich brauchen Licht«, erklärte Marco.

Schroeder ließ den Strahl der Taschenlampe über Brian hinweggleiten.

»Er hat eine Lampe«, sagte er zu Marco.

»Fenster«, warf Barrios ein.

»Das geht in Ordnung«, versetzte Schroeder. »Ich habe die Vorhänge zugezogen.«

Meine Nase begann anzuschwellen, und auf meiner Stirn bildete sich eine Beule. Ich senkte die Hände. Blut rann mir auf die Oberlippe. Worte formten sich in meinem Hirn. Ich versuchte, sie auszuspeien. Nur eines kam heraus: »Bänder.«

Ich versuchte es noch einmal. Diesmal brachte ich zwei Worte zustande.

»Bänder«, sagte ich. »Schlafzimmer.«

»Badezimmer«, widersprach Brian. »Ich habe sie woanders hingelegt.«

»Schlafzimmer«, beharrte ich.

Es klappte. »Nehmen Sie ihn auch mit«, sagte Schroeder zu Barrios. Und zu Brian: »Zeigen Sie uns, wo.«

Brian schaltete seine Taschenlampe ein. Er ging durch das Foyer, das Licht geradeaus gerichtet, um eine möglichst breite Fläche zu erleuchten. Marco folgte ihm dichtauf mit dem Revolver.

Barrios, der mich mit einem Arm immer noch um die Taille hielt, stieß mich vorwärts. Ich machte einen Schritt, stolperte, fiel aber nicht. Barrios ließ mich los und schob mich vorwärts. Ich folgte Brian und Marco durch das Foyer. In meinem Nacken konnte ich Barrios' Atem spüren. Zuvor hatte ich mich nicht daran erinnern können, wie das Haus innen angelegt war; jetzt aber, wo ich drinnen war, fiel es mir wieder ein.

Ich wischte mir das Blut von den Lippen und vom Kinn. Ich hatte hämmernde Kopfschmerzen und das Gefühl, daß meine Nase von Minute zu Minute mehr anschwoll.

Die Schlafzimmer befanden sich in jenem Flügel des Hauses, der Blick auf den Swimming-pool und auf den Tennisplatz bot. Jedes der drei Zimmer hatte sein eigenes Bad. Das Bad, das zum Elternschlafzimmer gehörte, war, wie ich mich erinnerte, ein übermäßig großer Raum mit zwei Waschbecken, einer in den Boden eingelassenen Wanne und einer separaten Duschkabine. Ich fragte mich, ob das der Raum war, durch den Brian ins Haus eingedrungen war, und ob Schroeder das zerschlagene Fenster bemerkt hatte.

Wir defilierten am Salon vorbei und kamen in einen Korridor. Brian nahm die erste Türe rechts. Das Elternschlafzimmer. Brian blieb stehen und leuchtete mit seiner Lampe den Raum aus. Über einem Fleck auf dem Teppich blieb der Lichtstrahl hängen. Dort, dachte ich, mußte Blanche Petacque niedergestürzt sein, als der tödliche Schuß sie getroffen hatte. Auf dem Toilettentisch an der einen Wand stand ein Sortiment von Parfümfläschchen. Vor den Flakons sah ich eine Haarbürste. Eine große. Sie wirkte schwer. Aber ich konnte sie nicht erreichen.

»Hier herüber«, sagte Brian scharf. »Die Wanne.«

Schroeder kam mit der zweiten Taschenlampe ins Zimmer. Die Wanne, dachte ich. Eine in den Boden eingelassene Badewanne. Brian steuerte auf das Badezimmer zu. Marco folgte ihm. Ich wollte Marco nach. Schroeder schob sich zwischen uns.

»Nicht im Badezimmer«, sagte ich. »Auf dem Toilettentisch.«

Schroeder zögerte. Ich schob mich an seiner Stelle hinter Marco. Wir betraten das Badezimmer, Brian zuerst, dann Marco, dann ich. Ich drehte mich seitlich, so daß Barrios draußen bleiben mußte.

Brian bewegte den Strahl der Lampe an der Wand entlang über die Waschbecken, über die Milchglastür der Duschkabine und schließlich zum Fenster über der Badewanne.

»Mein Gott!« rief er laut. »Da hat jemand das Fenster eingeschlagen!«

Marco drehte den Kopf. Brian schwang die Taschenlampe. Barrios wirbelte herum, richtete den Revolver auf Brian. Ich packte sein Handgelenk mit beiden Händen und riß.

Brians Taschenlampe erwischte Marco an der rechten Schläfe. Marco torkelte zur Badewanne hin. Barrios schoß. Glas splitterte. Ich umklammerte weiter sein Handgelenk, riß und zerrte und trat mit dem Fuß. Er fiel gegen eines der Waschbecken.

Brian holte wieder aus. Marco stürzte über den Rand der Wanne, ließ seinen Revolver fallen, während seine Hände wild in der Luft herumfuchtelten.

Schroeder versuchte, sich ins Zimmer zu drängen, aber er kam an Barrios und mir nicht vorbei. Barrios schoß wieder. Ich verspürte einen brennenden Schmerz in meinem linken Arm. Schroeder holte mit geballter Hand zum Schlag gegen mich aus, aber er traf mich nicht.

Ich drückte Barrios' Hand, die die Waffe hielt, ins Waschbecken, so daß er sich nicht bewegen konnte. Brian stieß sie gegen einen der Wasserhähne. Barrios zuckte zusammen. Aber er ließ den Revolver los. Ich zog ihn zur Wanne hinüber.

Brian nahm den Revolver und schoß. Barrios schrie und fiel gegen mich.

Ich rutschte aus. Ein schrecklicher Schmerz durchzuckte mich. Dann wurde alles schwarz.

42

An dem Samstag, an dem ich aus dem Krankenhaus kam, regnete es. Es goß in Strömen. Carol saß am Steuer. Ich saß neben ihr, fest angegurtet, und bremste ständig mit.

»Nicht so schnell«, sagte ich immer wieder. »Paß auf, da kommt ein Auto, langsamer, jetzt kommt gleich eine Ampel.«

»Du brauchst keine Angst zu haben«, beschwichtigte sie mich immer wieder. »Ich sehe es schon. Wir fahren ja nur fünfzig.«

Da jedoch Carol nicht gerade die beste Autofahrerin der Welt war, hatte ich dennoch Angst. Ich hatte in den vergangenen zwei Wochen genug gelitten. Abgesehen von einer gebrochenen Nase und einer schweren Gehirnerschütterung hatte ich eine Schußwunde im linken Arm davongetragen, eine gebrochene Schulter und zahllose größere und kleinere Schnittwunden am Rücken.

Während meines Aufenthaltes in Phoenix hatte ich vieles gelernt. Aber eine Lektion würde ich für immer behalten: Man soll sich nie in die Nähe von in den Boden eingelassenen Badewannen begeben. Besonders dann nicht, wenn die Wanne voller Glasscherben ist.

Ich hatte jedoch mehr Glück gehabt als Marco. Er hatte sich einen Schädelbruch geholt und war neun Tage lang bewußtlos gewesen. Und auch Barrios lag immer noch im Krankenhaus. Brian hatte ihm mit seinem Schuß die Milz zerrissen. Die Ärzte wußten noch immer nicht, ob er durchkommen würde.

Brian war natürlich der Held des Tages. Er hatte nicht nur Barrios kampfunfähig geschossen, er hatte auch Schroeder gefaßt. Im Schlafzimmer hatte er ihn mit dem Revolver niedergeschlagen und ihn dann in einen Schrank eingeschlossen. Danach hatte er in aller Ruhe die Polizei angerufen. So nahe Brian und ich einander gekommen waren, mußte ich dennoch gestehen, daß ich ihn im Grunde nicht verstand. Die Lobeshymnen, die man über ihn anstimmte, nahm er mit wohltuender Bescheidenheit auf. Und doch konnte er hart und erbarmungslos sein. Er hatte mir seinen Kampf mit Schroeder so geschildert, als wäre es ein bloßes Handgemenge gewesen; aber ich hatte gesehen, daß es mehr gewesen war, und ich sagte ihm, daß ich den Eindruck gehabt hätte, er wäre ziemlich brutal mit Schroeder umgesprungen. Da war sein Lächeln erloschen, und seine Augen waren eiskalt geworden. »Ich wollte, ich hätte das Schwein umgebracht«, sagte er. Und es bestand kein Zweifel daran, daß es ihm damit ernst war.

Als wir nach einer halben Stunde Fahrt das Motel erreichten, parkte Carol den Wagen vor dem Trakt des Gebäudes, in dem mein Zimmer war. Wir eilten durch den Regen zu der Arkade, die zur Treppe führte. Dann schritten wir durch den Korridor zu meinem Zimmer, das in den letzten zehn Tagen Carol bewohnt hatte – seit sie ganz unangemeldet mit Mark an meinem Krankenbett erschienen war. Sie sperrte die Tür auf.

Alle riefen: »Hurra!«

Ich blieb wie angewurzelt stehen. Das Zimmer war mit Girlanden dekoriert. Am Spiegel über der Kommode klebte ein großes Schild mit der Aufschrift ›Willkommen zu Hause‹, und auf dem Tisch standen mehrere Flaschen Champagner.

»Nicht zu fassen«, sagte ich schließlich. Das Letzte, was ich mir an diesem Nachmittag erträumte, war eine Party.

Aber dann gefiel es mir doch sehr gut. Wir waren zu sechst. Ed, Daisy, Brian, ein Mädchen, das ich nicht kannte, Carol und ich. Das Mädchen, das ich nicht kannte, war Millicent Harvey. Brian hatte erwähnt, daß er sich enger mit ihr angefreundet hatte, und ich freute mich, sie kennenzulernen. Sie war ein hübsches, dunkelhaariges Ding, fühlte sich offensichtlich zu Brian hingezogen.

Daisy sah immer noch ein bißchen spitz aus. Sie hatte Schlimmes durchgemacht. Man hatte sie mit Drogen betäubt und dann gefesselt in einer alten Hütte etwa zwanzig Meilen nordöstlich von

Phoenix versteckt gehalten. Die Hütte stand auf einem zwölf Morgen großen Grundstück, das Schroeder als Geldanlage für Mutual Claims gekauft hatte und dann nicht hatte loswerden können. Da Schroeder beharrlich behauptet hatte, über ihren Verbleib nichts zu wissen, war sie erst gefunden worden, nachdem Barrios operiert worden war und ein volles Geständnis abgelegt hatte. Die Wirkung der Betäubungsmittel hatte inzwischen nachgelassen, aber sie litt an völliger Erschöpfung. Auch sie jedoch hatte mich im Krankenhaus besucht. Und täglich fuhr sie zu Tom in die Klinik.

Dr. Champion hatte nämlich festgestellt, daß Tom tatsächlich unter akuten Angstzuständen litt, und hatte ihm empfohlen, sich mindestens einen Monat lang in der Klinik behandeln zu lassen. Sein Befinden besserte sich rasch, aber er war noch nicht so weit, daß man ihm alles, was geschehen war, erzählen konnte. Er wußte nur, daß Schroeder festgenommen worden war, daß gegen Jackley ermittelt wurde, und daß sein Vater und seine Schwester nach Hause gefahren waren.

Ich trank zwei Gläser Champagner und aß ein paar Schokoladenplätzchen. Millicent hatte sie selbst gebacken und war stolz darauf – mit Recht. Sie waren gut. Ich sagte ihr das, was die Leute einem hübschen Mädchen, das backen kann, immer sagen: daß sie jemandem einmal eine gute Frau sein würde, und dabei warf ich Brian einen vielsagenden Blick zu. Er errötete.

Millicent lächelte. »Brian ist ein hinreißender Teddybär«, erklärte sie, »aber ich habe Angst, daß er beißt.« Womit der Beweis erbracht war, daß Millicent nicht dumm war.

Ed erzählte, daß er am Morgen ausgeritten war, und wir unterhielten uns eine Weile über Pferde und Regen und Gebirgspfade. Wir unterhielten uns außerdem über die Bekleidungsindustrie, ein Thema, das Carol sehr am Herzen lag, da ihr Chef sie tagtäglich anrief und sie fragte, wann sie wieder zur Arbeit kommen würde. Und dann unterhielten wir uns noch über ein französisches Restaurant namens Ettienne, wo Ed am Abend zuvor mit Daisy gegessen hatte.

Niemand erwähnte Schroeder oder Mutual Claims oder Jackley, Smith.

Um vier Uhr erklärte Carol, ich bräuchte dringend Ruhe. Ed und Daisy gingen und nahmen Millicent mit. Carol riß die Girlanden herunter. Brian schenkte sich noch ein Glas Champagner ein. Ich wollte Carol helfen, aber es tat mir zu weh, wenn ich die Arme hob; also schenkte ich mir auch noch ein Glas Champagner ein, zog meine Schuhe aus und machte es mir bequem. Ich prostete Brian zu und sagte: »Auf den Teddybären.«

Er grinste. Dann wurde er ernst.

»Ich habe ganz vergessen, es Ihnen zu sagen«, bemerkte er. »Mr. Price hat gestern abend angerufen.«

Seit seiner Rückkehr nach New York hatte Mark täglich angerufen. Manchmal zweimal am Tag – einmal, um mit mir zu sprechen, und einmal, um mit Brian zu sprechen.

»Was wollte er?« fragte ich.

»Er meinte, der Preis für die Mutual Claims Papiere hätte sich endlich stabilisiert.«

In den zwei Wochen seit Schroeders Festnahme waren die Aktien um sechsundvierzig Punkte gefallen.

»Fürs erste«, meinte ich.

Der Preis würde noch viel tiefer rutschen, wenn erst alle Tatsachen ans Licht kamen. Bisher hatte man Schroeder nur wegen Mordes und Entführung unter Anklage gestellt, nicht aber wegen Betruges. Die Ermittlungen würden Monate dauern. Allerdings hatte sich bereits jetzt herausgestellt, daß die in den Jahresberichten für die ersten zwei Jahre vorgelegten Gewinnzahlen gestimmt hatten. Danach jedoch hatte Schroeder das Geld schlecht angelegt und versucht, die Verluste zu vertuschen. Außerdem hatte er in seinem ehrgeizigen Bestreben, das Wachstum des Unternehmens zu fördern, seine Konkurrenten so weit unterboten, daß das Unternehmen an vielen der Krankenhäuser, die es bediente, Geld verlor.

»Die Börsenaufsichtsbehörde hat auch Ermittlungen eingeleitet«, bemerkte Brian. »Sie ermitteln gegen uns und gegen Mutual Claims.«

Ich seufzte. Die Börsenaufsichtsbehörde würde es uns nicht leichtmachen. Aber es würde uns gelingen, uns reinzuwaschen. Wir hatten nichts Unrechtes getan.

»Haben Sie mit jemandem von der Einwanderungsbehörde gesprochen?« fragte ich.

Brian nickte. »Bis jetzt, nichts.«

Die beiden Mexikaner, die mit Barrios und Marco zusammengearbeitet hatten, hießen Garcia und Alvarez. Sie waren entkommen. Die Einwanderungsbehörde fahndete noch immer nach ihnen.

Carol riß das Willkommensschild vom Spiegel. Sie wandte sich mir zu.

»Du ruhst dich ja gar nicht richtig aus«, stellte sie vorwurfsvoll fest.

»Doch«, widersprach ich. »Champagner ist sehr beruhigend.«

»Ihr redet vom Geschäft. Das entspannt doch nicht.«

»Hast du einen besseren Einfall?«

Sie überlegte einen Moment. Dann lächelte sie.

»Machen wir doch ein Spiel. Du bist der Patient und ich bin die Krankenschwester.«

»Da kann ich nicht mitmachen«, erklärte Brian.

Er stellte sein Glas nieder, ging ins Nebenzimmer und schloß die Tür.

Und Carol und ich spielten Patient und Krankenschwester. Wenn man das richtig spielt, ist es ein großartiges Spiel.